岳麓書社

读名著　选岳麓

国学经典文库

传习录校释

〔明〕王守仁　撰　　萧无陂　校释

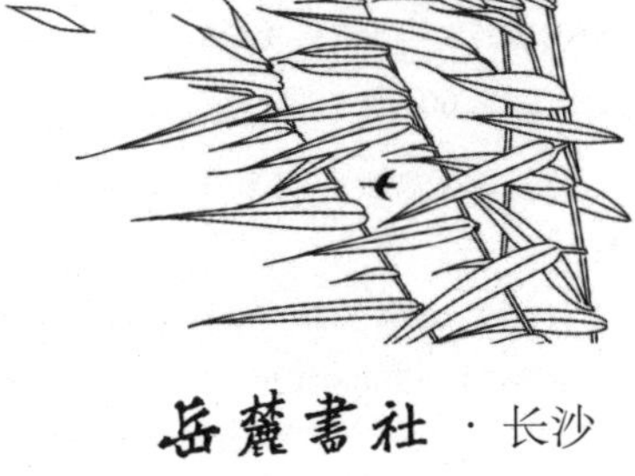

岳麓書社 · 长沙

图书在版编目(CIP)数据

传习录校释/萧无陂导读、校释.—长沙:岳麓书社,2020.2

ISBN 978-7-5538-1228-1

Ⅰ.①传…　Ⅱ.①萧…　Ⅲ.①心学—中国—明代②《传习录》—注释　Ⅳ.①B248.22

中国版本图书馆 CIP 数据核字(2019)第 287745 号

CHUANXILU JIAOSHI

传习录校释

导读校释:萧无陂

责任编辑:曾　倩

责任校对:舒　舍

封面设计:贺红梅

岳麓书社出版发行

地址:湖南省长沙市爱民路 47 号

直销电话:0731-88804152　0731-88885616

邮编:410006

岳麓书社网址:www.yueluhistory.com

2020 年 2 月第 1 版第 1 次印刷

开本:890mm×1240mm　1/32

印张:8.5

字数:206 千字

ISBN 978-7-5538-1228-1

定价:25.00 元

承印:长沙鸿发印务实业有限公司

如有印装质量问题,请与本社印务部联系

电话:0731-88884129

前言

王阳明其人

王阳明(1472—1529),名守仁,字伯安,浙江余姚人。因曾筑室故乡阳明洞中,自号阳明山人,故世人皆称阳明先生。他是明代杰出的思想家,阳明心学的创始人。王阳明一生历经坎坷,在困顿中幡然觉悟,在非议中毅然前行,他是中国历史上少有的文治武功兼备的儒家知识分子,其一生正好证成了儒家内圣外王的理想人格。综观其一生,其学术思想历经数次变化,故黄宗羲在《明儒学案》中曰:“其学凡三变而始得其门。”可以说,王阳明真正契入圣学并有心得,已经到了33岁之后。

王阳明出身于官宦世家,其远祖乃东晋著名书法家王羲之。他幼年便才思敏捷,十余岁能诗;青年时期,泛滥于辞章之学,颇富才名,进士及第之后,常与当时的诗词名家李梦阳、何景明等竞相驰骋文坛;同时他颇为关心国家边境安危,精究兵法,“每遇宾饮,聚果核,列阵势为戏”,这为他后来的军事功绩奠定了基础。弘治二年(1489),王阳明18岁,拜访了明初醇儒吴与弼的高徒娄谅,谈及格物之学,以为“圣人必可学而至”,开始“遍读考亭之书”,思格物之精义,并亲身实践,格亭前竹子,最终思劳成疾。格竹子的失败,促使他对朱子格物之说产生怀疑,认为圣人难做,退而徘徊于佛老之学,加之身患沉疴,更促成他悦慕仙家修炼之术。

弘治十二年(1499),王阳明28岁,举南宫第二人,赐进士及

第,任职工部。中进士后,王阳明的人生并没有十分顺畅,至少思想上几番纠结,错综复杂。弘治十四年(1501),阳明游历九华山,访仙问道。次年,归越筑室阳明洞,行导引术,与道士王思舆交往密切,其间还有"离家远遁"之念,只是挂念祖母及父尚在,终未能成行。同时应指出的是,从访问娄谅到初涉政坛的十多年里,尽管遭遇格物失败,王阳明并未完全放弃儒家圣人之学,至少他先后参加了乡试和会试,并中进士。为官后,弘治十七年(1504),他又应山东巡按监察御史之请,主持了山东乡试。从这次乡试的出题可以看出王阳明强烈的经世志向,他极力宣扬儒家知识分子忧国忧民的社会责任,并且在程朱理学的统治之下,阳明亦体现出对程朱理学的维护,大肆鼓吹辟佛老。综合这些,我们不难看出王阳明这一时期思想上的复杂性。也正基于此,我们认为"学凡三变"只是一个概括的说法,尤其是对前两个阶段而言,很难划分出具体的时间界限。

正德元年(1506),王阳明抗疏救忠良,得罪阉党刘瑾,遭廷杖,下狱,随后谪贵州龙场,这一件事成为王阳明一生的重要转折。正德三年(1508),王阳明37岁,是年三月到达龙场驿。在龙场的三年(1508—1510),他动心忍性,深悟格物致知之旨,终于明白"圣人之道,吾性自足,向之求理于事物者误矣"(《年谱一》),这就是有名的"龙场悟道"。随后,王阳明讲学贵阳书院,始论知行合一。正德五年(1510)开始,王阳明的仕途日渐畅达起来,先后升江西庐陵知县,南京刑部四川清吏司主事,40岁调任吏部验封司主事,41岁再升考功司郎中、南京太仆寺少卿。这一时期,王阳明的门人日众,正德九年(1514),王阳明正式开始以"致良知"行教。

正德十一年(1516),王阳明45岁,这是一个极为重要的年份。受兵部尚书王琼的举荐,他升都察院左佥都御史,巡抚南、赣、汀、漳等处,开始了他一生中最为重要的事功阶段。正德十二年

(1517),他至江西,采取多种方法,或招抚或镇压,同时增设行政区域,先后平定了漳州、横水、桶冈等地流寇与民变。次年又平定了大帽山、浰头等处。正德十四年(1519)六月,正准备平定福建时,闻宁王朱宸濠造反,于是起义师勤王,同时上疏朝廷告变。从六月中旬至七月底,短短一个多月时间,王阳明出兵扑灭了朱宸濠的造反,生擒了朱宸濠,江西平定。这次事件充分展示了王阳明的军事才能,然而也就是这次立功,得罪了武宗身边的佞臣,因而给他带来不少劫难。

正德十六年(1521),王阳明50岁,升南京兵部尚书,十二月,朝廷封之为新建伯。从此他开始了晚年传道讲学的学术兴盛期。在这一时期,士人从四面八方投到王阳明门下,心学思想进一步蔓延。

嘉靖六年(1527),王阳明56岁,历经多年奔波,此时的他已经垂垂老矣,身体日渐虚弱,然而内心坚强的信念促使着他始终坚持青年时期的强烈济世愿望。是年五月,受朝廷的调遣,他临危受命,总督两广、江西、湖广军务,征讨广西少数民族地区的叛乱,从而开始了事功的另一个高峰期。次年二月,他率兵先平定了思、田,七月又平定了长期作乱的八寨、断藤峡。然而阳明早年即有"咳嗽畏热之病",遇天气炎热则更加严重,在此次胜利后的班师途中,他因肺疾加重,病体不支,十一月逝世于青龙浦,终年57岁。

王阳明逝世之后,由于生前遭到朝廷佞臣嫉恨,故"爵荫赠谥诸典皆不行",并且阳明心学被斥为伪学,朝廷还下令禁之。然当时心学思潮已经风靡天下,其门人中不少已经是朝廷和地方的重要官员,门人对朝廷此举十分愤慨,继而不断地上疏为师讨回公道。如詹事黄绾的上疏,详细地陈说了王阳明"功之大者有四""学之大要有三",较为完整地概括了王阳明在学术与事功上的主要成就,然最终没有得到朝廷的认同。直到隆庆元年(1567),以大学士徐阶为首的王门子弟向刚即位的穆宗上书,正式追赠阳明为新建侯,谥文成,王阳明的事功才获得了朝廷的认可。万历十二年(1584),王阳明与陈献章、胡居仁一道从祀于孔庙,加上隆庆五年(1571)从祀的薛瑄,终明之世,只此四人。王阳明的学术思想终于获得官方正式认定的圣学地位。

王阳明其学

王阳明一生中最为重要的还是其学术。如果说他的事功直接影响到当时政局的话,那么他的心学思想则直接成为明朝一百多年的学术主流,随后影响了国人几百年的学术思想,并且还传播到中国周边国家和地区,如日本、朝鲜半岛以及东南亚。时至今日,这种影响依然存在。学界对阳明心学的研究已有很长的历史,学术成果汗牛充栋,限于篇幅,本文仅通过几个重要命题简要地概述一下阳明心学思想。

一、心即理

"心即理"的命题最早并非王阳明提出,南宋的陆九渊早已提出,甚至陆九渊也不是最早提出来的。据学者考证,唐代大照和尚曾在《大乘开心显性顿悟真宗论》中提出:"心是理,则是心心外无理,理外无心。"陆九渊很可能受其影响。陆九渊主张"心即理",立意虽新,但总体上仍然十分粗糙,王阳明在与学生谈话时,曾指出这一点:"濂溪、明道之后,还是象山,只是粗些。"(《传习录》卷下)因为陆九渊在"心即理"的命题之下,缺乏详细的分析,他的"心",概念游移不定,这对于建构一个思想体系来说是致命的;而王阳明则不同,"心即理"只不过是阳明心学思想的一个入门命题,在此基础上,他提出了其他一系列的命题与观念,并着重对儒家经典《大学》等进行了重新诠释。

王阳明“心即理”的命题最早应该是在谪守龙场时提出来的，或者说“龙场悟道”的一个主要内容便是心即理。王阳明早年曾遍读朱子之书，对朱子格物之说产生过浓厚的兴趣，然而当他真正亲身实践朱子的格物之说后，才发现行不通，也正是因为这些经历，刺激着他对格物之说产生怀疑。后来他在和学生交谈时曾指出：“众人只说格物要依晦翁，何曾把他的说去用！我着实曾用来。初年与钱友同论做圣贤要格天下之物，如今安得这等大的力量？因指亭前竹子，令去格看。钱子早夜去穷格竹子的道理，竭其心思，至于三日，便致劳神成疾。当初说他这是精力不足，某因自去穷格，早夜不得其理，到七日，亦以劳思致疾。”（《传习录》卷下）学生们未曾经历阳明的困顿，亦未曾亲身体会朱子格物论，故难以接受王阳明的“心即理”。

对正统程朱理学的怀疑直接促进了王阳明的思考，而这些正好积累至龙场，在那个困顿、穷厄、迷茫的境况下，他最终领悟到，圣人处此情境，还要向哪里去探求一个道？原来“圣人之道，吾性自足，向之求理于事物者误也”。至此，王阳明终于体会到《大学》格物之说，并非向外物上去探求一个天理，此心即天理，天理不外乎人心，做圣之功只在自家心体上求。

王阳明“心即理”之说解决了外在的天理并不能真正约束人的道德行为问题，缓解了普遍性与个体性之间的紧张。在程朱理学看来，天理作为普遍的道德规范，外在地规范着现实经验中人的道德行为，但是在具体的道德实践中，真正作出道德决定的往往是特殊的生存个体，真正起决定作用的是个体的意识，那么如何保证外在的道德规范能真正地促成个体的道德自觉从而作出正确的抉择呢？中国传统文化缺乏西方文化中那种浓厚的宗教色彩，外在超越的权威（如上帝）或普遍的道德律令很难在现实的道德秩序维护中发挥作用。程朱理学中的这种内外紧张不仅有可能造成一些虚伪的道学先生形象,即空谈存天理去人欲,而现实道德生活中却往往背道而驰,同时也使阳明这种有志于道的人遭遇格物的困境。此外,外在的道德原则无论如何都对个体的自由选择形成了一种压力,很难将道德行为看成是个体自由的、符合本性的选择结果。王阳明提出心即理,主张此心即是天理所在,本身纯善不恶,从而将普遍的道德原则纳入主体之内,个体能够依照此心,自由地作出道德抉择,这不仅体现了强烈的主体性原则,同时也满足了主体的自我成就感,正好印证了"人皆可以为尧舜"的古训。

针对对"心即理"的各种质疑,王阳明尖锐地批判了那种将理视为外在的看法,如他说:"且如事父,不成去父上求个孝的理?事君,不成去君上求个忠的理?交友治民,不成去友上、民上求个信与仁的理?都只在此心,心即理也。"(《传习录》卷上)很显然,"理"不是像具体事物一样的存在者,不是感官经验的对象,因此"孝"之理并不在"父"这一角色上,"忠"之理亦不在"君"这一身份上。按照阳明的看法,父、君等伦理角色的呈现,是因为主体意识的指向而形成的,事父事君等道德活动均源自人心的外化作用,当主体的知觉没有指涉一个对象时,这个对象的性质与活动是无法确定的,其意义亦不可能得到彰显。没有人心的作用,则无所谓对象,更谈不上天理。因此,要真正地实现这一理,关键在于主体的意识与行为。虽然今天我们可以比较准确地说,人伦之"理"应该建立在人与人的关系上,然而在当时,针对程朱理学将理视为普遍的外在道德规范的主流观点,王阳明主张"理"的内在性与主体性,强调心对理的实现起着决定作用,心外无理,不啻晴天霹雳,震撼人心。

既然心外无理,那么格物穷理就不是向外探求了,但问题是外物又如何得到规定呢?按照王阳明的看法,不仅"理"不在外物上,而且物本身也不能脱离心。顺着“心外无理”命题的逻辑，王阳明论述了心与天地万物的关系。“可知充天塞地中间，只有这个灵明。人只为形体自间隔了。我的灵明，便是天地鬼神的主宰。天没有我的灵明，谁去仰他高？地没有我的灵明，谁去俯他深？鬼神没有我的灵明，谁去辩他吉凶灾祥？天地鬼神万物，离却我的灵明，便没有天地鬼神万物了。我的灵明离却天地鬼神万物，亦没有我的灵明。”（《传习录》卷下）由此可知，人与天地万物本是一体，未曾分化，正是因为有了人心的灵明，才有了人与天地万物的区别，才有了人心对天地万物的体认。同时，王阳明也认为，如果没有天地万物鬼神，则人的灵明亦无。这表明他打通了心物之间的障碍，摒弃了两者之间的二元对立，心物互为体用，“此心在物则为理”（《传习录》卷下），理流行于心物之间。

至此，不难看出，在王阳明的“心即理”命题之下，逻辑地包含着“心外无物”“心外无事”。“心即理”成为阳明心学的一个基础命题。

二、知行合一

知行合一是王阳明早期提出的重要命题，同时又直接贯穿了阳明思想的始终，尽管在晚年他谈及较少。早在龙场悟道后，阳明即主张知行合一，并与时任贵州提督学政的席书讲论，然知行合一实与常识相距甚远，难以为世人所理解。

王阳明的知行合一可以从不同角度进行诠释，最重要的一个角度无疑是致良知，这一点我们放在下文探讨，这里我们先仅从两个方面来略加阐释。

首先，“知行合一”突破了前人探讨知行关系的藩篱，别出新意，构建了一个新的知行本体论，然而这一突破本身仍然存在着局限性。王阳明反对程朱理学所主张的知先行后说，认为知行分离是割裂了知行本体,他认为:“知是行的主意,行是知的功夫;知是行之始,行是知之成。”“未有知而不行者。知而不行,只是未知。”(《传习录》卷上)在此基础上,他将《大学》的“如恶恶臭,如好好色”解释为知行合一。本来“好好色”与“恶恶臭”都是人的意识活动,是内在的心理活动过程,但按照阳明的解释,却都属于行,这实际上是扩大了行的内涵,消知入行,模糊了知行界限。如果撇开“良知”与“致良知”来看,究竟什么是知,什么是行,在阳明这里似乎已经不重要,因为在他看来,“知之真切笃实处,即是行,行之明觉精察处,即是知,知行工夫本不可离”。知行功夫只是一个, 不可分离出知的功夫与行的功夫两截。

其次,知行合一矫正了先儒的知行观,提出了更加严格意义上的修身要求。王阳明认为古人知行分说是不得已补偏救弊的说法,而非将知行分为两截。而实际上他自己所倡导的知行合一的宗旨也很明确,也是补救宋儒之失,同时强调更加严格意义上的修身。为何这么说呢? 因为王阳明主张“一念发动处,便即是行了”,这样人的意念活动就完全被纳入行的范畴,而在传统学术中,无疑只属于知的范畴。王阳明反复强调要理解他讲知行合一的宗旨,如他说:“今人学问,只因知行分作两件,故有一念发动,虽是不善,然却未曾行,便不去禁止。我今说个‘知行合一’,正要人晓得一念发动处,便即是行了。发动处有不善,就将这不善的念克倒了,须要彻根彻底,不使那一念不善潜伏在胸中。此是我立言宗旨。”(《传习录》卷下)将属于知的心理活动纳入行的范畴,显然导致更为严格意义上的修身,人一旦有了不善的念头,虽然还只停留在意识层面,并未对现实经验活动产生任何作用,都应彻根彻底地消除。阳明如此坚决地主张清除恶念,与他长期的经历颇有关系。经历了数次平定民变后,他深深体会到“破山中贼易,破心中贼难”,要防患于未然,必须要从人的一点恶念处入手,绝不使邪念进入现实经验中。从另一个角度来看，如果只读圣人书，知道什么是善，但不去实践，那么就谈不上真正的知。他说："今人却就将知行分作两件去做，以为必先知了，然后能行。我如今且去讲习讨论，做知的工夫，待知得真了，方去做行的工夫，故遂终身不行，亦遂终身不知。此不是小病痛，其来已非一日矣。某今说个知行合一，正是对病的药。又不是某凿空杜撰，知行本体原是如此。"（《传习录》卷上）显然，王阳明知行合一的行教宗旨就是反对割裂知行，反对先去知了再去行，确实是针砭时弊，主张笃实的道德实践，反对空谈性理。

三、致良知

致良知是王阳明心学的最后一个重要命题，也是他晚年的讲学宗旨。致良知观念的提出，追溯起来，应该与王阳明对《大学》格致诚正功夫的重新解释相关。因为致良知实乃致知的发挥，但从解释格致诚正到他明确提出"致良知"，中间仍经历了一些阶段，尤其是对格物的新解，对诚意的强调。

在龙场悟道后，王阳明已逐渐形成了良知的观念，如他说："吾良知二字，自龙场以后，便已不出此意，只是点此二字不出。"（《传习录拾遗》）在此之后，王阳明对格物进行了重新诠释，他训"格"为"正"，"'格物'，如《孟子》'大人格君心'之'格'，是去其心之不正，以全其本体之正"（《传习录》卷上）。正即是正心，正其本体。这样，格物便不是向外物探求，而是向内心去求正。这与他主张的心即理、心外无物观念保持了一致。但这样一来，阳明的格物说反而引起了不少疑虑，《大学》明言"格物"，怎么被替换为"格心"或"正心"呢？因此，阳明必须围绕心物关系重新解释《大学》格致诚正功夫。他认为，心是身之主宰，控制着视听言动，而心之发动处则谓之意，意之灵明处谓之知，而意之所涉则是物。"意"未有悬空的，必着事物。在这串关系中，意成为由心到物的必经阶段。也正基于此，王阳明特别重视意念的真诚，强调《大学》的诚意功夫。他反对朱子改正《大学》，而主张《大学》古本，将诚意置于格物致知之前。他说："《大学》工夫即是明明德，明明德只是个诚意，诚意的工夫只是格物致知。若以诚意为主，去用格物致知的工夫，即工夫始有下落……"（《传习录》卷上）"工夫到诚意，始有着落处。"（《传习录》卷下）至此，王阳明在提出"心即理"命题之后，打通了心、性、理、物，而在重新解释《大学》格致诚正功夫后，则贯通了身、心、意、知、物，进一步消解了程朱理学心物之间的内外隔阂。

以上还只是谈到王阳明中期对诚意的看重，由诚意过渡到致知则是晚年的事。虽然从字面上来看，阳明 49 岁之前，没有明确地将"致知"解释为"致良知"，但他确实很早就已经有了良知以及致良知的观念，如："知是心之本体，心自然会知：见父自然知孝，见兄自然知弟，见孺子入井，自然知恻隐，此便是良知，不假外求。若良知之发，更无私意障碍，即所谓'充其恻隐 之心，而仁不可胜用矣'。然在常人，不能无私意障碍，所以须用致知格物之功，胜私复理。即心之良知更无障碍，得以充塞流行，便是致其知。知致则意诚。"（《传习录》卷上）在徐爱所录的这段语录里，他已经把"知"解释为"良知"，并且认为良知的扩充流行即为致知，但致知在诚意，这里仍然表现出对诚意功夫的重视。到了晚年，王阳明突出了"致知"的地位，由诚意转向致知，如"诚意之本，又在于致知也"（《传习录》卷下）。在改正后的《大学古本序》中，他亦明确写道："《大学》之要，诚意而已矣。诚意之功，格物而已矣。诚意之极，止至善而已矣。止至善之则，致知而已矣。""故致知者，诚意之本也；格物者，致知之实也。"至此，阳明最终确立了致良知的立教宗旨。

致良知体现了王阳明知行合一的早年学术宗旨。在他看来，良知其实并不是现成的，而是需要去认知，通过认知过程使本然之良知走向道德之自觉良知。所以他说:“良知自知,原是容易的;只是不能致那良知,便是‘知之匪艰,行之惟艰’。”(《传习录》卷下)良知自知容易,表明认识到本然良知容易,但如果只自知而不知致良知,则本然良知还没有真正转向自觉的道德良知,按照知行合一的逻辑,则犹“知而不行,只是未知”。因此,只有将良知扩充到底,致良知于事事物物,方能去恶尽善,良知才达到真正意义上的自觉。可见致良知功夫,自然涵盖了行,同时包含了两层意思,即良知由本然转向自觉,同时这个转向也就是良知推向现实经验生活,即良知的扩充流行。这两个向度的统一正好体现了知行合一的宗旨。

阳明把致知解释为致良知,还剩下最后一道关口,那就是格物与致知的关系问题。他认为,致知不是悬空的,必须在实事上去格,意在于为善去恶,就在为善去恶上去着实下功夫,这样便能使良知不为私欲所遮蔽,得以致其极。至此,我们可以看出,阳明的致良知其实并非空头的说教,而是通过具体的格物功夫去实行,或者说在格物中实现良知的扩充。

《传习录》其书

《传习录》一书是王阳明与其弟子、友人的部分对话、书信的汇集,包含了王阳明的主要哲学思想,是研究阳明心学及其发展的重要资料。王阳明一生不重著述,尤其不赞成记录师徒对话,因为在他看来:“圣贤教人如医用药,皆因病立方,酌其虚实温凉阴阳内外而时时加减之,要在去病,初无定说。若拘执一方,鲜不杀人矣。今某与诸君不过各就偏蔽箴切砥砺,但能改化,即吾言已为赘疣。若遂守为成训,他日误己误人,某之罪过可复追赎乎?”(徐爱《传习录·序》)而徐爱备录师说,亦自知“固非先生之所欲”。正是抱着十分审慎的态度,《传习录》上卷(即初刻《传习录》)的刻录印行,经过了王阳明本人的审阅。于是,《传习录》上卷便与同年七月刻录的《大学古本》一起成为王阳明生前公开印行的重要著作。

关于《传习录》一书,美籍学者陈荣捷先生较为详细地概述了成书的经历,本文在参考陈先生研究的基础上,对《传习录》的成书及结构简单地概述如下:

我们今天看到的《传习录》实际上是一个合成品,历经几个阶段,按照时间的先后顺序分别为初刻《传习录》、续刻《传习录》和《传习续录》。

首先是初刻《传习录》。此卷语录中最初的部分由徐爱所录。正德七年(1512)十二月,王阳明升南京太仆寺少卿,便道归省。时阳明妹夫徐爱升南京工部员外郎,与先生同舟归越,途中共论《大学》宗旨,徐爱记录下了这一师徒对话,这就是《传习录》上卷卷首的 14 条。据陈先生考证,徐爱所录绝不止这 14 条,但其他的均已无从考证,多已散佚。徐爱不仅备录师说,同时还留下了一篇序,一篇引言,一篇跋。后两者今在《传习录》上卷正文之中,唯独序,则诸单行本多有不载。分析徐爱之序,可知徐爱录阳明之言,并非仅作为自己"时时对越警发之"而已,而在于广布流传,尤其是在众多门人弟子中传播,否则他就不必专门作序,并明言"录成,因复识此于首篇以告同志"。因此,我们不能排除徐爱所录被阳明门人传抄传阅的可能性,并且《传习录》的书名最初很可能出自徐爱。

此外,初刻本还包括阳明另外两位学生陆澄、薛侃分别所记的 80 条和 35 条语录。正德十三年(1518),王阳明 47 岁,而其爱徒徐爱于是年五月不幸去世。八月,门人薛侃得徐爱生前所录与序、跋、引言,又得陆澄所录,乃合并自己所录,一共 129 条,刻于江西虔州,共三卷,是为初刻《传习录》,今《传习录》卷上。

其次,续刻《传习录》。嘉靖三年(1524),王阳明 53 岁。是年十月，门人南大吉以初刻《传习录》为上册，王阳明《论学书》九篇为下册，命其弟南逢吉校对而刻录于越（今浙江绍兴），是为续刻《传习录》。续刻《传习录》仍然以薛侃的初刻《传习录》为上册，分三卷，下册则为阳明的书信，一共九篇，分别是《答徐成之》（二篇）、《答顾东桥书》、《启问道通书》、《答陆原静二书》、《答欧阳崇一书》、《答罗整庵少宰书》、《答聂文蔚书》。《论学书》后还附有《示弟立志说》和《训蒙大意》。与上册为语录不一样，下册为阳明自己撰写的书信及文章，主要反映了他的晚年思想。

然而续刻《传习录》与今本《传习录》相比，内容上有较大变化。原来在嘉靖三十五年（1556），钱德洪整理师说，重编《传习录》三卷时，对第二卷内容进行了调整。他在序中说："昔南元善刻《传习录》于越，凡二册。下册摘录先师手书，凡八篇（实九篇，钱氏将《答陆原静二书》合二为一）。其《答徐成之》二书，吾师自谓：'天下是朱非陆，论定既久，一旦反之为难。二书姑为调停两可之说，使人自思得之。'故元善录为下册之首者，意亦以是欤？今朱、陆之辩明于天下久矣。洪刻先师《文录》，置二书于《外集》者，示未全也，故今不复录。……而揭'必有事焉'即'致良知'功夫，明白简切，使人言下即得入手，此又莫详于答文蔚之第二书，故增录之。"由此，钱德洪将《答徐成之》（二篇）移到《外集》，不再收录，而增录了《答聂文蔚书其二戊子》。另外值得注意的是，钱德洪此次修订，是否同时将《示弟立志说》移出去，而在《训蒙大意》之后补充了一篇《教约》，鉴于他在序中未曾明说，不好推断。

最后，《传习续录》。嘉靖七年十一月（1529），王阳明逝世，钱德洪与王畿奔丧，同时讣告同门，约三年时间收录遗言，再综合自己所录，准备刻印，然"适以忧去未遂"。钱德洪当时考虑到四方讲学日众，师门宗旨既明，似乎没有谁去从事赘刻之事，"故不复萦念"。钱氏的这一息念长达二十余年，直到嘉靖三十四年（1555），另一门人曾才汉从钱德洪那里获得这些语录后，加以编辑整理，名为《遗言》，刻录于荆（今湖北江陵县），这便是《传习录》卷下的雏形。但钱德洪读完后，感觉采集不精当，于是在《遗言》的基础上，“删其重复，削去芜蔓，存其三之一”，名曰《传习续录》，复刻于宁国（今安徽）之水西精舍。这便是《传习录》卷下的过渡版本。嘉靖三十五年（1556），钱德洪游历到今湖北蕲春，阳明再传弟子沈宠考虑到阳明之学在蕲春并不流行，因而请求钱德洪搜集阳明的散佚语录而增刻之，钱氏于是开始了全面整理《传习录》，“乃复取逸稿，采其语之不背者，得一卷。其余影响不真，与《文录》既载者，皆削之，并易中卷为问答语，以付黄梅尹张君增刻之”。至此，《传习录》上中下三卷终于汇聚一起，成为一个完整的语录体著作。

隆庆六年（1572），谢廷杰在浙江刻录《王文成公全书》，以薛侃所编《传习录》为上卷，以钱德洪增删南大吉所编《论学书》的八篇为中卷，以钱氏亲定的《传习续录》为下卷，同时约请钱氏附王阳明所编《朱子晚年定论》于三卷之后，钱氏加以引言，并附袁庆麟所写的《晚年定论跋》，这就是《王文成公全书》本的《传习录》。

关于校释

自从隆庆本《王文成公全书》刊行于世之后，各种题名为《王文成公全书》《王阳明全集》《阳明先生集要》等的刻本多达二十余种，而《传习录》因为在各刻本中的重要地位更是备受关注，有多种单行本传世，陈荣捷先生曾在《王阳明〈传习录〉详注集评》一书中罗列了十多种。

首先，在本书校释的版本选择方面，笔者以台湾商务印书馆影印的《文渊阁四库全书·王文成全书》中的《传习录》为底本，该版本实翻刻自隆庆本。校释时主要参校了以下刻本和通行本：

1. 四部丛刊本《王文成公全书》中的《传习录》刻本，该书由上海涵芬楼影印明隆庆刊本，简称丛刊本。

2. 施邦曜辑评的《阳明先生集要》，四部丛刊收录为明崇祯年间刻本，简称施本。明崇祯八年（1635），施邦曜将全书分门别类，条分缕析，辑要而成《阳明先生集要三编》。《传习录》散入《理学篇》的卷一至卷四，篇章序目以及内容均有较大变动，其中卷一包括《传习录一》，收录了 16 条，《传习录二》收录了 67 条，《传习录三》收录了 35 条，卷二则单独列出语录 60 条，论学书信全部放置在卷三和卷四之中。中华书局 2009 年出版了《阳明先生集要》点校本，然笔者比照刻本，发现很多差异似乎并未校出。

3. 上海中华书局据明谢氏刻本校刊《阳明全书》，简称"四部备要本"。

4. 上海世界书局 1936 年影印的《王阳明全集》，简称"世界书局本"。

5. 陈荣捷先生的《王阳明〈传习录〉详注集评》，简称"陈本"。上个世纪 60 到 80 年代，陈先生致力于宋明理学研究，于朱子之外，尤重阳明，曾广为搜罗，会校中外诸本，撰成 *Instructions for Practical Living and Other Neo-Confucian Writings by Wang Yangming*（《王阳明的〈传习录〉及其他理学著述》）。将近 20 年后，陈先生在整理旧稿的基础上，增益注疏，务求详尽，"注中有词必释，有名必究。引句典故，悉溯其源。不特解释，且每录经典原文，以达全意"，最终形成是书，并由台湾学生书局于 1983 年出版，华东师范大学出版社于 2009 年出版了大陆简体字版。本书的注释部分受益于该书良多。然而值得指出的是，该书的台版与大陆版均在句读、字词上存在着一些瑕疵，简体字版的错误尤多，当是编辑之误。

6. 上海古籍出版社 1992 年出版的《王阳明全集》，简称《全集》。该书由吴光等人编校，以浙江图书馆藏明隆庆六年谢廷杰刻

《王文成公全书》为底本，同时参校诸本而成。然《传习录》部分有不少字词方面的错误。

7.《阳明先生文录》，日本早稻田大学藏明隆庆六年刻本，简称"早稻田本"。《传习录》卷中的校释参考了该书中的书信部分，然该书有残缺，其中《答罗整庵少宰书》不全。

8.《阳明先生文录》，日本东方文化学院东京研究所藏明嘉靖二十六年(1547)重校勘本，简称"东研所本"。《传习录》卷中的校释参考了该书中的书信部分。

除此之外，笔者还参考了近十年来公开出版的《传习录》校注、译注方面的书籍，这些都作为参考文献附在书末。

其次，在本书的文字校释方面，笔者发现诸本的有些差异多是异体字或通假字引起，如"工夫"与"功夫"，"歧"与"岐"，"穉"与"稚"，"耶"与"邪"(作语气词时)，"已"与"以"，"阁"与"搁"，"辞"与"词"，"辨"与"辩"，"伯"与"霸"，"采"与"彩"，等等。这些词在第一次出现时，多予以注释，重复之处则不再赘释。

在本书校释体例上，卷上与卷下乃王阳明的弟子所录，笔者参考了公开出版的诸多通行本的做法，分别为这些语录添加了标题，如"徐爱录""陆澄录""薛侃录""陈九川录""黄直录""黄修易录""黄省曾录""黄以方录"。卷中的书信部分，四库底本均有标题，校释则仍其旧。

再次，关于本书的导读。《传习录》主要是语录体，即便是中卷的书信体，也被钱德洪在整理时改为"问答话"。阳明在与学生交谈时，话语或长或短，不一而足，综观全书，存在着大量文字精简的语录，且不少相邻语录往往探讨不同的话题，这给导读带来了一定的困难。综合权衡，在不改动《传习录》文本次序的前提下，笔者尽可能地将主题相同或相近的语录放置在一起，予以导读，而对那些比较分散而又精简的语录，视对象不同而采取了不同处理方法：对于那些语义明朗、浅显易懂的语录，一般不予以导读，笔者相信读者完全可以自己消化；对于那些思想深刻、语义隐晦的语录，尽管文字精简，然务求详解。本书参照了陈荣捷先生的做法，即给每条语录标记序号，并且在导读之时，尽可能地指引出书中的相关语录条，以便读者循序渐进，前后贯通。

此外，阳明语录内容广博，往往引经据典，很多原文出自《四书》《五经》以及程朱等人的著作，而《大学》《孟子》尤多，笔者注释过程中尽可能地将一些重要原文指明出处，读者若能辅以《四书》阅读，则更省力。

最后，在本书的附录方面，陈荣捷先生整理《传习录》，得散佚的语录51条，本书收录于后，以供读者参考，此为附录一。《朱子晚年定论》自从谢廷杰刻录《全书》以来，已正式附在《传习录》后，本书则仍其旧，此为附录二。附录三收两篇序：初刻《传习录》正文前有徐爱序，今单行本多不载，鉴于此序的重要，故附于书末；南大吉续刻《传习录》，亦曾作序一篇，今亦附于书末，以示完整。

《传习录》一书，笔者多年前即怀着虔敬之心阅读，而今有幸得以校释该书，兴奋之余又有一些紧张，虽酷暑炎炎，挥汗如雨，亦不敢稍有懈怠。然笔者学力不逮，加之时间过于仓促，故校释中可能有不少错误，伏请读者批评指正。

萧无陂　于麓山抱朴书房

辛卯年七月初七日定稿

目录

传习录上

导读

这是徐爱为自己平日从阳明问学所录写的引言。在这篇引言中，徐爱首先介绍了王阳明以《大学古本》为正，重新诠释格物之说，惊骇当世。徐爱自己亦经历了由惊骇到怀疑再到服膺的过程。其次，简要地追溯了阳明为学的复杂经历，以证格物新说非“立异好奇”，乃“精一之功”的结果。最后，徐爱阐明了语录形成之缘故。阳明之学精深广博，已超入圣域，徐爱跟随十余年亦未能“窥其藩篱”。为了防止诸门人仅凭只言片语而“臆断悬度”，曲解师说，于是将平日所录阳明之说结集，与同门互相探讨，以继承先生之学。

原文

先生于《大学》格物诸说，悉以旧本为正，盖先儒所谓误本者也。爱[1]始闻而骇，既而疑，已而殚精竭思，参互错综，以质于先生，然后知先生之说，若水之寒，若火之热，断断乎百世以俟圣人而不惑者也。先生明睿天授，然和乐坦易，不事边幅。人见其少时豪迈不羁，又尝泛滥于词章，出入二氏之学[2]。骤闻是说，皆目以为立异好奇，漫不省究。不知先生居夷三载[3]，处困养静，精一[4]之功，固已超入圣域，粹然大中至正之归矣。爱朝夕炙门下，但见先生之道，即之若易，而仰之愈高；见之若粗，而探之愈精；就之若近，而造之愈益无穷。十余年来，竟未能窥其藩篱。世之君子，或与先生仅交一面，或犹未闻其謦欬[5]，或先怀忽易愤激之心，而遽欲于立谈之间，传闻之说，臆断悬度，如之何其可得也？从游之士，闻先生之教，往往得一而遗二。见其牝牡骊黄[6]，而弃其所谓千里者。故爱备录平日之所闻，私以示夫同志，相与考正之，庶无负先生之教云。门人徐爱书。

注释

❶ 爱，指徐爱(1488—1518)，字曰仁，号横山，浙江余姚人，举正德进士，官至南京工部郎中。徐爱是王阳明的妹夫，阳明赴谪贵州时，即入室称弟子，因而是阳明的第一位弟子，有"王门颜回"之称，惜英年早卒。

❷ 二氏之学，谓佛老也。

❸ 居夷三载，正德元年(1506)，王阳明因上疏抗辩，获罪下狱，后贬谪贵州龙场(今修文县)，前后三年。龙场当时尚未开化，故称"夷"。

❹ 精一，语出《尚书·大禹谟》："人心惟危，道心惟微，惟精惟一，允执厥中。"宋儒视之为十六字心传，下文的"惟精""惟一"均源于此。

❺ 謦欬(qǐngkài)，咳嗽，引申为言谈声教。

❻ 牝牡骊黄，语出《淮南子·道应训》，又见《列子·说符》。秦穆公使伯乐求马，使者报以牡而黄，使人取之，则牝而骊，穆公不悦。伯乐叹谓人只见其外而不见其内，见其粗而不见其精。及马至，果千里之马。

徐爱录

导读

王阳明主张遵从《大学》旧本，反对朱熹的《大学》改订本。首先，他分析了"作新民"与"在亲民"的句子结构，"作"与"亲"相对，但下文直到"治国平天下"都没有论及"新"。而"亲"作为动词，兼教养之意，体现了治理者与老百姓之间的关系，与《大学》下文文本保持了一致，并且在《尚书》《孟子》《论语》中都有相关论述可以佐证。其次，从《大学》首章分析，"明明德"与"亲民"先后相随，贯通了对内的修身之道与对外的为政亲民之道，体现了儒家内圣外王思想，亦照应了《大学》的"八条目"。可参看第89、90条。

原文

【1】爱问："'在亲民'，朱子[1]谓当作'新民'，后章'作新民'之文似亦有据；先生以为宜从旧本作'亲民'，亦有所据否？"先生曰："'作新民'之'新'，是自新之民，与'在新民'之'新'不同，此岂足为据？'作'字却与'亲'字相对，然非'亲'字义。下面'治国平天下'处，皆于'新'字无发明。如云'君子贤其贤而亲其亲，小人乐其乐而利其利'，'如保赤子'，'民之所好好之，民之所恶恶之，此之谓民之父母'之类，皆是'亲'字意。'亲民'犹孟子'亲亲仁民'之谓，亲之即仁之也。百姓不亲，舜使契为司徒，敬敷五教，所以亲之也。《尧典》'克明峻德'便是'明明德'；'以亲九族'至'平章协和'，便是'亲民'，便是'明明德于天下'。又如孔子言'修己以安百姓'，'修己'便是'明明德'，'安百姓'便是'亲民'。说'亲民'便是兼教养意，说'新民'便觉偏了。"

注释

[1] 朱子，即朱熹（1130—1200），字元晦，一字仲晦，号晦庵，人称考亭先生，南宋徽州府婺源县（今江西省婺源）人。19岁进士及第，曾任荆湖南路安抚使，仕至宝文阁待制。南宋著名的理学家，程朱理学的集大成者，世称朱子，是孔子、孟子以来最杰出的儒学大师之一。

导读

"心即理"是阳明心学的一个重要命题，也是"致良知"和"知行合一"

思想的基础。王阳明通过龙场悟道，终于明白“圣人之道，吾性自足，向之求理于事事物物者误矣”。首先，他认为至善为心之本体，是纯乎天理之极，天理并非像具体事物一样的存在者，因而不能在具体事物上去探求。其次，他认为纯乎天理的本心向外扩充，便形成了各种事物以及彰显在事物上的理，如“发之事父便是孝，发之事君便是忠，发之交友治民便是信与仁”。因此在“心即理”命题下，逻辑地包含着“心外无物”。王阳明主张在心上做去人欲、存天理的功夫，使心不为私欲所障蔽，则心之本体自然呈现，扩充流行，便达到了至善的境地。可参看第32、34、94、133条。

原文

【2】爱问：“‘知止而后有定’，朱子以为‘事事物物皆有定理’，似与先生之说相戾。”先生曰：“于事事物物上求至善，却是义外也。至善是心之本体，只是‘明明德’到‘至精至一’处便是。然亦未尝离却事物，本注所谓‘尽夫天理之极，而无一毫人欲之私’[1]者得之。”

【3】爱问：“至善只求诸心，恐于天下事理有不能尽。”先生曰：“心即理也。天下又有心外之事、心外之理乎？”爱曰：“如事父之孝，事君之忠，交友之信，治民之仁，其间有许多理在，恐亦不可不察。”先生叹曰：“此说之蔽久矣，岂一语所能悟！今姑就所问者言之：且如事父，不成去父上求个孝的理？事君，不成去君上求个忠的理？交友治民，不成去友上、民上求个信与仁的理？都只在此心，心即理也。此心无私欲之蔽，即是天理，不须外面添一分。以此纯乎天理之心，发之事父便是孝，发之事君便是忠，发之交友治民便是信与仁。只在此心去人欲、存天理上用功便是。”爱曰：“闻先生如此说，爱已觉有省悟处。但旧说缠于胸中，尚有未脱然者。如事父一事，其间温凊定省[2]之类，有许多节目，不亦须讲求否？”先生曰：“如何不讲求？只是有个头脑，只是就此心去人欲、存天理上讲求。就如讲求冬温，也只是要尽此心之孝，恐怕有一毫人欲间

杂;讲求夏凊,也只是要尽此心之孝,恐怕有一毫人欲间杂:只是讲求得此心。此心若无人欲,纯是天理,是个诚于孝亲的心,冬时自然思量父母的寒,便自要去求个温的道理;夏时自然思量父母的热,便自要去求个凊的道理。这都是那诚孝的心发出来的条件。却是须有这诚孝的心,然后有这条件发出来。譬之树木,这诚孝的心便是根,许多条件便是枝叶,须先有根,然后有枝叶;不是先寻了枝叶,然后去种根。《礼记》言:'孝子之有深爱者,必有和气;有和气者,必有愉色;有愉色者,必有婉容。'须是有个深爱做根,便自然如此。"

【4】郑朝朔❸问:"至善亦须有从事物上求者?"先生曰:"至善只是此心纯乎天理之极便是,更于事物上怎生求?且试说几件看。"朝朔曰:"且如事亲,如何而为温凊之节,如何而为奉养之宜,须求个是当,方是至善,所以有学问思辩❹之功。"先生曰:"若只是温凊之节、奉养之宜,可一日二日讲之而尽,用得甚学问思辩?惟于温凊时,也只要此心纯乎天理之极;奉养时,也只要此心纯乎天理之极。此则非有学问思辩之功,将不免于毫厘千里之谬❺,所以虽在圣人,犹加'精一'之训。若只是那些仪节求得是当,便谓至善,即如今扮戏子,扮得许多温凊奉养的仪节是当,亦可谓之至善矣。"爱于是日又有省。

注释

❶ 语出朱熹《大学章句集注》,原文曰:"盖必其有以尽夫天理之极,而无一毫人欲之私也。"

❷ 温凊(qìng)定省,语出《礼记·曲礼上》。温,冬天让父母温暖;凊,夏天让父母凉快;定,夜里让父母睡得安稳;省,早上向父母问安。

❸ 郑朝朔,即郑一初,字朝朔,广东揭阳人,弘治十八年进士,官至监察御史。王阳明任吏部主事时,郑朝朔为御史,曾向阳明问学。

❹ 思辩，出自《礼记·中庸》："博学之，审问之，慎思之，明辨之，笃行之。"施本多作"思辨"，"辩"与"辨"古通。

❺ "谬"与"缪"，四库底本多混用，以下径改。

导读

知行合一是王阳明早年论学宗旨之一，也是饱受非议的一个心学命题。本篇对话主要阐述知行合一思想。首先，王阳明批判那种将知行分为两截的观点，指出"未有知而不行者""知而不行，只是未知"，实际上是销知入行。《大学》中的"如恶恶臭，如好好色"本是说明"诚意"的，却被王阳明用来论证知行合一，表明他扩大了行的内涵，将本属于认知的活动与心理过程归结为"行"，结果是模糊了知行界限，形成一个新的知行本体论。其次，他认为古人知行分说乃是补偏救弊的权宜说法，而"知行合一"才是知行本体。事实上，王阳明的说法也是针砭时弊，主张知则必行，必行而知。了解了知行合一的这一宗旨，则知行分说并不妨碍知行本体。可参看第26、132、133、226、320、321条。

原文

【5】爱因未会先生"知行合一"之训，与宗贤❶、惟贤❷往复辩论，未能决，以问于先生。先生曰："试举看。"爱曰："如今人尽有知得父当孝、兄当弟❸者，却不能孝、不能弟，便是知与行分明是两件。"先生曰："此已被私欲隔断，不是知行的本体了。未有知而不行者。知而不行，只是未知。圣贤教人知行，正是要复那本体，不是着你只恁的便罢。故《大学》指个真知行与人看，说'如好好色''如恶恶臭'。见好色属知，好好色属行。只见那好色时，已自好了，不是见了后，又立个心去好。闻恶臭属知，恶恶臭属行。只闻那恶臭时，已自恶了，不是闻了后，别立个心去恶。如鼻塞人，虽见恶臭在前，鼻中不曾闻得，便亦不甚恶，亦只是不曾知臭。就如称某人知孝、某人知弟，必是其人已曾行孝行弟，方可称他知孝知弟。

不成只是晓得说些孝弟的话,便可称为知孝弟?又如知痛,必已自痛了,方知痛;知寒,必已自寒了;知饥,必已自饥了。知行如何分得开?此便是知行的本体,不曾有私意隔断的。圣人教人,必要是如此,方可谓之知。不然,只是不曾知。此却是何等紧切着实的工夫!如今苦苦定要说知行做两个,是甚么意?某要说做一个,是甚么意?若不知立言宗旨,只管说一个两个,亦有甚用?"爱曰:"古人说知行做两个,亦是要人见个分晓,一行做知的功夫,一行做行的功夫,即功夫始有下落。"先生曰:"此却失了古人宗旨也。某尝说,知是行的主意,行是知的功夫;知是行之始,行是知之成。若会得时,只说一个知,已自有行在;只说一个行,已自有知在。古人所以既说一个知,又说一个行者,只为世间有一种人,懵懵懂懂的任意去做,全不解思惟省察,也只是个冥行妄作,所以必说个知,方才行得是;又有一种人,茫茫荡荡,悬空去思索,全不肯着实躬行,也只是个揣摸影响,所以必说一个行,方才知得真。此是古人不得已补偏救弊的说话,若见得这个意时,即一言而足。今人却就将知行分作两件去做,以为必先知了,然后能行。我如今且去讲习讨论,做知的工夫,待知得真了,方去做行的工夫,故遂终身不行,亦遂终身不知。此不是小病痛,其来已非一日矣。某今说个知行合一,正是对病的药。又不是某凿空杜撰,知行本体原是如此。今若知得宗旨时,即说两个亦不妨,亦只是一个;若不会宗旨,便说一个,亦济得甚事?只是闲说话。"

注释

❶ 宗贤,即黄绾(1477—1551),字宗贤,又字叔贤,号久庵,浙江黄岩人。官至礼部尚书,王阳明的弟子。

❷ 惟贤,即顾应祥(1483—1565),字惟贤,号箬溪,浙江长兴人。官至刑部尚书,王阳明的弟子。

❸ 弟,通"悌",敬爱兄长。

导读

在"心即理"命题的基础上,重新训释"格物"成为阳明心学的重要任务。在这几段对话中,王阳明首先阐述了为学功夫的三个层次:"尽心、知性、知天,是生知安行事",此是圣人功夫;"存心、养性、事天,是学知利行事",是贤人功夫;而"'夭寿不贰,修身以俟',是困知勉行事",乃是初学者的功夫。他认为朱子错训格物,以"尽心知性"为"物格知至",是将为学功夫层次颠倒了。

其次,他训"格物"之"格"为"正",即"去其心之不正,以全其本体之正"。身之主宰便是心,格物的目的在于正心修身,心之所发便是意,因此要正心必通过诚意。王阳明将《大学》的明明德之功概括为诚意,表明他对诚意功夫的看重。而意之本体便是良知,只有让良知无私意障碍,充塞流行,才是致知,才能真正达到意诚。

最后,意之所在便是物,良知的扩充必定到达事物,因而诚意与致知最终通过格物功夫来实现。可参看第78、83、86、87、88条。

原文

【6】爱问:"昨闻先生'止至善'之教,已觉功夫有用力处。但与朱子'格物'之训思之,终不能合。"先生曰:"格物是止至善之功,既知至善,即知格物矣。"爱曰:"昨以先生之教,推之格物之说,似亦见得大略。但朱子之训,其于《书》之'精一',《论语》之'博约',《孟子》之'尽心知性',皆有所证据,以是未能释然。"先生曰:"子夏[1]笃信圣人,曾子[2]反求诸己。笃信固亦是,然不如反求之切。今既不得于心,安可狃于旧闻,不求是当?就如朱子,亦尊信程子,至其不得于心处,亦何尝苟从?'精一''博约''尽心'本自与吾说吻合,但未之思耳。朱子'格物'之训,未免牵合附会,非其本旨。精是一之功,博是约之功。曰仁既明知行合一之说,此可一言而喻。尽心、知性、知天,是生知安行事;存心、养性、事天,是学知利行事;'夭寿不贰,修身以俟',是困知勉行事。朱子错训'格物',只为倒

看了此意,以'尽心知性'为'物格知至',要初学便去做生知安行事,如何做得?"爱问:"'尽心知性',何以为'生知安行'?"先生曰:"性是心之体,天是性之原,尽心即是尽性。'惟天下至诚为能尽其性,知天地之化育。'存心者,心有未尽也。知天,如知州、知县之知,是自己分上事,已[3]与天为一;事天,如子之事父,臣之事君,须是恭敬奉承,然后能无失,尚与天为二,此便是圣贤之别。至于'夭寿不贰其心',乃是教学者一心为善,不可以穷通夭寿之故,便把为善的心变动了,只去修身以俟命;见得穷通寿夭有个命在,我亦不必以此动心。事天虽与天为二,已自见得个天在面前;俟命便是未曾见面,在此等候相似:此便是初学立心之始,有个困勉的意在。今却倒做了,所以使学者无下手处。"爱曰:"昨闻先生之教,亦影影见得功夫[4]须是如此。今闻此说,益无可疑。爱昨晓[5]思,格物的'物'字,即是'事'字,皆从心上说。"先生曰:"然。身之主宰便是心,心之所发便是意,意之本体便是知,意之所在便是物。如意在于事亲,即事亲便是一物;意在于事君,即事君便是一物;意在于仁民爱物,即仁民爱物便是一物;意在于视听言动,即视听言动便是一物。所以某说无心外之理,无心外之物。《中庸》言'不诚无物',《大学》'明明德'之功,只是个诚意。诚意之功,只是个格物。"

【7】先生又曰:"'格物',如《孟子》'大人格君心'之'格',是去其心之不正,以全其本体之正。但意念所在,即要去其不正,以全其正,即无时无处不是存天理,即是穷理。天理即是'明德',穷理即是'明明德'。"

【8】又曰:"知是心之本体,心自然会知:见父自然知孝,见兄自然知弟,见孺子入井,自然知恻隐,此便是良知,不假外求。若良知之发,更无私意障碍,即所谓'充其恻隐之心,而仁不可胜用矣'。然在常人,不能无私意障碍,所以须用致知格物之功,胜私复理。即心之良知更无障碍,得以充塞流行,便是致其知。知致则意诚。"

注释

❶ 子夏，姓卜，名商，字子夏，春秋时晋国人，孔子的弟子。

❷ 曾子，即曾参，字子舆，鲁国人，孔子的弟子。

❸ “己”，诸刻本“己”“已”字形不分，四部备要本、世界书局本、陈本均作“己”，《全集》作“已”，据上下文，作“己”为是。

❹ “功夫”，施本多作“工夫”，下不赘释。

❺ “晓”，施本作“晚”。

导读

王阳明以“理”诠释“礼”，强调“文”与“礼”的本质是“天理”，各种礼仪活动都是与物打交道的过程，也即是本心呈现其天理的地方，“约礼”就是要在各种活动中存此天理，因此“博文”即是“惟精”，都属于日常功夫，而“约礼”即是“惟一”，乃是存天理，把守本体。可参看第25条。

原文

【9】爱问：“先生以‘博文’为‘约礼’功夫，深思之，未能得，略请开示。”先生曰：“‘礼’字即是‘理’字。理之发见，可见者谓之文；文之隐微，不可见者谓之理：只是一物。约礼只是要此心纯是一个天理。要此心纯是天理，须就理之发见处用功。如发见于事亲时，就在事亲上学存此天理；发见于事君时，就在事君上学存此天理；发见于处富贵贫贱时，就在处富贵贫贱上学存此天理；发见于处患难夷狄时，就在处患难夷狄上学存此天理；至于作止语默，无处不然，随他发见处，即就那上面学个存天理。这便是博学之于文，便是约礼的功夫。‘博文’即是‘惟精’，‘约礼’即是‘惟一’。”

导读

王阳明主张心即理，则此心本是纯乎天理，纯善不恶，故他反对将心析为“道心”与“人心”。只是一个纯乎天理的道心,本体昭昭,但为物欲遮蔽则成为了人心,不是在人心之外另有一个道心。可参看第250条。

原文

【10】爱问:“‘道心常为一身之主,而人心每听命。’以先生‘精一’之训推之,此语似有弊。”先生曰:“然。心一也,未杂于人谓之道心,杂以人伪[1]谓之人心。人心之得其正者即道心,道心之失其正者即人心:初非有二心也。程子谓人心即人欲,道心即天理,语若分析,而意实得之。今曰‘道心为主,而人心听命’,是二心也。天理人欲不并立,安有天理为主,人欲又从而听命者?”

注释

❶“伪”,施本作“为”。

导读

在这段对话中,王阳明通过比较王通和韩愈优劣进而论及孔子删述《六经》的目的、《六经》的性质、圣人之治的效法等问题。

首先,王阳明认为,王通虽然模仿圣人造经,但也是不得已,乃欲明道于天下。阳明本人并不主张著述,在历代哲人中,他的理学著述极少,多是讲学留下的一些语录、书信。他认为,孔子删述《六经》,乃是为了挽救天下“虚文胜而实行衰”的病根,并且于“《诗》《书》《礼》《乐》中,孔子何尝加一语”,现今留下的《诗》已非孔门之旧,乃后人附会而成。

其次,圣人述经的目的只是要正人心,存天理,去人欲,对于那些有违天理的历史事件往往略而不详,此是孔门家法。

再次,王阳明主张“因时致治”,反对一味法古,行太古之俗,后世效法圣人之治应看到“其治不同,其道则一”,要法其本而非效其末。

最后,《五经》皆史,但阳明同时认为道、事不相分离,“史以明善恶,示训戒”,都是人心天理之本然呈现。可参看第20、55条。

原文

【11】爱问文中子[1]、韩退之[2]。先生曰："退之，文人之雄耳；文中子，贤儒也。后人徒以文词之故推尊退之，其实退之去文中子远甚。"爱问："何以有拟经之失[3]？"先生曰："拟经恐未可尽非。且说后世儒者著述之意，与拟经如何？"爱曰："世儒著述，近名之意不无，然期以明道，拟经纯若为名。"先生曰："著述以明道，亦何所效法？"曰："孔子删述《六经》[4]，以明道也。"先生曰："然则拟经独非效法孔子乎？"爱曰："著述即于道有所发明。拟经似徒拟其迹，恐于道无补。"先生曰："子以明道者使其反朴还淳，而见诸行事之实乎？抑将美其言辞，而徒以譊譊于世也？天下之大乱，由虚文胜而实行衰也。使道明于天下，则《六经》不必述。删述《六经》，孔子不得已也。自伏羲画卦，至于文王、周公，其间言《易》如《连山》《归藏》[5]之属，纷纷籍籍，不知其几，《易》道大乱。孔子以天下好文之风日盛，知其说之将无纪极，于是取文王、周公之说而赞之，以为惟此为得其宗。于是纷纷之说尽废，而天下之言《易》者始一。《书》《诗》《礼》《乐》《春秋》皆然。《书》自《典》《谟》以后，《诗》自二《南》以降，如《九丘》《八索》[6]，一切淫哇逸荡之词，盖不知其几千百篇；《礼》《乐》之名物度数，至是亦不可胜穷。孔子皆[7]删削而述正之，然后其说始废。如《书》《诗》《礼》《乐》中，孔子何尝加一语？今之《礼记》诸说，皆后儒附会而成，已非孔子之旧。至于《春秋》，虽称孔子作之，其实皆鲁史旧文。所谓'笔'者，笔其旧；所谓'削'者，削其繁[8]：是有减无增。孔子述《六经》，惧繁文之乱天下，惟简之而不得，使天下务去其文，以求其实，非以文教之也。《春秋》以后，繁文益盛，天下益乱。始皇焚书得罪，是出于私意，又不合焚《六经》。若当时志在明道，其诸反经叛理之说，悉取而焚之，亦正暗合删述之意。自秦、汉以降，文又日盛。若欲尽去之，断不能去，

只宜取法孔子，录其近是者而表章之，则其诸怪悖之说，亦宜渐渐自废。不知文中子当时拟经之意如何？某切深有取于其事，以为圣人复起，不能易也。天下所以不治，只因文盛实衰，人出己见，新奇相高，以眩俗取誉。徒以乱天下之聪明，涂天下之耳目，使天下靡然争务修饰文词，以求知于世，而不复知有敦本尚实、反朴还淳之行：是皆著述者有以启之。"爱曰："著述亦有不可缺者，如《春秋》一经，若无《左传》，恐亦难晓。"先生曰："《春秋》必待《传》而后明，是歇后谜语矣。圣人何苦为此艰深隐晦之词？《左传》多是鲁史旧文，若《春秋》须此而后明，孔子何必削之？"爱曰："伊川亦云'传是案，经是断'；如书弑某君，伐某国，若不明其事，恐亦难断。"先生曰："伊川此言，恐亦是相沿世儒之说，未得圣人作经之意。如书'弑君'，即弑君便是罪，何必更问其弑君之详？征伐当自天子出，书'伐国'，即伐国便是罪，何必更问其伐国之详？圣人述《六经》，只是要正人心，只是要存天理、去人欲。于存天理、去人欲之事，则尝言之；或因人请问，各随分量而说，亦不肯多道，恐人专求之言语，故曰'予欲无言'。若是一切纵人欲、灭天理的事，又安肯详以示人？是长乱导奸也。故孟子云：'仲尼之门，无道桓、文之事者，是以后世无传焉。'此便是孔门家法。世儒只讲得一个伯[9]者的学问，所以要知得许多阴谋诡计，纯是一片功利的心，与圣人作经的意思正相反，如何思量得通？"因叹曰："此非达天德者未易与言此也。"

又曰："孔子云：'吾犹及史之阙文也。'孟子云：'尽信《书》不如无《书》。吾于《武成》取二三策而已。'孔子删《书》，于唐、虞、夏四五百年间，不过数篇，岂更无一事？而所述止此，圣人之意可知矣。圣人只是要删去繁文，后儒却只要添上。"爱曰："圣人作经，只是要去人欲、存天理。如五伯以下事，圣人不欲详以示人，则诚然矣。至如尧、舜以前事，如何略不少见？"先生曰："羲、黄[10]之世，其事阔疏[11],传之者鲜矣。此亦可以想见,其时全是淳庞朴素,略无文采的气象。此便是太古之治,非后世可及。”爱曰:“如《三坟》[12]之类,亦有传者,孔子何以删之?”先生曰:“纵有传者,亦于世变渐非所宜。风气益开,文采日胜,至于周末,虽欲变以夏、商之俗,已不可挽,况唐、虞乎?又况羲、黄之世乎?然其治不同,其道则一。孔子于尧、舜则祖述之,于文、武则宪章之。文、武之法,即是尧、舜之道。但因时致治,其设施政令已自不同。即夏、商事业,施之于周,已有不合。故周公思兼三王,其有不合,仰而思之,夜以继日。况太古之治,岂复能行?斯固圣人之所可略也。”又曰:“专事无为,不能如三王之因时致治,而必欲行以太古之俗,即是佛、老的学术。因时致治,不能如三王之一本于道,而以功利之心行之,即是伯者以下事业。后世儒者许多讲来讲去,只是讲得个伯术[13]。”

【12】又曰:“唐、虞以上之治,后世不可复也,略之可也;三代以下之治,后世不可法也,削之可也;惟三代之治可行。然而世之论三代者不明其本,而徒事其末,则亦不可复矣!”

【13】爱曰:“先儒论《六经》,以《春秋》为史。史专记事,恐与《五经》事体终或稍异。”先生曰:“以事言谓之史,以道言谓之经。事即道,道即事。《春秋》亦经,《五经》亦史。《易》是包牺氏之史,《书》是尧、舜以下史,《礼》[14]《乐》是三代史:其事同,其道同,安有所谓异?”

【14】又曰:“《五经》亦只是史。史以明善恶,示训戒。善可为训者,时存其迹以示法;恶可为戒者,存其戒而削其事以杜奸。”爱曰:“存其迹以示法,亦是存天理之本然;削其事以杜奸,亦是遏人欲于将萌否?”先生曰:“圣人作经,固无非是此意,然又不必泥着文句。”爱又问:“恶可为戒者,存其戒而削其事以杜奸,何独于《诗》而不删郑、卫?先儒谓‘恶者可以惩创人之逸志’,然否?”先生曰:“《诗》非孔门之旧本矣。孔子云:‘放郑声,郑声淫。’又曰:‘恶郑

声之乱雅乐也。''郑卫之音,亡国之音也。'[15]此是孔门家法。孔子所定三百篇,皆所谓雅乐,皆可奏之郊庙,奏之乡党,皆所以宣畅和平,涵泳德性,移风易俗,安得有此?是长淫导奸矣。此必秦火之后,世儒附会,以足三百篇之数。盖淫泆[16]之词,世俗多所喜传,如今闾巷皆然。'恶者可以惩创人之逸志',是求其说而不得,从而为之辞。"

注释

❶ 文中子,即王通(584—617),字仲淹,门人私谥文中子,绛州龙门(今山西河津)人。

❷ 韩退之,即韩愈(768—824),字退之,河阳(今河南孟州)人,著有《韩昌黎集》。

❸ 拟经之失,指王通仿效《六经》而作经文一事。据朱彝尊《经义考》引司马光《补传》曰:"《礼论》二十二篇、《乐论》二十篇、《续书》百有五十篇、《续诗》三百六十篇、《元经》五十篇、《赞易》七十篇,谓之《王氏六经》。"后儒多以此讥讽其好名之心。

❹ 孔子晚年编修删改《诗经》《尚书》《礼记》《乐经》《易经》和《春秋》六种经典,即《六经》。

❺《连山》《归藏》,《周礼·春官·宗伯》云:"(太卜)掌三易之法,一曰《连山》,二曰《归藏》,三曰《周易》。其经卦皆八,其别皆六十有四。"《连山》相传为夏朝的《易》,《归藏》相传为商朝的《易》,后都失传。

❻《九丘》《八索》,孔安国《古文尚书序》:"八卦之说,谓之《八索》;九州之志,谓之《九丘》。"

❼ "皆",施本作"盖"。

❽ 笔削,《史记·孔子世家》云:"笔则笔,削则削,子夏之徒不能赞一辞。"

❾ "伯"(bà),古同"霸",施本均作"霸",以下同。

⑩ 羲、黄，分别指伏羲和黄帝。

⑪ “阔疏”，施本作“疏阔”。

⑫《三坟》，孔安国《古文尚书序》曰：“伏羲、神农、黄帝之书，谓之《三坟》，言大道也。”

⑬ “伯术”，施本作“霸行”，疑将“術”误作“行”。

⑭ “礼”，施本作“诗礼”。

⑮ 语出《礼记·乐记》：“郑卫之音，乱世之音也，比于慢矣。桑间濮上之音，亡国之音也。”

⑯ “泆”（yì），古同“逸”，施本作“佚”，亦通“逸”。

导读

这是徐爱为所录写的跋。徐爱的亲身问学经历，使他更加坚定地认为阳明之学乃孔门嫡传。王阳明主张功夫本体一贯，力辟各种支离之说，初学者很可能会“落落难合”，但思之既久，反身实践，则自然融会贯通。

原文

爱因旧说汩没，始闻先生之教，实是骇愕不定，无入头处。其后闻之既久，渐知反身实践，然后始信先生之学为孔门嫡传，舍是皆傍蹊小径，断港绝河矣！如说格物是诚意的工夫，明善是诚身的工夫，穷理是尽性的工夫，道问学是尊德性的工夫，博文是约礼的工夫，惟精是惟一的工夫：诸如此类，始皆落落难合，其后思之既久，不觉手舞足蹈。

右曰仁所录。

陆澄录

导读

程颐提出“主一之谓敬”，王阳明主一之说本于此。但阳明认为主一并非一心向外探求，而是持守一个天理，使意念真诚专一，则良知本体呈现。可参看第117条。

原文

【15】陆澄[1]问：“主一之功，如读书则一心在读书上，接客则一心在接客上，可以为主一乎？”先生曰：“好色则一心在好色上，好货则一心在好货上，可以为主一乎？是所谓逐物，非主一也。主一是专主一个天理。”

注释

[1] 陆澄，字原静，又字清伯，归安（今浙江湖州市）人，官至刑部主事，王阳明的弟子。

导读

王阳明十分重视立志，如能立志存天理，则将天理之念常存，进而扩充，即是良知之流行。可参看第53、115、144、260条。

原文

【16】问立志。先生曰：“只念念要存天理，即是立志。能不忘乎此，久则自然心中凝聚，犹道家所谓结圣胎也。此天理之念常存，驯至于美大圣神，亦只从此一念存养扩充去耳。”

【17】日间工夫，觉纷扰则静坐，觉懒看书则且看书，是亦因病而药。

【18】处朋友，务相下则得益，相上则损。

导读

王阳明之所以批判“好名”之病，主要在于好名实为人欲，遮蔽了纯乎天理的良知之呈现，故主张要除去好名之欲。可参看第105条。

原文

【19】孟源[1]有自是好名之病，先生屡责之。一日，警责方已，一友自陈日来工夫，请正。源从傍曰：“此方是寻着源旧时家当。”先生曰：“尔病又发。”源色变，议拟欲有所辨。先生曰：“尔病又发。”因喻之曰：“此是汝一生大病根。譬如方丈地内，种此一大树，雨露之滋，土脉之力，只滋养得这个大根。四傍纵要种些嘉谷，上面被此树叶遮覆，下面被此树根盘结，如何生长得成？须用伐去此树，纤根勿留，方可种植嘉种。不然，任汝耕耘培壅，只是滋养得此根。”

注释

❶ 孟源，字伯生，滁州（今安徽滁州市）人，王阳明的弟子。

导读

王阳明不主张著述，终其一生，著述极少。在他看来，言不足以载道，圣人之道，著述只能传其形状大略，非全体。后世著述往往拘执于言语而妄加分析，反而失真。可参看第11、100条。

原文

【20】问：“后世著述之多，恐亦有乱正学？”先生曰：“人心天理浑然，圣贤笔之书，如写真传神，不过示人以形状大略，使之因此而讨求其真耳；其精神意气，言笑动止，固有所不能传也。后世著述，

是又将圣人所画，摹仿誊写，而妄自分析加增，以逞其技，其失真愈远矣。”

导读

圣人心如明镜，无物不照，乃喻圣人良知本自澄明，天理昭然，故应事接物全是依本体之自然扩充流行。学者要达到此境界，关键在于做“明”的功夫，也就是徐爱所言之磨镜功夫。可参看第62、146、167、171条。

原文

【21】问：“圣人应变不穷，莫亦是预先讲求否？”先生曰：“如何讲求得许多？圣人之心如明镜，只是一个明，则随感而应，无物不照；未有已往之形尚在，未照之形先具者。若后世所讲，却是如此，是以与圣人之学大背。周公制礼作乐，以文天下，皆圣人所能为，尧、舜何不尽为之，而待于周公？孔子删述《六经》，以诏万世，亦圣人所能为，周公何不先为之，而有待于孔子？是知圣人遇此时，方有此事。只怕镜不明，不怕物来不能照。讲求事变，亦是照时事。然学者却须先有个明的工夫。学者惟患此心之未能明，不患事变之不能尽。”曰：“然则所谓‘冲漠无朕，而万象森然已具’[1]者，其言何如？”曰：“是说本自好，只不善看，亦便有病痛。”

注释

[1] 语出《近思录·道体》：“冲漠无朕，万象森然已具。”

导读

王阳明认为天理无穷尽，非固定不变，言不足以尽道。即便是尧舜之上，也不可能穷尽善，即便是桀纣，也不可能将恶穷尽。阳明实际上主张修身追求至善的过程是没有尽头的，应不断地去努力，不可半途而废。

原文

【22】“义理无定在，无穷尽。吾与子言，不可以少有所得，而遂谓止此也；再言之，十年、二十年、五十年，未有止也。”他日又曰：“圣如尧舜，然尧舜之上，善无尽；恶如桀纣，然桀纣之下，恶无尽。使桀纣未死，恶宁止此乎？使善有尽时，文王何以‘望道而未之见’[1]？”

注释

❶ 语出《孟子·离娄下》：“文王视民如伤，望道而未之见。”

导读

王阳明中年修养功夫，亦经历过静养，但即便是静坐，也不可间断省察克治的功夫，因为他深知，徒知静养，无克己功夫，极易遁入佛老。阳明晚年极少言静养的功夫，而主张“事上磨”的功夫。可参看第39、202、203、204、256、262条。

原文

【23】问：“静时亦觉意思好，才遇事便不同，如何？”先生曰：“是徒知静养[1]，而不用克己工夫也。如此，临事便要倾倒。人须在事上磨，方立得住，方能静亦定、动亦定。”

注释

❶ “静养”，施本作“养静”。

导读

下学上达是宋明理学探讨的重要问题。程颐谓“盖凡下学人事，便是上达天理”。朱子注“下学而上达”曰：“但知下学而自然上达。”王阳明主张下学上达功夫一贯，日常经验中可视听言思者均是下学功夫。上达只在下学里，并无另外一个上达功夫。阳明此说与程朱并无不同。但阳明认为上达乃是一种超感官与思辨的境界，实乃前人所未发。

原文

【24】问上达工夫。先生曰："后儒教人，才涉精微，便谓上达未当学，且说下学。是分下学、上达为二也。夫目可得见，耳可得闻，口可得言，心可得思者，皆下学也。目不可得见，耳不可得闻，口不可得言，心不可得思者，上达也。如木之栽培灌溉，是下学也；至于日夜之所息，条达畅茂，乃是上达。人安能预其力哉？故凡可用功、可告语者，皆下学，上达只在下学里。凡圣人所说，虽极精微，俱是下学。学者只从下学里用功，自然上达去，不必别寻个上达的工夫。"

持志如心痛。一心在痛上，岂有工夫说闲话、管闲事？[1]

注释

❶ 施本前有"先生曰"三字，又，此句疑是衍文，第95条亦出现。

导读

"惟精惟一"出自《尚书·大禹谟》，连同另外三句被认为是儒门圣学十六字心传，宋儒十分看重。王阳明将"惟精"看作是"惟一"的功夫，即通过"精"达到"一"，明得"一"乃心之本体，纯乎天理，只是一个至善。由此可见，阳明主张功夫中见本体，非功夫外另有本体，在此基础上，他进而将博文与约礼、格物致知与诚意、道问学与尊德性、明善与诚身贯通。可参看第9、82条。

原文

【25】问："'惟精惟一'，是如何用功？"先生曰："惟一是惟精主意，惟精是惟一功夫，非惟精之外复有惟一也。'精'字从'米'，姑以米譬之：要得此米纯然洁白，便是惟一意；然非加舂簸筛拣惟精

之工，则不能纯然洁白也。舂簸筛拣是惟精之功，然亦不过要此米到纯然洁白而已。博学、审问、慎思、明辨、笃行者，皆所以为惟精而求惟一也。他如博文者，即约礼之功；格物致知者，即诚意之功；道问学即尊德性之功；明善即诚身之功：无二说也。”

【26】知者行之始，行者知之成。圣学只一个功夫，知行不可分作两事。

【27】漆雕开曰：“吾斯之未能信。”夫子说之。子路使子羔为费宰，子曰：“贼夫人之子。”曾点言志，夫子许之，圣人之意可见矣。

导读

《中庸》云：“喜怒哀乐之未发谓之中，发而皆中节谓之和。”宋儒讨论心性修养，多探讨已发未发。阳明警告学者，不可误认为宁静存心便是未发，若无存天理、去人欲的功夫，一味求静只是气定，心思仍然存在着病根，故他主张以循天理为主，克己省察，自然会达宁静，亦自然达到未发之中。可参看第 30、58、59、75、76、151、157、158、162 条。

原文

【28】问：“宁静存心时，可为未发之中否？”先生曰：“今人存心，只定得气。当其宁静时，亦只是气宁静，不可以为未发之中。”曰：“未便是中，莫亦是求中功夫？”曰：“只要去人欲、存天理，方是功夫。静时念念去人欲、存天理，动时念念去人欲、存天理，不管宁静不宁静。若靠那宁静，不惟渐有喜静厌动之弊，中间许多病痛，只是潜伏在，终不能绝去，遇事依旧滋长。以循理为主，何尝不宁静？以宁静为主，未必能循理。”

导读

有意必则其才专一，只能胜任一事。孔子评子贡所谓“汝器也”，即只能像器具一样，具有特定的用途，而君子德行周普，无所不至，故孔子主张“君子不器”。但退而求其次，能够将自己胜任的工作踏踏实实做好，那也是不错的，所以孔子还是赞许子贡、冉求、公西赤。

原文

【29】问：“孔门言志：由、求任政事，公西赤任礼乐，多少实用。及曾皙说来，却似❶要的事，圣人却许他，是意何如？”曰：“三子是有意必，有意必便偏着一边，能此未必能彼；曾点这意思却无意必，便是‘素其位而行，不愿乎其外’‘素夷狄，行乎夷狄；素患难，行乎患难；无入而不自得’❷矣。三子所谓‘汝器也’❸，曾点便有不器意。然三子之才，各卓然成章，非若世之空言无实者，故夫子亦皆许之。”

注释

❶“似”，施本作“是”。

❷ 语出《中庸》：“君子素其位而行，不愿乎其外。素富贵，行乎富贵；素贫贱，行乎贫贱；素夷狄，行乎夷狄；素患难，行乎患难；君子无入而不自得焉。”

❸ 语出《论语》：“子贡问曰：‘赐也何如？’子曰：‘女器也。’曰：‘何器也？’曰：‘瑚琏也。’”

导读

此段语录涉及知识与良知的关系问题，亦即宋儒所谓闻见之知与德性之知的关系问题。在阳明看来，知识是在后天经验生活中逐渐积累起来的，非先天已经全部具备；但为学有一本原，此本原就如种树培根，圣人之气象亦是本原清朗，故能达到位天地、育万物。那种一味向外探求知识，博闻强记，从事训诂辞章之学者，不知在自心上体当，因而心体不明，故道不明。当然，在这两段简短的对话里，王阳明并未详细辨析清楚良知如何是知识的本体。可参看第113、140、141、168条。

原文

【30】问:“知识不长进如何?”先生曰:“为学须有本原,须从本原上用力,渐渐盈科而进。仙家说婴儿[1],亦善。譬婴儿在母腹时,只是纯气,有何知识?出胎后方始能啼,既而后能笑,又既而后能识认[2]其父母兄弟,又既而后能立能行、能持能负,卒乃天下之事无不可能:皆是精气日足,则筋力日强,聪明日开,不是出胎日便讲求推寻得来。故须有个本原。圣人到位天地、育万物,也只从喜怒哀乐未发之中上养来。后儒不明格物之说,见圣人无不知,无不能,便欲于初下手时讲求得尽,岂有此理?”又曰:“立志用功,如种树然。方其根芽,犹未有干;及其有干,尚未有枝;枝而后叶,叶而后花实。初种根时,只管栽培灌溉,勿作枝想,勿作叶想,勿作花想,勿作实想。悬想何益!但不忘栽培之功,怕没有枝叶花实?”

【31】问:“看书不能明如何?”先生曰:“此只是在文义上穿求,故不明。如此,又不如为旧时学问,他到[3]看得多,解得去。只是他为学虽极解得明晓,亦终身无得。须于心体上用功,凡明不得,行不去,须[4]反在自心上体当[5],即可通。盖《四书》《五经》,不过说这心体,这心体即所谓道,心体明即是道明,更无二:此是为学头脑处。”

注释

❶ 婴儿,语出《老子》第十章:“专气致柔,能婴儿乎?”

❷ “识认”,施本作“认识”。

❸ “到”,施本作“倒”。

❹ “须”,施本作“便须”。

❺ “自心上体当”,施本作“自心体上当”。

导读

朱子注“明明德”曰:“明德者,人之所得乎天,而虚灵不昧,以具众理而应万事者也。”阳明稍改其注,表明“虚灵不昧”即人心,人心已具众理,不假外求,故曰“心外无理,心外无事”。阳明认为心即理,心即性,性即理,天理至善,完具于心,不容分析,故不可将心、性、理分开。而对于现实中的不善,他认为不是心体的原因,而是恶人的人欲遮蔽了天理,故本体不明,这与孟子所谓“乃若其情,则可以为善矣,乃所谓善也”的主旨相同。可参看第94、133条。

原文

【32】虚灵不昧,众理具而万事出。心外无理,心外无事。

【33】或问:“晦庵先生曰:‘人之所以为学者,心与理而已。’此语如何?”曰:“心即性,性即理。下一‘与’字,恐未免为二。此在学者善观之[1]。”

【34】或曰:“人皆有是心。心即理,何以有为善,有为不善?”先生曰:“恶人之心,失其本体。”

【35】问:“‘析之有以极其精而不乱,然后合之有以尽其大而无余’[2],此言如何?”先生曰:“恐亦未尽。此理岂容分析?又何须凑合得?圣人说精一,自是尽。”

【36】省察是有事时存养,存养是无事时省察。

注释

❶《全集》无“之”字。

❷ 语出朱熹《大学或问》:“析之极精不乱,说条目功夫;然后合之尽大无余,说明明德于天下。”

导读

人情事变上做功夫也就是下学功夫,按照阳明的看法,“意之所在便是物”,喜怒哀乐等人之情感表达处便是事,与人心不可分离,因而在人情事变上通过慎独功夫,即可到达中和状态。

原文

【37】澄尝问象山[1]在人情事变上做工夫之说。先生曰:“除了人情事变,则无事矣。喜怒哀乐非人情乎?自视听言动,以至富贵贫贱、患难死生,皆事变也。事变亦只在人情里。其要只在致中和,致中和只在谨独。”

注释

[1] 象山,即陆九渊(1139—1193),字子静,自号存斋,江西抚州人,曾讲学于象山,学者称象山先生。南宋著名的理学家,倡导心学,与朱熹齐名,史有“朱陆之辩”。

导读

王阳明以仁、义、礼、智等德目为表德,其本体根据只是一个性,名称不同,实质相同。犹如人处在不同的人伦关系中,便有不同的称谓以及相应之德目,但仍只是一个人。阳明此说打通了天、帝、命、性、心,凝练了《中庸》主旨,可谓拨云见日,本体灿然。可参看第33、117、133条。

原文

【38】澄问:“仁、义、礼、智之名,因已发而有?”曰:“然。”他日,澄曰:“恻隐、羞恶、辞让、是非,是性之表德邪?”曰:“仁、义、礼、智也是表德。性一而已:自其形体也谓之天,主宰也谓之帝,流行也谓之命,赋于人也谓之性,主于身也谓之心。心之发也,遇父便谓之孝,遇君便谓之忠,自此以往,名至于无穷,只一性而已。犹人一而已:对父谓之子,对子谓之父,自此以往,至于无穷,只一人而已。人只要在性上用功,看得一‘性’字分明,即万理灿然。”

导读

"教人为学，不可执一偏"，此是阳明先生教法，亦是因人施教的孔门教法。但异中有同，所谓同，对初学者而言，则省察克治功夫不可间断，只思天理而已，方可达到天理纯全、何思何虑的境界。可参看第257条。

原文

【39】一日，论为学工夫。先生曰："教人为学，不可执一偏。初学时心猿意马，拴缚不定，其所思虑，多是人欲一边，故且教之静坐，息思虑。久之，俟其心意稍定，只悬空静守，如槁木死灰[1]，亦无用，须教他省察克治。省察克治之功，则无时而可间。如去盗贼，须有个扫除廓清之意。无事时，将好色、好货、好名等私，逐一追究，搜寻出来，定要拔去病根，永不复起，方始为快。常如猫之捕鼠，一眼看着，一耳听着，才有一念萌动，即与克去，斩钉截铁，不可姑容与他方便，不可窝藏，不可放他出路，方是真实用功，方能扫除廓清。到得无私可克，自有端拱[2]时在。虽曰'何思何虑'[3]非初学时事，初学必须思省察克治，即是思诚，只思一个天理。到得天理纯全，便是何思何虑矣。"

注释

❶ 槁木死灰，语出《庄子·齐物论》："形固可使如槁木，而心固可使如死灰乎？"

❷ 端拱，端坐拱手。

❸ 语出《易经·系辞下》："天下何思何虑？天下同归而殊途，一致而百虑。天下何思何虑？"

导读

阳明主张正心，取孟子"集义"之说，端正心体，则无所畏惧。心体不正，非鬼神等外物来迷惑，而是自身心体迷惑。

原文

【40】澄问："有人夜怕鬼者，奈何？"先生曰："只是平日不能集义❶，而心有所慊❷，故怕。若素行合于神明，何怕之有？"子莘❸曰："正直之鬼不须怕；恐邪鬼不管人善恶，故未免怕。"先生曰："岂有邪鬼能迷正人乎？只此一怕，即是心邪。故有迷之者，非鬼迷也，心自迷耳。如人好色，即是色鬼迷；好货，即是货鬼迷；怒所不当怒，是怒鬼迷；惧所不当惧，是惧鬼迷也。"

注释

❶ 语出《孟子·公孙丑上》："其为气也，配义与道；无是，馁也。是集义所生者，非义袭而取之也。"朱熹《集注》："集义，犹言积善，盖欲事事皆合于义也。"

❷ "慊"，施本作"歉"。

❸ 子莘，即马明衡，字子莘，福建莆田人，官至御史，王阳明的弟子。

导读

在阳明心学体系中，良知本体纯乎天理，不杂人欲，恒常存在，因而可谓之"定"，但良知无所谓动静，动静实际上是指人的意念因时机不同而有凝聚与发散的不同表现。可参看第48、87、108、151、156、157条。

原文

【41】定者心之本体，天理也，动静所遇之时也。

【42】澄问《学》《庸》同异。先生曰："子思括《大学》一书之义，为《中庸》首章。"

导读

以春秋时期这一史实为例，王阳明对孔子的正名思想进行重新诠释，与宋儒不同。他强调保全父子之伦的稳定,因而不能让蒯聩流离国外,而应往迎其父,并致其国于父,而蒯聩不受,那么辄又不能臣其父,故应以太上皇侍奉;同时他又主张维护君臣关系,既然已经合法地立辄为君,则郢固然为其叔,亦为臣,不能颠倒君臣关系,因而反对"废辄立郢"。这样,君君、臣臣、父父、子子,名正言顺,阳明认为这或许才是孔子的正名思想。

原文

【43】问:"孔子正名,先儒说'上告天子,下告方伯,废辄立郢'[1]。此意如何?"先生曰:"恐难如此。岂有一人致敬尽礼,待我而为政,我就先去废他,岂人情天理?孔子既肯与辄为政,必已是他能倾心委国而听。圣人盛德至诚,必已感化卫辄,使知无父之不可以为人,必将痛哭奔走,往迎其父。父子之爱,本于天性,辄能悔痛真切如此,蒯聩岂不感动底豫?蒯聩既还,辄乃致国请戮。聩已见化于子,又有夫子至诚调和其间,当亦决不肯受,仍以命辄。群臣百姓又必欲得辄为君,辄乃自暴其罪恶,请于天子,告于方伯诸侯,而必欲致国于父。聩与群臣百姓,亦皆表辄悔悟仁孝之美,请于天子,告于方伯诸侯,必欲得辄而为之君。于是集命于辄,使之复君卫国。辄不得已,乃如后世上皇故事,率群臣百姓尊聩为太公,备物致养,而始退复其位焉。则君君、臣臣、父父、子子,名正言顺,一举而可为政于天下矣!孔子正名,或是如此。"

注释

1. 此春秋时事,《左传》有记载,据朱熹《论语集注》引胡氏云:"卫世子蒯聩耻其母南子之淫乱,欲杀之不果而出奔。灵公欲立公子郢,郢辞。公卒,夫人立之,又辞。乃立蒯聩之子辄,以拒蒯聩。夫蒯聩欲杀母,得罪于父,而辄据国以拒父,皆无父之人也,其不可有国也明矣。夫子为政,而以正名为先。必将具其事之本末,告诸天王,请于方伯,命公子郢而立之。则人伦正,天理得,名正言顺而事成矣。"

导读

王阳明在此探讨了天理与中和的关系。他认为情感是人性所固有，但道德主体是情感与理性的统一体，所以喜怒哀乐发而皆中节谓之和，才是天理本体。如果七情所发，没有节制，则过犹不及，皆掺杂私意，非天理本体。可参看第58、59条。

原文

【44】澄在鸿胪寺仓居，忽家信至，言儿病危。澄心甚忧闷不能堪。先生曰："此时正宜用功。若此时放过，闲时讲学何用？人正要在此等时磨炼。父之爱子，自是至情。然天理亦自有个中和处，过即是私意。人于此处多认做天理当忧，则一向忧苦，不知已是'有所忧患，不得其正'❶。大抵七情所感，多只是过，少不及者。才过便非心之本体，必须调停适中始得。就如父母之丧，人子岂不欲一哭便死，方快于心？然却曰'毁不灭性'❷，非圣人强制之也，天理本体自有分限，不可过也。人但要识得心体，自然增减分毫不得。"

【45】不可谓未发之中，常人俱有。盖体用一源，有是体，即有是用。有未发之中，即有发而皆中节之和。今人未能有发而皆中节之和，须知是他未发之中亦未能全得。

【46】《易》之辞，是"初九，潜龙勿用"六字；《易》之象，是初画；《易》之变，是值其画；《易》之占，是用其辞。

【47】夜气是就常人说。学者能用功，则日间有事无事，皆是此气翕聚发生处。圣人则不消说夜气。

注释

❶ 语出《大学》："所谓修身在正其心者，身有所忿懥，则不得其正；有所恐惧，则不得其正；有所好乐，则不得其正；有所忧患，则不得其正。"

❷ 语出《礼记·丧服四制》:“三日而食,三月而沐,期而练,毁不灭性,不以死伤生也。”

导读

王阳明认为心之本体是良知天理,无所谓动静,恒常存在,本自澄明,因而也就不能以出入来衡量。出入动静都是指人的思虑、意念而言。但不管是动还是静,良知无时不在,天理无处不存。可参看第41、81、156、157、202条。

原文

【48】澄问“操存舍亡”[1]章。曰:“‘出入无时,莫知其乡’,此虽就常人心说,学者亦须是知得心之本体,亦元是如此,则操存功夫,始没病痛。不可便谓出为亡,入为存。若论本体,元是无出无入的。若论出入,则其思虑运用是出。然主宰常昭昭在此,何出之有?既无所出,何入之有?程子所谓腔子,亦只是天理而已。虽终日应酬而不出天理,即是在腔子里。若出天理,斯谓之放,斯谓之亡。”又曰:“出入亦只是动静,动静无端,岂有乡邪?”

注释

❶ 语出《孟子·告子上》:“孔子曰:‘操则存,舍则亡;出入无时,莫知其乡。’惟心之谓与?”

导读

王阳明反对将圣人之学分为上下两截,而主张孔子的一以贯之,贯通儒家的内圣外王之道,这也与阳明主张下学上达只是一个功夫、读书举业事功互不相碍的思想保持一致。可参看第103、241条。

原文

【49】王嘉秀[1]问:“佛以出离生死诱人入道,仙以长生久视诱人

入道，其心亦不是要人做不好，究其极至，亦是见得圣人上一截，然非入道正路。如今仕者有由科，有由贡，有由传奉，❷一般做到大官，毕竟非入仕正路，君子不由也。仙、佛到极处，与儒者略同，但有了上一截，遗了下一截，终不似圣人之全；然其上一截同者，不可诬也。后世儒者又只得圣人下一截，分裂失真，流而为记诵、词章、功利、训诂，亦卒不免为异端。是四家者，终身劳苦，于身心无分毫益。视彼仙、佛之徒，清心寡欲，超然于世累之外者，反若有所不及矣。今学者不必先排仙、佛，且当笃志为圣人之学。圣人之学明，则仙、佛自泯。不然，则此之所学，恐彼或有不屑，而反欲其俯就，不亦难乎？鄙见如此，先生以为何如？"先生曰："所论大略亦是。但谓上一截，下一截，亦是人见偏了❸如此。若论圣人大中至正之道，彻上彻下，只是一贯，更有甚上一截、下一截？'一阴一阳之谓道'，但仁者见之便谓之仁，知者见之便谓之智，百姓又日用而不知，故君子之道鲜矣。仁智岂可不谓之道？但见得偏了，便有弊病。"❹

【50】蓍固是易，龟亦是易。

【51】问："孔子谓武王未尽善，恐亦有不满意。"先生曰："在武王自合如此。"曰："使文王未没，毕竟如何？"曰："文王在时，天下三分已有其二。若到武王伐商之时，文王若在，或者不致兴兵，必然这一分亦来归了。文王只善处纣，使不得纵恶而已。"

注释

❶ 王嘉秀，字实夫，王阳明的学生，好谈佛道。

❷ 科、贡、传奉，分别指古代入官的三种途径，即分科考试被录取入官、乡党推荐入官、内官安排入官。

❸ 施本无"了"字。

❹ 本段语录施本差异较大，施本从"有了上一截"到"便有弊病"一段均无，而直接将第117条中从"只知主一"到"日孚悚然有悟"

的部分插入“但”字之后。

导读

王阳明认为天理无定在，不是一个固定的框框或教条，因而不能执定一个规矩不放。可参看第22条。

原文

【52】问[1]孟子言“执中无权犹执一”。先生曰：“中只是[2]天理，只是易，随时变易，如何执得？须是因时制宜，难预先定一个规矩在。如后世儒者，要将道理一一说得无罅漏，立定个格式，此正是执一。”

注释

❶ “问”，施本作“惟乾问”。

❷ “是”，陈本作“有”。

导读

王阳明认为，本心纯乎天理，至善不恶，因此存得善念，即无恶念。至于“从心所欲，不逾矩”乃是良知本体的无碍流行状态，此时志已完全内化，与心合一。可参看第16、115、144、260条。

原文

【53】唐诩[1]问：“立志是常存个善念，要为善去恶否？”曰：“善念存时，即是天理。此念即善，更思何善？此念非恶，更去何恶？此念如树之根芽，立志者长立此善念而已。‘从心所欲，不逾矩’，只是志到熟处。”

【54】精神，道德，言动，大率收敛为主，发散是不得已。天地人物皆然。

注释

❶ 唐诩，江西人，王阳明的弟子。

导读

王阳明始终认为王通模仿圣人造作经书之事不可完全否定，王通亦是用心良苦，兴圣学于儒学式微之时，故仍认为他是贤儒，几近于圣人之具体而微。可参看第11条。

原文

【55】问："文中子是如何人？"先生曰："文中子庶几'具体而微'[1]，惜其蚤[2]死。"问："如何却有续经之非？"曰："续经亦未可尽非。"请问。良久，曰："更觉良工心独苦[3]。"

注释

❶ 语出《孟子·公孙丑上》："昔者窃闻之：子夏、子游、子张，皆有圣人之一体；冉牛、闵子、颜渊，则具体而微。敢问所安？"

❷ "蚤"，通"早"，施本作"早"。

❸ 语出杜甫《题李尊师松树障子歌》："已知仙客意相亲，更觉良工心独苦。"阳明引此，意为王通续经，颇费心思，自知其苦，难为他人言。

导读

王阳明反对许衡将治生作为儒者的首要任务，因为"治生"一说有歧义，单讲治生很有可能会导致天下人汲汲追求利益，而忽视治生中的修身。

原文

【56】许鲁斋[1]谓儒者以治生为先之说，亦误人。

注释

❶ 许鲁斋，即许衡(1209—1281)，字仲平，号鲁斋，怀州河内(今河南沁阳)人。元代大儒，力倡程朱理学，对理学在北方的传播贡献很大。他曾说："学者治生最为先务。"

导读

王阳明认为道家所谓气、神、精原是一体，本无内外之别，因其处在不同状态而有不同的名称。可参看第154条。

原文

【57】问仙家元气、元神、元精。先生曰："只是一件，流行为气，凝聚为精，妙用为神。"

导读

喜怒哀乐皆为情，其本体乃是性，亦即理，故曰本体是中和的。情感发出来理应是中和，但如果掺杂私意，则有过与不及之弊。孔子的哭则不歌亦是圣人心体自然达到中和状态而已。可参看第58、59、75、76、157、158条。

原文

【58】喜怒哀乐，本体自是中和的。才自家着些意思，便过不及，便是私。

【59】问哭则不歌[1]。先生曰："圣人心体自然如此。"

注释

❶ 哭则不歌，语出《论语·述而》："子于是日哭，则不歌。"

导读

王阳明主张彻底地克除任何私念,故一念发动处有不善,即要克除,决不能放纵使之流入现实生活中。可参看第64、226条。

原文

【60】克己须要扫除廓清,一毫不存方是。有一毫在,则众恶相引而来。

导读

孔子曾曰:“礼云礼云,玉帛云乎哉?乐云乐云,钟鼓云乎哉?”可知礼乐固然需要外在的形式,但更重要的是必须具备本体之仁。王阳明此处正是发明此意。各种具体乐律之制定,属于知识技能的层次,学者首先要体认其本体,即“学者须先从礼乐本原上用功”。可参看第297条。

原文

【61】问《律吕新书》[1]。先生曰:“学者当务为急。算得此数熟,亦恐未有用,必须心中先具礼乐之本方可。且如其书说,多[2]用管以候气。然至冬至那一刻时,管灰之飞,或有先后,须臾之间,焉知那管正值冬至之刻?须自心中[3]先晓得冬至之刻始得。此便有不通处。学者须先从礼乐本原上用功。”

注释

❶《律吕新书》,南宋蔡元定著,上卷《律吕本原》,下卷《律吕证辨》。

❷“多”,施本、陈本均作“冬”。

❸“心中”,《全集》作“中心”,疑误。

导读

徐爱以镜为喻,比较朱子的格物与王阳明的格物,准确地说明良知本自澄明，只是因为物欲遮蔽，故有明与昏的差别。阳明之格物不是拿镜子去照外物，而是磨镜，待得良知澄明，则自然扩充开去，无物不明照，故曰“明了后亦未尝废照”。可参看第21、146、167、171条。

原文

【62】曰仁云：“心犹镜也。圣人心如明镜，常人心如昏镜。近世格物之说，如以镜照物，照上用功，不知镜尚昏在，何能照！先生之格物，如磨镜而使之明。磨上用功，明了后亦未尝废照。”

【63】问道之精粗。先生曰：“道无精粗，人之所见有精粗。如这一间房，人初进来，只见一个大规模如此；处久便柱壁之类，一一看得明白；再久，如柱上有些文藻，细细都看出来：然只是一间房。”

导读

这两段语录中，王阳明警告学生，为学功夫不可一日间断，私欲细微，不用功不可见，就像地上尘土，一日不扫则积聚起来，然后日益增多。因此要不断克除私欲，有疑便问，达到纯然天理的程度方可。可参看第226条。

原文

【64】先生曰：“诸公近见时少疑问，何也？人不用功，莫不自以为已知。为学只循而行之是矣。殊不知私欲日生，如地上尘，一日不扫，便又有一层。着实用功，便见道无终穷，愈探愈深，必使精白无一毫不彻方可。”

【65】问：“知至然后可以言诚意。今天理人欲，知之未尽，如何用得克己工夫？”先生曰：“人若真实切己用功不已，则于此心天理之精微，日见一日，私欲之细微，亦日见一日。若不用克己工夫，终日只是说话而已，天理终不自见，私欲亦终不自见。如人走路一般，走得一段，方认得一段；走到歧路处，有疑便问，问了又走，方渐

能到得欲到之处。今人于已知之天理不肯存,已知之人欲不肯去,且只管愁不能尽知。只管闲讲,何益之有?且待克得自己无私可克,方愁不能尽知,亦未迟在❶。"

注释

❶ "在",施本作"耳"。

导读

王阳明认为道无方体,不能拘执于文义求道,亦不能向外探求,道只在人心,心即道,道即天,在心体上体认即可见道。"心即道,道即天"的观点是阳明在"心即理"命题下的逻辑展开。可参看第31条。

原文

【66】问:"道一而已。古人论道往往不同,求之亦有要乎?"先生曰:"道无方体,不可执着。却拘滞于文义上求道,远矣。如今人只说天,其实何尝见天?谓日月风雷即天,不可;谓人物草木不是天,亦不可。道即是天,若识得时,何莫而非道?人但各以其一隅之见,认定以为道止如此,所以不同。若解向里寻求,见得自己心体,即无时无处不是此道。亘古亘今,无终无始,更有甚同异?心即道,道即天,知心则知道、知天。"又曰:"诸君要实见此道,须从自己心上体认,不假外求始得。"

导读

这段对话涉及知识与良知的关系问题,王阳明在此并未道破"良知"概念,而是用"心体"概念。阳明借《大学》"知所先后"来说明自家心体是本,处于优先地位。此心不是知识上的认知之心,而是道德上的良知。阳明并不反对名物度数等具体知识,但须先涵养本原,体察心体,主张良知(心体)的本体地位。可参看第30条。

原文

【67】问："名物度数，亦须先讲求否？"先生曰："人只要成就自家心体，则用在其中。如养得心体，果有未发之中，自然有发而中节之和，自然无施不可。苟无是心，虽预先讲得世上许多名物度数，与己原不相干，只是装缀，临时自行不去。亦不是将名物度数全然不理，只要'知所先后，则近道'[1]。"又曰："人要随才成就。才是其所能为，如夔[2]之乐，稷[3]之种，是他资性合下便如此。成就之者，亦只是要他心体纯乎天理。其运用处，皆从天理上发来，然后谓之才。到得纯乎天理处，亦能不器。使夔、稷易艺而为，当亦能之。"又曰："如'素富贵，行乎富贵；素患难，行乎患难'，皆是不器：此惟养得心体正者能之。"

注释

❶ 语出《大学》："物有本末，事有终始，知所先后，则近道矣。"

❷ 夔，传说是舜的乐官。

❸ 稷，周人的先祖，尧舜时主管农事的官。

导读

朱子有"问渠那得清如许，为有源头活水来"之诗，正好与阳明此语相看。

原文

【68】"与其为数顷无源之塘水，不若为数尺有源之井水，生意不穷。"时先生在塘边坐，傍有井，故以之喻学云。

导读

王阳明以类比的说法，表明人心之本体清明之时便是太古气象，便是良知充分流行，人伦秩序井然有序的状态。可参看第311条。

原文

【69】问："世道日降，太古时气象如何复见得？"先生曰："一日便是一元。人平旦时起坐，未与物接，此心清明景象，便如在伏羲时游一般。"

导读

王阳明强调心的主宰功能，心统率五官，各种知觉活动都受到本心的控制。如放纵感官活动，则心追逐外物了。

原文

【70】问："心要逐物，如何则可？"先生曰："人君端拱清穆，六卿[1]分职，天下乃治。心统五官，亦要如此。今眼要视时，心便逐在色上。耳要听时，心便逐在声上。如人君要选官时，便自去坐在吏部；要调军时，便自去坐在兵部。如此，岂惟失却君体？六卿亦皆不得其职。"

注释

❶ 六卿，明代六部分别为吏部、户部、礼部、兵部、刑部、工部，每部均设尚书。

导读

知善念则扩充，知恶念则遏制，阳明所谓"天聪明"乃天生如此，实际上是讲良知的先验性，自然知善恶。

原文

【71】善念发而知之，而充之；恶念发而知之，而遏之。知与充与遏者，志也，天聪明也。圣人只有此，学者当存此。

导读

闲思杂虑仍然难免人欲的病根存在,故阳明极力告诫学者一心做克己省察的功夫,则此心纯粹本体。可参看第279条。

原文

【72】澄曰:"好色、好利、好名等心,固是私欲,如闲思杂虑,如何亦谓之私欲?"先生曰:"毕竟从好色、好利、好名等根上起,自寻其根便见。如汝心中,决知是无有做劫盗的思虑,何也?以汝元无是心也。汝若于货[1]色名利等心,一切皆如不做劫盗之心一般,都消灭了,光光只是心之本体,看有甚闲思虑?此便是'寂然不动',便是'未发之中',便是'廓然大公',自然'感而遂通'[2],自然'发而中节',自然'物来顺应'[3]。"

注释

❶ "货",施本作"好"。

❷ 语出《易经·系辞上》:"寂然不动,感而遂通天下之故。"

❸ 语出程颢《答横渠张子厚先生书》:"故君子之学,莫若廓然而大公,物来而顺应。"

导读

王阳明认为孟子的"志至气次"说乃是为救告子之偏,并非在"志"与"气"之间排一个先后秩序。持守志向,同时就是存养浩然之气,不放失发自本心的情感,也就是坚守住了志向。

原文

【73】问志至气次[1]。先生曰:"'志之所至,气亦至焉'之谓,非'极至次贰'之谓。'持其志',则养气在其中。'无暴其气',则亦

持其志矣。孟子救告子[2]之偏,故如此夹持说。”

注释

❶ 志至气次,语出《孟子·公孙丑上》:“夫志,气之帅也;气,体之充也。夫志至焉,气次焉。故曰:‘持其志,无暴其气。’”

❷ 告子,名不害,战国人。他提出性无善恶论,并有“生之谓性”,“食色,性也”的论点,与孟子性善论相对立。

导读

王阳明认为程颐的说法有造作之嫌,圣人之道犹如天一样,普遍存在,无所谓“降而自卑”,而贤人则守其高尚而已,一味攀高反而造作了。

原文

【74】问:“先儒曰:‘圣人之道,必降而自卑;贤人之言,则引而自高。’[1]如何?”先生曰:“不然。如此却乃[2]伪也。圣人如天,无往而非天。三光之上,天也;九地之下,亦天也。天何尝有降而自卑?此所谓大而化之也。贤人如山,守其高而已。然百仞者不能引而为千仞,千仞者不能引而为万仞,是贤人未尝引而自高也,引而自高则伪矣。”

注释

❶ 语出程颐《二程外书》卷三:“圣人之教人,俯就之若此,犹恐众人以为高远而不亲也。圣人之言,必降而自卑,不如此则人不亲,圣人之言必引而自高,不如此则道不尊。”

❷ “乃”,施本作“是”。

导读

王阳明认为人人皆有良知,其本然状态即是中和,故中和亦人人原有,中和便是天理。只是人往往为各种私欲所掩蔽,故不能呈现天理。程颐教人不能执着于喜怒哀乐未发之前去求中,李侗教人体验未发前气象,本旨都是教人做戒慎恐惧、涵养省察的功夫,除去私心,则自然达到中和,这才是真正的大本达道。可参看第58条。

原文

【75】问:"伊川谓'不当于喜怒哀乐未发之前求中',延平[1]却教学者看未发之前气象,何如?"先生曰:"皆是也。伊川恐人于未发前讨个中,把中做一物看。如吾向所谓认气定时做中,故令只于涵养省察上用功。延平恐人未便有下手处,故令人时时刻刻求未发前气象,使人正目而视惟此,倾耳而听惟此,即是'戒慎不睹,恐惧不闻'的工夫。皆古人不得已诱人之言也。"

【76】澄问:"喜怒哀乐之中和,其全体常人固不能有。如一件小事当喜怒者,平时无有喜怒之心,至其临时,亦能中节,亦可谓之中和乎?"先生曰:"在一时一事[2],固亦可谓之中和,然未可谓之大本达道。人性皆善,中和是人人原有的,岂可谓无?但常人之心既有所昏蔽,则其本体虽亦时时发见,终是暂明暂灭,非其全体大用矣。无所不中,然后谓之大本;无所不和,然后谓之达道;惟天下之至诚,然后能立天下之大本。"曰:"澄于'中'字之义尚未明。"曰:"此须自[3]心体认出来,非言语所能喻。中只是天理。"曰:"何者为天理?"曰:"去得人欲,便识天理。"曰:"天理何以谓之中?"曰:"无所偏倚。"曰:"无所偏倚,是何等气象?"曰:"如明镜然,全体莹彻,略无纤尘染着。"曰:"偏倚是有所染着。如着在好色、好利、好名等项上,方见得偏倚;若未发时,美色名利皆未相着,何以便知其有所偏倚?"曰:"虽未相着,然平日好色、好利、好名之心,原未尝无;既未尝无,即谓之有;既谓之有,则亦不可谓无偏倚。譬之病疟之人,虽有时不发,而病根原不曾除,则亦不得谓之无病之人矣。须是平日好色、好利、好名等项一应私心,扫除荡涤,无复纤毫留滞,而此

心全体廓然,纯是天理,方可谓之喜怒哀乐未发之中,方是天下之大本。"

【77】问:"'颜子没而圣学亡',此语不能无疑。"先生曰:"见圣道之全者惟颜子,观喟然一叹可见。其谓'夫子循循然善诱人,博我以文,约我以礼',是见破后如此说。博文约礼,如何是善诱人?学者须思之。道之全体,圣人亦难以语人,须是学者自修自悟。颜子'虽欲从之,末由也已',即'文王望道未见'意。望道未见,乃是真见。颜子没,而圣学之正派遂不尽传矣。"

【78】问:"身之主为心,心之灵明是知,知之发动是意,意之所着为物,是如此否?"先生曰:"亦是。"

【79】只存得此心常见在,便是学。过去未来事,思之何益?徒放心耳!

【80】言语无序,亦足以见心之不存。

注释

❶ 延平,即李侗(1093—1163),字愿中,世称延平先生,今福建南平人。程颐三传弟子,朱熹曾从游其门下,并编录其语录为《延平答问》。

❷ "一时一事",陈本、世界书局本作"一时之事"。

❸ "自",施本作"向"。

导读

孟子之"不动心"是以集义功夫达到本体的澄明,实质是人的意念不妄动,纯是良知本体的流行;而告子则把捉此心,使之僵化。王阳明多次强调心之本体即是性,亦即理,本无所谓动静。可参看第41、48、156、157、202条。

原文

【81】尚谦[1]问:"孟子之'不动心'与告子异。"先生曰:"告子是

硬把捉着此心,要他不动;孟子却是集义到自然不动。”又曰:“心之本体原自不动。心之本体即是性,性即是理,性元不动,理元不动。集义是复其心之本体。”

注释

❶ 尚谦,即薛侃(1486—1545),字尚谦,号中离,广东揭阳人,正德十二年(1517)进士,官至行人司司正,王阳明的弟子。

导读

“一中有精,精中有一”实可以理解为功夫与本体的一贯。可参看第9、25条。

原文

【82】万象森然时,亦冲漠无朕;冲漠无朕,即万象森然。冲漠无朕者,一之父;万象森然者,精之母。一中有精,精中有一。

【83】心外无物。如吾心发一念孝亲,即孝亲便是物。

导读

阳明训“格”为“正”,谓“正心”。但正心必先正其意,故格物功夫实即诚意,诚意即须时时用力省察克治,不可流于口耳。至善即性,性乃心之体,止于至善实乃复心之本体,亦即复性之本然。知至善在吾心,则格物功夫不是向外探求。可参看第2、3、4条。

原文

【84】先生曰:“今为吾所谓格物之学者,尚多流于口耳。况为口耳之学者,能反于此乎?天理人欲,其精微必时时用力省察克治,方日渐有见。如今一说话之间,虽只讲天理,不知心中倏忽之间,已有多少私欲。盖有窃发而不知者,虽用力察之,尚不易见,况

徒口讲而可得尽知乎？今只管讲天理来顿放着不循，讲人欲来顿放着不去，岂格物致知之学？后世之学，其极至，只做得个义袭而取[1]的工夫。”

【85】问：“知止者，知至善只在吾心，元不在外也，而后志定？”曰：“然。”

【86】问格物。先生曰：“格者，正也。正其不正，以归于正也。”

【87】问：“格物于动处用功否？”先生曰：“格物无间动静，静亦物也。孟子谓‘必有事焉’[2]，是动静皆有事。”

【88】工夫难处，全在格物致知上，此即诚意之事。意既诚，大段心亦自正，身亦自修。但正心修身工夫，亦各有用力处，修身是已发边，正心是未发边。心正则中，身修则和。

【89】自“格物致知”至“平天下”，只是一个“明明德”。虽亲民，亦明德事也。明德是此心之德，即是仁。“仁者以天地万物为一体”，使有一物失所，便是吾仁有未尽处。

【90】只说“明明德”，而不说“亲民”，便似老、佛。

【91】至善者性也。性元无一毫之恶，故曰至善。止之，是复其本然而已。

【92】问：“知至善即吾性，吾性具吾心。吾心乃至善所止之地，则不为向时之纷然外求，而志定矣。定则不扰扰而静，静而不妄动则安，安则一心一意只在此处。千思万想，务求必得此至善，是能虑而得矣。如此说是否？”先生曰：“大略亦是。”

注释

❶ 义袭而取，语出《孟子·公孙丑上》：“是集义所生者，非义袭而取之也。”

❷ 必有事焉，语出《孟子·公孙丑上》：“必有事焉而勿正，心勿忘，勿助长也。”

导读

王阳明在此阐释了儒家的仁爱思想，本质是推恩，由近及远，推己及人。他以阴阳消长和树木生长为例，说明仁是由发端处不断扩充，然后才得以生生不息，最终达到以天地万物为一体的境界。

原文

【93】问："程子云：'仁者以天地万物为一体。'何墨氏'兼爱'[1]反不得谓之仁？"先生曰："此亦甚难言。须是诸君自体认出来始得。仁是造化生生不息之理，虽弥漫周遍，无处不是，然其流行发生，亦只有个渐，所以生生不息。如冬至一阳生，必自一阳生，而后渐渐至[2]于六阳，若无一阳之生，岂有六阳？阴亦然。惟有渐，所以便有个发端处；惟其有个发端处，所以生；惟其生，所以不息。譬之木，其始抽芽，便是木之生意发端处；抽芽然后发干，发干然后生枝、生叶，然后是生生不息。若无芽，何以有干有枝叶？能抽芽，必是下面有个根在。有根方生，无根便死。无根何从抽芽？父子兄弟之爱，便是人心生意发端处，如木之抽芽。自此而仁民，而爱物，便是发干、生枝、生叶。墨氏兼爱无差等，将自家父子兄弟与途人一般看，便自没了发端处。不抽芽，便知得他无根，便不是生生不息，安得谓之仁？孝弟为仁之本，却是仁理从里面发生出来[3]。"

注释

1. 墨氏兼爱，墨氏即墨翟（约前468—前376），春秋战国之际思想家，墨家学派的创始人，后世称为墨子。鲁国人，曾为宋国大夫。兼爱是墨子政治思想和伦理思想的核心，以为天下之所以有众暴寡、强凌弱的现象，根源在于人们不能兼相爱，提倡天下人相爱互利，反对儒家的亲亲主张。
2. "渐渐至"，施本作"渐至"。
3. "发生出来"，施本作"发出来"。

导读

王阳明主张心即理，故对延平的析心与理之言提出怀疑，佛家抛弃世间诸多情欲，却是为了成就一个为己的私欲，故仍然掩蔽了天理。可参看第32、33、34、133条。

原文

【94】问："延平云'当理而无私心'[1]。当理与无私心，如何分别？"先生曰："心即理也，无私心即是当理，未当理便是私心。若析心与理言之，恐亦未善。"又问："释氏于世间一切情欲之私，都不染着，似无私心。但外弃人伦，却是未当理。"曰："亦只是一统事，都只是成就他一个私己的心。"

注释

[1] 当理而无私心，李侗语，语出《延平答问》，指既合天理又没有私心。

薛侃录

导读

这几段对话表明阳明对志的看重，志指的是人的志向、意志，阳明认为只要志向切实，则对于人欲之私，无不洞察，但同时他指出，洞察到私欲，又应明了心之本体是天理，只需涵养这一本体，而不需向外探求。

原文

【95】侃问："持志如心痛，一心在痛上，安有工夫说闲语，管闲事？"先生曰："初学工夫，如此用亦好；但要使知'出入无时，莫知其乡'。心之神明，原是如此，工夫方有着落。若只死死守着，恐于工

夫上又发病。”

【96】侃问:“专涵养而不务讲求,将认欲作理,则如之何?”先生曰:“人须是知学,讲求亦只是涵养。不讲求,只是涵养之志不切。”曰:“何谓知学?”曰:“且道为何而学? 学个甚?”曰:“尝闻先生教,学是学存天理。心之本体,即是天理,体认天理,只要自心地无私意。”曰:“如此则只须克去私意便是,又愁甚理欲不明?”曰:“正恐这些私意认不真。”曰:“总是志未切。志切,目视耳听皆在此,安有认不真的道理? 是非之心,人皆有之,不假外求。讲求亦只是体当自心所见,不成去心外别有个见?”

导读

功夫不是向外探求,这是王阳明重新诠释《大学》格物的基本主张,故他认为功夫只是求心之真切,实质是诚意,如此则心之本体呈现。

原文

【97】先生问在坐之友:“比来工夫何似?”一友举虚明意思。先生曰:“此是说光景。”一友叙今昔异同。先生曰:“此是说效验。”二友惘然,请是[1]。先生曰:“吾辈今日用功,只是要为善之心真切。此[2]心真切,见善即迁,有过即改,方是真切工夫。如此,则人欲日消,天理日明。若只管求光景,说效验,却是助长外驰病痛,不是工夫。”

注释

❶“请是”,施本作“请问”。

❷“此”,施本作“这个”。

导读

这段语录阐述了心学理学之异同。王阳明认为自己学说与朱子时有不同，主要是入门下手处，而追求圣人之学，达到去人欲、存天理之本心则未尝有异。可参看第100条。

原文

【98】朋友观书，多有摘议晦庵者。先生曰："是有心求异，即不是。吾说与晦庵时有不同者，为入门下手处有毫厘千里之分，不得不辩。然吾之心与晦庵之心，未尝异也。若其余文义解得明当处，如何动得一字？"

导读

圣人之所以为圣，只是其心纯乎天理，而不在于才力之多寡。在这段语录中，王阳明认为，凡人皆可以通过为学达到使此心纯乎天理，故人皆可以为尧舜。后世学者本末倒置，不知良知本体，只讲求知识的积累，结果知识愈广而人欲愈滋，天理愈蔽。圣门之学原只是极其简易的求减功夫，即减去人欲，复得天理。可参看第107、258、283、290条。

原文

【99】希渊[1]问："圣人可学而至。然伯夷[2]、伊尹[3]于孔子，才力终不同，其同谓之圣者安在？"先生曰："圣人之所以为圣，只是其心纯乎天理，而无人欲之杂。犹精金之所以为精，但以其成色足而无铜铅之杂也。人到纯乎天理方是圣，金到足色方是精。然圣人之才力，亦有大小不同，犹金之分两有轻重。尧、舜犹万镒，文王、孔子犹九千镒，禹、汤、武王犹七八千镒，伯夷、伊尹犹四五千镒。才力不同，而纯乎天理则同，皆可谓之圣人。犹分两虽不同，而足色则同，皆可谓之精金。以五千镒者而入于万镒之中，其足色同也；以夷、尹而厕之尧、孔之间，其纯乎天理同也。盖所以为精金者，在足色，而不在分两。所以为圣者，在纯乎天理，而不在才力也。故虽凡人而肯为学，使此心纯乎天理，则亦可为圣人。犹一两之金，

比之万镒，分两虽悬绝，而其到足色处，可以无愧。故曰‘人皆可以为尧舜’[4]者以此。学者学圣人，不过是去人欲而存天理耳，犹炼金而求其足色。金之成色，所争不多，则煅炼之工省，而功易成。成色愈下，则煅炼愈难；人之气质，清浊粹驳。有中人以上，中人以下，其于道，有生知安行，学知利行，其下者，必须人一己百，人十己千，及其成功则一。后世不知作圣之本是纯乎天理，却专去知识才能上求圣人。以为圣人无所不知，无所不能，我须是将圣人许多知识才能，逐一理会始得。故不务去天理上着工夫，徒弊精竭力，从册子上钻研，名物上考索，形迹上比拟。知识愈广而人欲愈滋，才力愈多而天理愈蔽。正如见人有万镒精金，不务煅炼成色，求无愧于彼之精纯，而乃妄希分两，务同彼之万镒。锡铅铜铁，杂然而投，分两愈增，而成色愈下。既其梢末，无复有金矣。”时曰仁在傍曰：“先生此喻，足以破世儒支离之惑，大有功于后学。”先生又曰：“吾辈用力，只求日减，不求日增。减得一分人欲，便是复得一分天理，何等轻快脱洒！何等简易！”

注释

❶ 希渊，即蔡宗兖，字希渊，号我斋，山阴（今浙江绍兴）人，官至四川提学佥事，王阳明的弟子。

❷ 伯夷，孤竹君之子，曾与弟叔齐一起劝阻武王伐纣，后周灭商，两人耻食周粟，饿死首阳山。

❸ 伊尹，名挚，商朝贤相，助汤伐桀，遂王天下。

❹ 语出《孟子·告子下》：“曹交问曰：‘人皆可以为尧舜，有诸？’孟子曰：‘然。’”

导读

王阳明一反朱子的格物之训，自然不免使人生疑，即朱子怎么会错训？阳明认为，朱子早年便志在继往开来，在著述考索上用功，到晚年方忧道之不明，故他曾辑朱子言论而为《朱子晚年定论》，以明朱子晚年学术的改变。可参看第98条。

原文

【100】士德[1]问曰："格物之说，如先生所教，明白简易，人人见得。文公聪明绝世，于此反有未审，何也？"先生曰："文公精神气魄大，是他早年合下便要继往开来，故一向只就考索著述上用功。若先切己自修，自然不暇及此。到得德盛后，果忧道之不明。如孔子退修六籍，删繁就简，开示来学，亦大段不费甚考索。文公早岁便著许多书，晚年方悔是倒做了。"士德曰："晚年之悔，如谓'向来定本之误[2]'，又谓'虽读得书，何益于吾事'，又谓'此与守书籍，泥言语，全无交涉'，是他到此方悔从前用功之错，方去切己自修矣。"曰："然此是文公不可及处。他力量大，一悔便转，可惜不久即去世，平日许多错处皆不及改正。"

注释

1. 士德，即杨骥，字仕德，王阳明的弟子。
2. "误"，施本作"悮"，丛刊本、陈本皆作"悟"。朱熹在《答黄直卿书》中原文作"向来定本之误"。

导读

这段语录已经透露出阳明晚年天泉证道的思想萌芽，物本无善恶，心之本体亦无善恶，是谓至善。物之善恶的产生，乃是由于心之私意发而为好恶所致。从本体上讲功夫，圣人直达本体，不另起好恶之意，故有"遵王之道""裁成辅相"之行。当学生反问以"如好好色，如恶恶臭"时，阳明则直接指出此是《大学》诚意功夫，诚意亦是通过格物功夫达到。从功夫说本体，则此功夫只是诚意，而无私意，一循天理，便可直达心之本体。可参看第119、315条。

原文

【101】侃去花间草,因曰:“天地间何善难培,恶难去?”先生曰:“未培未去耳。”少间,曰:“此等看善恶,皆从躯壳起念,便会错。”侃未达。曰:“天地生意,花草一般,何曾有善恶之分?子欲观花,则以花为善,以草为恶;如欲用草时,复以草为善矣。此等善恶,皆由汝心好恶所生,故知是错。”曰:“然则无善无恶乎?”曰:“无善无恶者理之静,有善有恶者气之动。不动于气,即无善无恶,是谓至善。”曰:“佛氏亦无善无恶,何以异?”曰:“佛氏着在无善无恶上,便一切都不管,不可以治天下。圣人无善无恶,只是无有作好,无有作恶,不动于气。然遵王之道,会其有极,[1]便自一循天理,便有个裁成辅相[2]。”曰:“草既非恶,即草不宜去矣。”曰:“如此却是佛、老意见。草若是碍,何妨汝去?”曰:“如此又是作好作恶?”曰:“不作好恶,非是全无好恶,却是无知觉的人。谓之不作者,只是好恶一循于理,不去又着一分意思。如此,即是不曾好恶一般。”曰:“去草如何是一循于理,不着意思?”曰:“草有妨碍,理亦宜去,去之而已。偶未即去,亦不累心。若着了一分意思,即心体便有贻累,便有许多动气处。”曰:“然则善恶全不在物?”曰:“只在汝心。循理便是善,动气便是恶。”曰:“毕竟物无善恶。”曰:“在心如此,在物亦然。世儒惟不知此,舍心逐物,将格物之学错看了,终日驰求于外,只做得个义袭而取。终身行不着,习不察。”曰:“‘如好好色,如恶恶臭’,则如何?”曰:“此正是一循于理。是天理合如此,本无私意作好作恶。”曰:“‘如好好色,如恶恶臭’,安得非意?”曰:“却是诚意,不是私意。诚意只是循天理。虽是循天理,亦着不得一分意,故有所忿懥好乐,则不得其正,须是廓然大公,方是心之本体。知此即知未发之中。”伯生曰:“先生云‘草有妨碍,理亦宜去’,缘何又是躯壳起念?”曰:“此须汝心自体当。汝要去草,是甚么心?周茂叔[3]窗

前草不除,是甚么心?"

【102】先生谓学者曰:"为学须得个头脑工夫,方有着落。纵未能无间,如舟之有舵,一提便醒。不然,虽从事于学,只做个义袭而取,只是行不着,习不察,非大本达道也。"又曰:"见得时,横说竖说皆是。若于此处通,彼处不通,只是未见得。"

注释

❶ "无有作好"等句,语出《尚书·洪范》。"无有作好,无有作恶",意为没有自私的好恶。"遵王之道",意为遵行王道、公道。"会其有极",意为会归于法度、准则。

❷ 裁成辅相,语出《易经·泰卦·象传》。裁成,意为剪裁成适用的样子。辅相,意为辅助、帮助。

❸ 周茂叔,即周敦颐(1017—1073),字茂叔,道州营道(今湖南道县)人。宋代著名理学家,一般认为是宋代新儒学的开山。

导读

科举是否会妨碍为学修道,宋儒那里已经有不少讨论。王阳明认为,只要志在于圣学,则科举以及各种事功活动非但不是障碍,反而体现儒学的内圣外王之道,阳明的亲身实践正好证明了这一点。可参看第241条。

原文

【103】或问:"为学以亲故,不免业举❶之累。"先生曰:"以亲之故而业举为累于学,则治田以养其亲者亦有累于学乎?先正云'惟患夺志'❷,但恐为学之志不真切耳。"

注释

❶ 本段对话中的"业举",施本均作"举业"。

❷ 惟患夺志,程颐语,语出《河南程氏外书》:"故科举之事,不患妨功,惟患夺志。"

导读

天地万物本是生生不息，在这变易之中，有一个主宰，这主宰在人则为心，其本体是纯乎天理之良知。如果放弃这一主宰，则放纵私欲奔放，终日忙碌也只是懵懵懂懂，冥行妄作。可参看第168条。

原文

【104】崇一[1]问："寻常意思多忙，有事固忙，无事亦忙，何也？"先生曰："天地气机，元无一息之停。然有个主宰，故不先不后，不急不缓，虽千变万化，而主宰常定，人得此而生。若主宰定时，与天运一般不息，虽酬酢万变，常是从容自在，所谓'天君泰然，百体从令'。若无主宰，便只是这气奔放，如何不忙？"

注释

1. 崇一，即欧阳德(1496—1554)，字崇一，号南野，江西泰和人。官至礼部尚书，王阳明的弟子。

导读

王阳明批评为学好名之病，主张务实之心，并且明确将"名不称"解释为名实不相副，实为的论。可参看第19条。

原文

【105】先生曰："为学大病在好名。"侃曰："从前岁，自谓此病已轻。比来精察，乃知全未，岂必务外为人？只闻誉而喜，闻毁而闷，即是此病发来？"曰："最是。名与实对，务实之心重一分，则务名之心轻一分，全是务实之心，即全无务名之心。若务实之心，如饥之求食，渴之求饮，安得更有工夫好名？"又曰[1]："'疾没世而名不称'[2]，'称'字去声读，亦'声闻过情，君子耻之'之意。实不称名，

生犹可补，没则无及矣。‘四十、五十而无闻’，是不闻道，非无声闻也。孔子云‘是闻也，非达也’，安肯以此望人？”

【106】侃多悔。先生曰：“悔悟是去病之药，以改之为贵。若留滞于中，则又因药发病。”

注释

❶“又曰”，施本作“君子”。

❷ 语出《论语·卫灵公》：“子曰：‘君子疾没世而名不称焉。’”此句有二解，其一，人到去世时名字不为人称道，君子引以为憾；其二，人到去世时名声与自己的实际不相符，君子引以为憾。王阳明从第二种解释。

导读

圣人之所以为圣人，只是此心纯乎天理，而不在于才力的多寡。凡人于心上用功，则人人自有，个个圆成。阳明批评后世儒学不知在良知良能上扩充，只一味地希高慕大，结果是本末倒置，终无所成。可参看第99条。

原文

【107】德章[1]曰：“闻先生以精金喻圣，以分两喻圣人之分量，以煅炼喻学者之工夫，最为深切。惟谓尧舜为万镒，孔子为九千镒，疑未安。”先生曰：“此又是躯壳上起念，故替圣人争分两。若不从躯壳上起念，即尧舜万镒不为多，孔子九千镒不为少；尧舜万镒只是孔子的，孔子九千镒只是尧舜的，原无彼我。所以谓之圣，只论精一，不论多寡。只要此心纯乎天理处同，便同谓之圣。若是力量气魄，如何尽同得？后儒只在分两上较量，所以流入功利。若除去了此较分两的心，各人尽着自己力量精神，只在此心纯天理上用功，即人人自有，个个圆成，便能大以成大，小以成小，不假外慕，无

不具足。此便是实实落落明善诚身的事。后儒不明圣学，不知就自己心地良知良能上体认扩充，却去求知其所不知，求能其所不能，一味只是希高慕大，不知自己是桀纣心地，动辄要做尧舜事业，如何做得！终年碌碌，至于老死，竟不知成就了个甚么，可哀也已！”

注释

❶ 德章，姓刘，王阳明的学生。

导读

心体无动静，亦即天理本无动静之说。动静只是讲人心所发之意的不同状态，可参看第41、48、156、157、202、231条。

原文

【108】侃问："先儒以心之静为体，心之动为用，如何？"先生曰："心不可以动静为体用。动静时也，即体而言用在体，即用而言体在用，是谓'体用一源'。若说静可以见其体，动可以见其用，却不妨。"

导读

王阳明强调主体道德实践的自觉性，既然良知即天理，人皆有是心，人皆有是理，则上智与下愚皆可变化。可参看第139、271、289条。

原文

【109】问："上智下愚，如何不可移？"先生曰："不是不可移，只是不肯移。"

【110】问"子夏门人问交"❶章。先生曰："子夏是言小子之交，子张是言成人之交。若善用之，亦俱是。"

注释

❶ 语出《论语·子张》。子夏之门人问交于子张。子张曰:"子夏云何?"对曰:"子夏曰:'可者与之,其不可者拒之。'"子张曰:"异乎吾所闻:君子尊贤而容众,嘉善而矜不能。我之大贤与,于人何所不容?我之不贤与,人将拒我,如之何其拒人也?"

导读

王阳明对"学而时习之"进行的解释,将学的内容视为存天理去人欲,"习"解释为"习此心",亦即明此心之本体是至善之天理,故人心常悦天理。

原文

【111】子仁❶问:"'学而时习之,不亦说乎',先儒以学为效先觉之所为,如何?"先生曰:"学是学去人欲,存天理,从事于去人欲,存天理,则自正。诸先觉考诸古训,自下许多问辨思索、存省克治工夫,然不过欲去此心之人欲,存吾心之天理耳。若曰效先觉之所为,则只说得学中一件事,亦❷似专求诸外了。'时习'者,'坐如尸',非专习坐也,坐时习此心也;'立如斋',非专习立也,立时习此心也。'说'是'理义之说我心'之'说',人心本自说理义,如目本说色,耳本说声,惟为人欲所蔽所累,始有不说。今人欲日去,则理义日洽浃,安得不说?"

【112】国英❸问:"曾子三省❹虽切,恐是未闻一贯时工夫。"先生曰:"一贯是夫子见曾子未得用功之要,故告之。学者果能忠恕上用功,岂不是一贯?一如树之根本,贯如树之枝叶,未种根,何枝叶之可得?体用一源,体未立,用安从生?谓'曾子于其用处盖已随事精察而力行之,但未知其体之一'❺,此恐未尽。"

注释

❶ 子仁,即冯恩,字子仁,号南江,今上海松江人,王阳明的弟子。

❷ “亦”,陈本作“事亦”,疑衍一“事”字。

❸ 国英,即陈杰,字国英,福建莆田人,王阳明的弟子。

❹ 曾子三省,语出《论语·学而》:“曾子曰:‘吾日三省吾身:为人谋而不忠乎?与朋友交而不信乎?传不习乎?’”

❺ 语出朱熹《论语集注·里仁篇》。

导读

从知识与良知的诠释角度来看,王阳明认为子贡博学多识,是知识积累多,而颜子则是在心体上用功,故本体澄明。孔子发问实乃启发子贡,教以正确的为学方法。可参看第30、140条。

原文

【113】黄诚甫[1]问“汝[2]与回也孰愈”章。先生曰:“子贡多学而识,在闻见上用功,颜子在心地上用功,故圣人问以启之。而子贡所对,又只在知见上,故圣人叹惜之,非许之也[3]。”

【114】颜子不迁怒,不贰过,亦是有未发之中始能。

注释

❶ 黄诚甫,即黄宗贤,字诚甫,号致斋,浙江宁波人,王阳明的弟子。

❷ “汝”,施本作“女”。

❸ 施本无“也”字。

导读

王阳明论学多用种树培根之喻,树须培根,修身则须养心,如一心立志为善,涵养心之本体。可参看第16、30、53、144、260条。

原文

【115】种树者必培其根，种德者必养其心。欲树之长，必于始生时删其繁枝；欲德之盛，必于始学时去夫外好。如外好诗文，则精神日渐漏泄在诗文上去，凡百外好皆然。又曰："我此论学，是无中生有的工夫。诸公须要信得及[1]，只是立志。学者一念为善之志，如树之种，但勿助勿忘，只管培植将去，自然日夜滋长，生气日完，枝叶日茂。树初生时，便抽繁枝，亦须刊落，然后根干能大。初学时亦然。故立志贵专一。"

注释

❶"及"，施本作"乃"。

导读

涵养指的是涵养本原，亦即心体，每日涵养，却没有增加知识，看似不足，但本立则道生，实乃树立了为学根本，故虽日不足者，实乃有余。而每日讲求闻见，积累了名物知识，看似日益增多，实际上忽视了本原的涵养，故日有余，实乃不足。

原文

【116】因论先生之门，某人在涵养上用功，某人在识见上用功。先生曰："专涵养者，日见其不足；专识见者，日见其有余。日不足者日有余矣；日有余者日不足矣。"

导读

王阳明认为穷理只是穷吾心之理，居敬即是主一，也是主一个天理。居敬穷理都是在心上用功，只是一个功夫，不可分割为两截。心即理，而心之体为性，性即理，故穷理便是尽心、尽性。王阳明主张穷理尽性，反对向外物探求理，只有尽人之性，方可尽物之性。可参看第15、136、137条。

原文

【117】梁日孚[1]问："居敬穷理是两事，先生以为一事，何如？"先生曰："天地间只有此一事，安有两事？若论万殊，礼仪三百，威仪三千，又何止两？公且道居敬是如何？穷理是如何？"曰："居敬是存养工夫，穷理是穷事物之理。"曰："存养个甚？"曰："是存养此心之天理。"曰："如此亦只是穷理矣。"曰："且道如何穷事物之理？"曰："如事亲，便要穷孝之理；事君，便要穷忠之理。"曰："忠与孝之理，在君亲身上？在自己心上？若在自己心上，亦只是穷此心之理矣。且道如何是敬？"曰："只是主一。""如何是主一？"曰："如读书，便一心在读书上；接事，便一心在接事上。"曰："如此，则饮酒便一心在饮酒上，好色便一心在好色上，却是逐物，成甚居敬功夫？"日孚请问。曰："一者天理。主一是一心在天理上。若只知主一，不知一即是理[2]，有事时便是逐物，无事时便是着空。惟其有事无事，一心皆在天理上用功，所以居敬亦即是穷理。就穷理专一处说，便谓之居敬；就居敬精密处说，便谓之穷理；却不是居敬了，别有个心穷理，穷理时，别有个心居敬。名虽不同，功夫只是一事。就如《易》言'敬以直内，义以方外'。敬即是无事时义，义即是有事时敬，两句合说一件。如孔子言'修己以敬'，即不须言义。孟子言'集义'，即不须言敬。会得时，横说竖说，工夫总是一般。若泥文逐句，不识本领，即支离决裂，工夫都无下落。"问："穷理何以即是尽性？"曰："心之体，性也，性即理也。穷仁之理，真要仁极仁。穷义之理，真要义极义。仁义只是吾性，故穷理即是尽性。如孟子说'充其恻隐之心，至仁不可胜用'，这便是穷理工夫。"日孚曰："先儒谓'一草一木亦皆有理，不可不察'，如何？"先生曰："夫我则不暇。公且先去理会自己性情，须能尽人之性，然后能尽物之性。"日孚悚

然有悟。

注释

❶ 梁日孚，即梁焯（1483—1528），字日孚，广东南海人。官至兵部职方司主事，王阳明的弟子，他和薛侃等一起为阳明心学在岭南的传播与发展作出了贡献。

❷ 从117条的"不知一即是理"至118条的"只是"，施本均无，且两条合成一条。另外，从"只知主一"到"日孚悚然有悟"的部分并入第49条之中。

导读

王阳明认为知是心之本体，亦即天理之灵明处，显然这里的"知"不是知觉，而是良知。良知人人皆有，只要不为私欲遮蔽，则本体澄明，然圣人以下，良知多少有些遮蔽，故要通过格物致知，复得本体之澄明。可参看第155、222条。

原文

【118】惟乾[1]问："知如何是心之本体？"先生曰："知是理之灵处。就其主宰处说，便谓之心；就其禀赋处说，便谓之性。孩提之童，无不知爱其亲，无不知敬其兄，只是这个灵能不为私欲遮隔，充拓得尽，便完完是他本体，便与天地合德。自圣人以下，不能无蔽。故须格物以致其知。"

注释

❶ 惟乾，即冀元亨，字惟乾，武陵（今湖南常德）人，王阳明的弟子。

导读

在以下几段中，阳明分别从功夫与本体角度探讨了"诚"的重要性。

首先,王阳明认为《大学》功夫主要是诚意,功夫到诚意,始有着落。为学功夫有深浅,对于初学者而言,还是要着实用意好善恶恶。到功夫熟后,则自知心之本体本无善恶,本不必着意去好善恶恶,否则就不是本体之正。这个阶段的诚意则不是另外加一个意念,而只是顺本体之流行。阳明的这种思想已经十分接近晚年四句教之"无善无恶心之体"。可参看第101、315条。

其次,阳明力主《中庸》功夫为诚身,认为戒惧与慎独只是一个功夫,独知处便是诚的萌芽,于此处立诚,将"诚"贯通始终,使得诚的意念无有间断之时。可参看第129条。

最后,"诚"为心之本体,不管是诚意还是诚身,都只是功夫,最终在于复其本体。

原文

【119】守衡问:"《大学》工夫只是诚意,诚意工夫只是格物。修齐治平,只诚意尽矣。又有'正心之功,有所忿懥好乐,则不得其正',何也?"先生曰:"此要自思得之,知此,则知未发之中矣。"守衡再三请。曰:"为学工夫有浅深。初时若不着实用意去好善恶恶,如何能为善去恶?这着实用意,便是诚意。然不知心之本体原无一物,一向着意去好善恶恶,便又多了这分意思,便不是廓然大公。《书》所谓'无有作好作恶',方是本体。所以说'有所忿懥好乐,则不得其正'。正心只是诚意工夫里面,体当自家心体,常要鉴空衡平[1],这便是未发之中。"

【120】正之[2]问:"戒惧是己所不知时工夫,慎独是己所独知时工夫,此说如何?"先生曰:"只是一个工夫,无事时固是独知,有事时亦是独知。人若不知于此独知之地用力,只在人所共知处用功,便是作伪,便是'见君子而后厌然'。此独知处便是诚的萌芽,此处不论善念恶念,更无虚假,一是百是,一错百错,正是王霸义利、诚伪善恶界头。于此一立立定,便是端本澄源,便是立诚。古人许多

诚身的工夫，精神命脉，全体只在此处。真是莫见莫显，无时无处，无终无始，只是此个工夫。今若又分戒惧为己所不知，即工夫便支离，亦[3]有间断。既戒惧，即是知。己若不知，是谁戒惧？如此见解，便要流入断灭禅定。”曰：“不论善念恶念，更无虚假。则独知之地，更无无念时邪？”曰：“戒惧亦是念。戒惧之念无时可息。若戒惧之心稍有不存，不是昏瞶[4]，便已流入恶念。自朝至暮，自少至老，若要无念，即是己不知，此除是昏睡，除是槁木死灰。”

【121】志道[5]问：“荀子云‘养心莫善于诚’，先儒非之，何也？”先生曰：“此亦未可便以为非。‘诚’字有以工夫说者。诚是心之本体，求复其本体，便是思诚的工夫。明道[6]说‘以诚敬存之’，亦是此意。《大学》‘欲正其心，先诚其意’。荀子之言固多病，然不可一例吹毛求疵。大凡看人言语，若先有个意见，便有过当处。‘为富不仁’之言，孟子有取于阳虎[7]，此便见圣贤大公之心。”

注释

❶ 鉴空衡平，语出朱熹《大学或问》：“人之一心，湛然虚明，如鉴之空，如衡之平，以为一身之主者，固其真体之本然。”鉴，镜子。衡，秤杆。此语以镜之空、秤之平比喻心体的澄明中正。

❷ 正之，即黄弘纲（1492—1561），字正之，号洛村，江西雩都人，官至刑部主事，王阳明的弟子。

❸ “亦”，施本作“便”。

❹ “瞶”（kuì），丛刊本作“聩”，古通“聩”，耳聋。

❺ 此“志道”不知何人，有人误认为是管志道，显然错误。管志道（1536—1608），字登之，号东溟，江苏太仓人，官至南京兵部主事，王阳明门人耿定向的弟子。

❻ 明道，即程颢（1032—1085），字伯淳，人称明道先生，原籍中山（今河北定州），与胞弟程颐合称“二程”，北宋著名理学家，后人将二程著作编成《河南程氏遗书》。

❼ 孟子有取于阳虎，指孟子曾引用阳虎的话。语出《孟子·滕文公上》：阳虎曰："为富不仁矣，为仁不富矣。"阳虎，春秋晚期鲁国人，为季氏家臣，曾挟持季氏专政鲁国，后因失败而流亡。

导读

在这段语录中，阳明对"己"逐层分析，最终剥离出真己。首先，他指出了非己，即外面的事物，各种名利，不属于己的内涵。其次，若要为了躯壳的己，便要非礼勿视听言动，要达到这一点，就必须由"心"来主宰。此心是控制视听言动的心，与血肉之躯紧密结合在一起。最后，此心之本体才是真己。此心便是性，亦即天理。真要养得躯壳之己，必须常常保守着这个本体。

原文

【122】萧惠[1]问："己私难克，奈何？"先生曰："将汝己私来，替汝克。"又曰："人须有为己之心，方能克己；能克己，方能成己。"萧惠曰："惠亦颇有为己之心，不知缘何不能克己？"先生曰："且说汝有为己之心是如何？"惠良久曰："惠亦一心要做好人，便自谓颇有为己之心。今思之，看来亦只是为得个躯壳的己，不曾为个真己。"先生曰："真己何曾离着躯壳？恐汝连那躯壳的己也不曾为。且道汝所谓躯壳的己，岂不是耳目口鼻四肢？"惠曰："正是。为此，目便要色，耳便要声，口便要味，四肢便要逸乐，所以不能克。"先生曰："美色令人目盲，美声令人耳聋，美味令人口爽，驰骋田猎令人心发狂[2]，这都是害汝耳目口鼻四肢的，岂得是为汝耳目口鼻四肢？若为着耳目口鼻四肢时，便须思量耳如何听，目如何视，口如何言，四肢如何动。必须非礼勿视听言动，方才成得个耳目口鼻四肢，这个才是为着耳目口鼻四肢。汝今终日向外驰求，为名为利，这都是为着躯壳外面的物事。汝若为着耳目口鼻四肢，要非礼勿视听言动

时,岂是汝之[3]耳目口鼻四肢自能勿视听言动?须由汝心。这视听言动,皆是汝心。汝心之视,发窍于目;汝心之听,发窍于耳;汝心之言,发窍于口;汝心之动,发窍于四肢。若无汝心,便无耳目口鼻。所谓汝心,亦不专是那一团血肉。若是那一团血肉,如今已死的人,那一团血肉还在,缘何不能视听言动?所谓汝心,却是那能视听言动的,这个便是性,便是天理。有这个性才能生,这性之生理便谓之仁。这性之生理,发在目便会视,发在耳便会听,发在口便会言,发在四肢便会动,都只是那天理发生,以其主宰一身,故谓之心。这心之本体,原只是个天理,原无非礼,这个便是汝之真己。这个真己是躯壳的主宰。若无真己,便无躯壳。真是有之即生,无之即死。汝若真为那个躯壳的己,必须用着这个真己,便须常常保守着这个真己的本体。戒慎不睹,恐惧不闻,惟恐亏损了他一些。才有一毫非礼萌动,便如刀割,如针刺,忍耐不过,必须去了刀,拔了针,这才是有为己之心,方能克己。汝今正是认贼作子,缘何却说有为己之心,不能克己?"

【123】有一学者病目,戚戚甚忧。先生曰:"尔乃贵目贱心。"

注释

❶ 萧惠,王阳明的弟子,生平不详。

❷ "美色令人目盲"四句,语出《老子》第十二章:"五色令人目盲,五音令人耳聋,五味令人口爽,驰骋畋猎令人心发狂。"

❸ "汝之",施本作"汝"。

导读

阳明以身说法,表明其早年沉浸佛老二氏之学,及至后来居夷处困,始转变过来,因此他能够切身体会佛老与儒学之差异,批评学生所了解的还只是二氏之学的秕糠。

原文

【124】萧惠好仙、释,先生警之曰:"吾亦自幼笃志二氏,自谓既有所得,谓儒者为不足学。其后居夷三载,见得圣人之学若是其简易广大,始自叹悔错用了三十年气力。大抵二氏之学,其妙与圣人只有毫厘之间。汝今所学,乃其土苴,辄自信自好若此,真鸱鸮窃腐鼠耳。"惠请问二氏之妙。先生曰:"向汝说圣人之学简易广大,汝却不问我悟的,只问我悔的!"惠惭谢,请问圣人之学。先生曰:"汝今只是了人事问,待汝办[1]个真要求为圣人的心来与汝说。"惠再三请[2]。先生曰:"已与汝一句道尽,汝尚自不会。"

注释

❶ "办",陈本作"辨",疑误。

❷ 《全集》无"先生曰:'汝今只是了人事问,待汝办个真要求为圣人的心来与汝说。'惠再三请"一句。

导读

未发之中即是心之本体,本无善恶,纯乎天理之极,此中气象必须靠自己体会,言不足道。最后徐爱以阳明知行合一宗旨一语点破,实际上表明要体会自家良知,自然还得亲身去致良知。

原文

【125】刘观时[1]问:"未发之中是如何?"先生曰:"汝但戒慎不睹,恐惧不闻,养得此心纯是天理,便自然见。"观时请略示气象。先生曰:"哑子吃苦瓜,与你[2]说不得。你要知此苦,还须你自吃。"时曰仁在傍曰:"如此才是真知,即是行矣。"一时在座诸友皆有省。

注释

❶ 刘观时,湖南常德人,王阳明的弟子。

❷ 本段中的"你",施本均作"尔"。

导读

王阳明认为昼夜之道与生死之道同,犹如知昼则知夜,知生则知死。那么如何才是知生呢? 他以知昼为例,知昼须时常保持戒惧,常存天理,涵养省察,不可间断,人生当如此,更何谓生死之道。

原文

【126】萧惠问死生之道。先生曰:"知昼夜,即知死生。"问昼夜之道。曰:"知昼则知夜。"曰:"昼亦有所不知乎?"先生曰:"汝能知昼? 懵懵而兴,蠢蠢而食,行不着,习不察,终日昏昏,只是梦昼。惟'息有养,瞬有存'❶,此心惺惺明明,天理无一息间断,才是能知昼。这便是天德,便是通乎昼夜之道而知,更有甚么死生?"

注释

❶ 语出张载《正蒙·有德篇》。

导读

王阳明反对将修道之教看作是圣人品节,认为子思的性、道、教皆从本原上说,道即性即命,圣人已经尽得诚之本体,由诚而明,故率性而行即是道;圣人以下,因只明其本体,而未达其道体,由明而诚,故要修道以复其本体,这便是教。通过修道而达到本体之诚,则也就是圣人率性之道了。

原文

【127】马子莘问:"修道之教,旧说谓'圣人品节,吾性之固有,

以为法于天下，若礼乐刑政之属’。此意如何？”先生曰：“道即性即命，本是完完全全，增减不得，不假修饰的，何须要圣人品节？却是不完全的物件。礼乐刑政是治天下之法，固亦可谓之教，但不是子思本旨。若如先儒之说，下面由教入道的，缘何舍了圣人礼乐刑政之教，别说出一段戒慎恐惧工夫？却是圣人之教为虚设矣。”子莘请问。先生曰：“子思性、道、教，皆从本原上说。天命于人，则命便谓之性；率性而行，则性便谓之道；修道而学，则道便谓之教。率性是诚者事，所谓‘自诚明，谓之性’也。修道是诚之者事，所谓‘自明诚，谓之教’也。圣人率性而行，即是道。圣人以下，未能率性，于道未免有过不及，故须修道。修道则贤知者不得而过，愚不肖者不得而不及，都要循着这个道，则道便是个教。此‘教’字与‘天道至教’[1]‘风雨霜露，无非教也’[2]之‘教’同。‘修道’字与‘修道以仁’同。人能修道，然后能不违于道，以复其性之本体，则亦是[3]圣人率性之道矣。下面‘戒慎恐惧’便是修道的工夫，‘中和’便是复其性之本体，如《易》所谓‘穷理尽性，以至于命’，中和位育，便是尽性至命。”

【128】黄诚甫问：“先儒以孔子告颜渊[4]为邦之问[5]，是立万世常行之道，如何？”先生曰：“颜子具体圣人，其于为邦的大本大原都已完备。夫子平日知之已深，到此都不必言，只就制度文为上说。此等处亦不可忽略，须要是如此方尽善。又不可因自己本领是当了，便于防范上疏阔，须是要‘放郑声，远佞人’。盖颜子是个克己向里德上用心的人，孔子恐其外面末节或有疏略，故就他不足处帮补说。若在他人，须告以为政在人，取人以身，修身以道，修道以仁，达道九经及诚身许多工夫，方始做得，这个方是万世常行之道。不然，只去行了夏时，乘了殷辂，服了周冕，作了《韶》舞，天下便治得。后人但见颜子是孔门第一人，又问个‘为邦’，便把做天大事看了。”

注释

❶ 语出《礼记·礼器》:"天道至教,圣人至德。"

❷ 语出《礼记·孔子闲居》:"天有四时,春秋冬夏,风雨霜露,无非教也;地载神气,神气风霆,风霆流形,庶物露生,无非教也。"

❸ "亦是",施本作"是亦"。

❹ "颜渊",施本作"颜子"。

❺ 为邦之问,语出《论语·卫灵公》:"颜渊问为邦。子曰:'行夏之时,乘殷之辂,服周之冕,乐则《韶》舞。放郑声,远佞人。郑声淫,佞人殆。'"

导读

王阳明力辟朱子改正之《大学》新本,推崇《大学》古本。依照古本,他重新诠释格物,将诚意视为主要功夫,诚意即包含着"敬"。在诚意指导下去格物致知,功夫才有着落,方可体认天理,亦即明明德。格物之功便也只在身心上做。可参看第6、101、119、121、138、174、201、317条。

原文

【129】蔡希渊问:"文公《大学》新本,先格致而后诚意工夫,似与首章次第相合。若如先生从旧本之说,即诚意反在格致之前,于此尚未释然。"先生曰:"《大学》工夫即是明明德,明明德只是个诚意,诚意的工夫只是格物致知。若以诚意为主,去用格物致知的工夫,即工夫始有下落,即为善去恶,无非是诚意的事。如新本先去穷格事物之理,即茫茫荡荡,都无着落处。须用添个敬字,方才牵扯得向身心上来。然终是没根源。若须用添个敬字,缘何孔门倒将一个最紧要的字落了,直待千余年后要人来补出?正谓以诚意为主,即不须添敬字,所以举出个诚意来说,正是学问的大头脑处。于此不察,真[1]所谓毫厘之差,千里之谬。大抵《中庸》工夫只是诚

身,诚身之极,便是至诚;《大学》工夫只是诚意,诚意之极,便是至善:工夫总是一般。今说这里补个'敬'字,那里补个'诚'字,未免画蛇添足。"

注释

❶ "真",四部备要本、《全集》作"直"。

传习录中

导读

这是王阳明高徒钱德洪整理南大吉续刻《传习录》时所作的序。在此序中,钱氏着重介绍了续刻《传习录》下卷内容的调整。当时朱陆之辩已经明于天下,因此将以调停朱陆为主旨的《答徐成之》二书移出,同时鉴于《答聂文蔚书其二戊子》在揭示"必有事焉"即"致良知"功夫上的重要性,增补进来。其他内容则仍保持南大吉所录之旧。最后,钱氏亦表达了对南大吉虽遭时艰,仍志于道,义无反顾的钦佩,而今改编南氏所录内容,实乃时势所趋,非忍有所加损。

原文

德洪曰:昔南元善刻《传习录》于越,凡二册。下册摘录先师手书,凡八篇。其《答徐成之》二书,吾师自谓:"天下是朱非陆,论定既久,一旦反之为难。二书姑为调停两可之说,使人自思得之。"故元善录为下册之首者,意亦以是欤?今朱、陆之辩明于天下久矣。洪刻先师《文录》,置二书于《外集》者,示未全也,故今不复录。其余指"知行之本体",莫详于《答人论学》与答周道通、陆清伯、欧阳崇一四书;而谓"格物为学者用力日可见之地",莫详于《答罗整庵》一书。平生冒天下之非诋,虽[1]陷万死一生,遑遑然不忘讲学,惟恐吾人不闻斯道,流于功利机智,以日堕于夷狄禽兽而不觉;其一体同物之心,譊譊终身,至于毙而后已。此孔、孟已来贤圣苦心,虽门人子弟未足以慰其情也。是情也,莫详于《答聂文蔚》之第一书。此皆仍元善所录之旧。而揭"必有事焉"即"致良知"功夫,明白简切，使人言下即得入手，此又莫详于答文蔚之第二书，故增录之。元善当时汹汹，乃能以身明斯道，卒至遭奸被斥，油油然惟以此生得闻斯学为庆，而绝无有纤芥愤郁不平之气。斯录之刻，人见其有功于同志甚大，而不知其处时之甚艰也。今所去取，裁之时义则然，非忍有所加损于其间也。

注释

❶ "虽"，诸本均作"推"，且以"平生冒天下之非诋推陷"为句。

答顾东桥[1]书

导读

王阳明以《大学》中的"诚意"功夫为圣门教人用功第一义，直至晚年仍然重视。可参看第6、101、119、121、129、138、174、201、317条。

原文

【130】来书云："近时学者务外遗内，博而寡要，故先生特倡'诚意'一义，针砭膏肓，诚大惠也。"

吾子洞见时弊如此矣，亦将何以救之乎？然则鄙人之心，吾子固已一句道尽，复何言哉！复何言哉！若"诚意"之说，自是圣门教人用功第一义。但近世学者乃作第二义看，故稍与提掇紧要出来，非鄙人所能特倡也。

注释

❶ 顾东桥，即顾璘（1476—1545），字华玉，号东桥，苏州府吴县（今江苏吴县）人，明代文学家，官至南京刑部尚书。

导读

王阳明以诚意为入手功夫，"格致诚正"之说主要是针对学者本心而言,主要在日常生活上用功,立说切身浅近,着实可用,故他否认有空虚顿悟之倾向。

原文

【131】来书云:“但恐立说太高,用功太捷,后生师传,影响谬误,未免坠[1]于佛氏明心见性、定慧顿悟之机,无怪闻者见疑。”

区区“格致诚正”之说,是就学者本心、日用事为间,体究践履,实地用功,是多少次第、多少积累在,正与空虚顿悟之说相反。闻者本无求为圣人之志,又未尝讲究其详,遂以见疑,亦无足怪。若吾子之高明,自当一语之下便了然矣!乃亦谓“立说太高,用功太捷”,何邪?

注释

❶ “坠”,施本作“堕”。

导读

此段阐述知行合一思想。王阳明主张一念发动处即便是行。因此,“欲食之心”“欲行之心”等意念发动处,即是行之始。入口而后知味之美恶,亲身履历而后知路之险夷等,是行,同时亦即知之完成。故知行不可分先后,而是合一并进。可参看第5、133、226、320条。

原文

【132】来书云:“所喻知行并进,不宜分别前后,即《中庸》尊德性而道问学之功交养互发、内外本末一以贯之之道。然工夫次第,不能无先后之差。如知食乃食,知汤乃饮,知衣乃服,知路乃行,未有不见是物,先有是事。此亦毫厘倏忽之间,非谓[1]有等今日知之,而明日乃行也。”

既云“交养互发、内外本末一以贯之”,则知行并进之说,无复可疑矣。又云“工夫次第,不能[2]无先后之差”,无乃自相矛盾已乎?

"知食乃食"等说,此尤明白易见,但吾子为近闻障蔽,自不[3]察耳。夫人必有欲食之心,然后知食:欲食之心即是意,即是行之始矣。食味之美恶,必待入口而后知,岂有不待入口,而已先知食味之美恶者邪?必有欲行之心,然后知路:欲行之心即是意,即是行之始矣。路岐之险夷,必待身亲履历而后知,岂有不待身亲履历,而已先知路岐之险夷者邪?"知汤乃饮","知衣乃服",以此例之,皆无可疑。若如吾子之喻,是乃所谓不见是物,而先有是事者矣。吾子又谓"此亦毫厘倏忽之间,非谓截然有等今日知之,而明日乃行也",是亦察之尚有未精。然就如吾子之说[4],则知行之为合一并进,亦自断无可疑矣。

注释

❶《全集》"谓"字下有"截然"二字。

❷"不能",除施本、《全集》、陈本外,诸本均作"不能不",疑后一"不"字衍,东研所本于"不"字上明显有一方框,以示衍文。

❸"自不",施本、陈本、早稻田本、东研所本均作"不自"。

❹"说",施本、早稻田本分别作"论""之说",东研所本作"所云"。

导读

王阳明知行合一思想的基础在于心即理,亦即心外无理,心外无事。他认为格物不是向外探求事物的道理,物理不外于人心,心之体即是性,性即理。朱子的看法与阳明相似,只不过在阳明看来,朱子将心与理分开说,留下了后世"专求本心,遂遗物理"之患。阳明在此贯通了心、性、理,避免了此患。可参看第32、33、34、94、135条。

原文

【133】来书云:"真知即所以为行,不行不足谓之知,此为学者吃紧立教,俾务躬行则可。若真谓行即是知,恐其专求本心,遂遗

物理，必有暗而不达之处，抑岂圣门知行并进之成法哉？

知之真切笃实处，即是行；行之明觉精察处，即是知，知行工夫本不可离。只为后世学者分作两截用功，失却知行本体，故有合一并进之说。“真知即所以为行，不行不足谓之知”，即如来书所云“知食乃食”等说可见，前已略言之矣。此虽吃紧救弊而发，然知行之体本来如是，非以己意抑扬其间，姑为是说，以苟一时之效者也。“专求本心，遂遗物理”，此盖失其本心者也。夫物理不外于吾心，外吾心而求物理，无物理矣；遗物理而求吾心，吾心又何物邪？心之体，性也，性即理也。故有孝亲之心，即有孝之理；无孝亲之心，即无孝之理矣。有忠君之心，即有忠之理；无忠君之心，即无忠之理矣。理岂外于吾心邪？晦庵谓“人之所以为学者，心与理而已。心虽主乎一身，而实管乎天下之理；理虽散在万事，而实不外乎一人之心”[1]，是其一分一合之间，而未免已启学者心、理为二之弊。此后世所以有“专求本心，遂遗物理”之患，正由不知心即理耳。夫外心以求物理，是以有暗而不达之处：此告子“义外”之说，孟子所以谓之不知义也。心一而已。以其全体恻怛[2]而言谓之仁，以其得宜而言谓之义，以其条理而言谓之理。不可外心以求仁，不可外心以求义，独可外心以求理乎？外心以求理，此知、行之所以二也。求理于吾心，此圣门知、行合一之教，吾子又何疑乎？

注释

❶ 语出朱熹《大学或问》第五《知本知至章》。

❷ 恻怛（cèdá），恻隐，哀伤，恳切。

导读

王阳明将为学功夫分为三个层次：首先是尽心、知性、知天者，深知心、性、天本一体之化，本体只是一个，故能尽心，则已知性知天。这是圣人才能达到的,因而是圣人生知安行的功夫。其次是存心、养性、事天者,未能尽知天,而是靠存善、敬持的功夫,故与天为二,这便是贤人学知利行的功夫。最后是夭寿不贰,修身以俟者,有夭寿之分离,是贰其心了,必须先不以夭寿贰其为善之心,只一心为善去做。但终究还不知天命,因而是学者困知勉行的功夫。此三层次的功夫不可颠倒,初学者尤其不可僭越功夫层次。可参看第6、192、278条。

原文

【134】来书云:"所释《大学》古本,谓'致其本体之知',此固孟子尽心之旨。朱子亦以虚灵知觉为此心之量。然尽心由于知性,致知在于格物。"

"尽心由于知性,致知在于格物",此语然矣。然而推本吾子之意,则其所以为是语者,尚有未明也。朱子以尽心、知性、知天为物格知致,以存心、养性、事天为诚意、正心、修身,以夭寿不贰、修身以俟为知至仁尽、圣人之事。若鄙人之见,则与朱子正相反矣。夫尽心、知性、知天者,生知安行,圣人之事也。存心、养性、事天者,学知利行,贤人之事也。夭寿不贰,修身以俟者,困知勉行,学者之事也。岂可专以尽心知性为知,存心养性为行乎?吾子骤闻此言[1],必又以为大骇矣。然其间实无可疑者,一为吾子言之。夫心之体,性也;性之原,天也。能尽其心,是能尽其性矣。《中庸》云"惟天下至诚为能尽其性",又云"知天地之化育","质诸鬼神而无疑,知天也",此惟圣人而后能然,故曰"此生知安行,圣人之事也"。存其心者,未能尽其心者也,故须加存之之功;必存之既久,不待于存而自无不存,然后可以进而言尽。盖"知天"之"知",如"知州""知县"之"知"。知州,则一州之事皆己事也,知县,则一县之事皆己事也,是与天为一者也;事天则如子之事父,臣之事君,犹与天为二也。天之所以命于我者,心也,性也。吾但存之而不敢失,养之而不敢害,如"父母全而生之,子全而归之"[2]者也。故曰"此学知利行,贤人之事也”。至于“夭寿不贰”,则与存其心者又有间矣。存其心者,虽未能尽其心,固已一心于为善,时有不存,则存之而已。今使之夭寿不贰,是犹[3]以夭寿贰其心者也。犹以夭寿贰其心,是其为善之心犹未能一也。存之尚有所未可,而何尽之可云乎?今且使之不以夭寿贰其为善之心,若曰死生夭寿皆有定命,吾但一心于为善,修吾之身,以俟天命而已,是其平日尚未知有天命也。事天虽与天为二,然已真知天命之所在,但惟恭敬奉承之而已耳。若俟之云者,则尚未能真知天命之所在,犹有所俟者也,故曰所以立命。“立”者,“创立”之“立”,如“立德”“立言”“立功”“立名”之类,凡言“立”者,皆是昔未尝有,而今始建立之谓,孔子所谓“不知命,无以为君子”[4]者也。故曰“此困知勉行,学者之事也”。今以尽心、知性、知天为格物致知,使初学之士,尚未能不贰[5]其心者,而遽责之以圣人生知安行之事,如捕风捉影,茫然莫知所措其心,几何而不至于“率天下而路”[6]也!今世致知格物之弊,亦居然可见矣。吾子所谓“务外遗内,博而寡要”者,无乃亦是过欤?此学问最紧要处。于此而差,将无往而不差矣。此鄙人之所以冒天下之非笑,忘其身之陷于罪戮,呶呶其言,其不容已者也。

注释

❶ “言”,施本、早稻田本作“说”,东研所本作“论”。

❷ 语出《礼记·祭义》:“天之所生,地之所养,无人为大,父母全而生之,子全而归之,可谓孝矣。不亏其体,不辱其身,可谓全矣。”

❸ “是犹”,施本、早稻田本、东研所本作“犹”。

❹ 语出《论语·尧曰》:子曰:“不知命,无以为君子也。不知礼,无以立也。不知言,无以知人也。”

❺ “贰”,施本、早稻田本作小写之“二”。

❻ 语出《孟子·滕文公上》:“然则治天下独可耕且为与?有大人之事,有小人之事。且一人之身,而百工之所为备。如必自为而后

用之,是率天下而路也。”

导读

“即物穷理”的前提是理在物,故心向物上追求所谓的“理”。而这种把心与理分为二的看法恰恰被王阳明所攻破,即孝之理如果在于其亲,则尊亲死后,是否还有孝之理呢?显然,理并不在物上,心即理。据此,阳明认为“致知格物”乃是致吾心之良知于事事物物。吾心之良知即天理,致知就是致吾心之良知,格物就是让事事物物皆得其理。这一段可谓是对“致知格物”最精简明了的解释。

原文

【135】来书云:“闻语学者,乃谓‘即物穷理’之说,亦是玩物丧志。又取其‘厌繁就约’‘涵养本原’数说,标示学者,指为晚年定论,此亦恐非。”

朱子所谓“格物”云者,在“即物而穷其理”也。即物穷理,是就事事物物上求其所谓定理者也。是以吾心而求理于事事物物之中,析“心”与“理”而为二矣。夫求理于事事物物者,如求孝之理于其亲之谓也。求孝之理于其亲,则孝之理其果在于吾之心邪?抑果在于亲之身邪?假而果在于亲之身,则亲没之后,吾心遂无孝之理欤?见孺子之入井,必有恻隐之理,是恻隐之理果在于孺子之身欤?抑在于吾心之良知欤?其或不可以从之于井欤?其或可以手而援之欤?是皆所谓理也。是果在于孺子之身欤?抑果出于吾心之良知欤?以是例之,万事万物之理,莫不皆然。是可以知析心与理为二之非矣。夫析心与理而为二,此告子“义外”之说,孟子之所深辟也。“务外遗内,博而寡要”,吾子既已知之矣。是果何谓而然哉?谓之玩物丧志,尚犹以为不可欤?若鄙人所谓致知格物者,致吾心之良知于事事物物也。吾心之良知,即所谓天理也。致吾心良知之天理于事事物物，则事事物物皆得其理矣。致吾心之良知者，致知也。事事物物皆得其理者，格物也。是合心与理而为一者也。合心与理而为一，则凡区区前之所云，与朱子晚年之论，皆可以不言而喻矣！

导读

王阳明认为将学、问、思、辨理解为学的功夫，以明天下之理，与他主张的心即理、知行合一相悖。在他看来，学问思辨作为为学穷理的功夫，不可脱离行，知行不可分离。其次，他批判了"穷天下之理"的说法，此说误以为良知不足，必求之于天下之广，而不知良知即天理，将心与理分为二。总之，学、问、思、辨行皆致吾心之良知的功夫，良知之外，更无所谓天理。常人蔽于此，正如眼病之人不知医眼而求明于外。可参看第26、117、132、133、226、320、321条。

原文

【136】来书云："人之心体本无不明，而气拘物蔽，鲜有不昏[1]。非学问思辨以明天下之理，则善恶之机，真妄之辨，不能自觉。任情恣意，其害有不可胜言者矣。"

此段大略，似是而非，盖承沿旧说之弊，不可以不辨也。夫学[2]、问、思、辨、行，皆所以为学，未有学而不行者也。如言学孝，则必服劳奉养，躬行孝道，然后谓之学。岂徒悬空口耳讲说，而遂可以谓之学孝乎？学射，则必张弓挟矢，引满中的；学书，则必伸纸执笔，操觚染翰[3]；尽天下之学，无有不行而可以言学者，则学之始，固已即是行矣。笃者，敦实笃厚之意，已行矣；而敦笃其行，不息其功之谓尔。盖学之不能以无疑，则有问，问即学也，即行也；又不能无疑，则有思，思即学也，即行也；又不能无疑，则有辨，辨即学也，即行也。辨既明矣，思既慎矣，问既审矣，学既能矣，又从而不息其功焉,斯之谓笃行,非谓学、问、思、辨之后而始措之于行也。是故以求能其事而言,谓之学;以求解其惑而言,谓之问;以求通其说[4]而言,谓之思;以求精其察而言,谓之辨;以求履其实而言,谓之行。盖析其功而言则有五,合其事而言,则一而已。此区区心理合一之体,知行并进之功,所以异于后世之说者,正在于是。今吾子特举学、问、思、辨以穷天下之理,而不及笃行,是专以学、问、思、辨为知,而谓穷理为无行也已。天下岂有不行而学者邪?岂有不行而遂可谓之穷理者邪?明道云:"只穷理便尽性至命。"故必仁极仁,而后谓之能穷仁之理;义极义,而后谓之能穷义之理。仁极仁,则尽仁之性矣。义极义,则尽义之性矣。学至于穷理,至矣,而尚未措之于行,天下宁有是邪?是故知不行之不可以为学,则知不行之不可以为穷理矣;知不行之不可以为穷理,则知知行之合一并进,而不可以分为两节事矣。夫万事万物之理,不外于吾心,而必曰穷天下之理,是殆以吾心之良知为未足,而必外求于天下之广,以裨补增益之,是犹析心与理而为二也。夫学、问、思、辨、笃行之功,虽其困勉至于人一己百,而扩充之极,至于尽性知天,亦不过致吾心之良知而已。良知之外,岂复有加于毫末乎?今必曰穷天下之理,而不知反求诸其心,则凡所谓善恶之机,真妄之辨者,舍吾心之良知,亦将何所[5]致其体察乎?吾子所谓"气拘物蔽"者,拘此蔽此而已。今欲去此之蔽,不知致力于此,而欲以外求,是犹目之不明者,不务服药调理以治其目,而徒伥伥然求明于其外,明岂可以自外而得哉!任情恣意之害,亦以不能精察天理于此心之良知而已。此诚毫厘千里之谬者,不容于不辨,吾子毋谓其论之太刻也。

注释

❶ "昏",施本、早稻田本作"偏",东研所本作"蔽"。

❷ 施本、早稻田本、东研所本均无"学"。

❸ 操觚(gū)染翰,意为提笔作文。觚,古人书写时用的木简。

翰,笔。

❹“说”,施本、早稻田本、东研所本作“理”。

❺“何所”,施本、早稻田本、东研所本作“何以”。

导读

在这段回信中,阳明针对学者的误解,再次详细地辨明了自己对心、知、意、物(事)、格物、穷理诸观念的理解。首先,他认为致知格物并非教人深居端坐,一无所事,而是教人自觉心之天理,致其本然之良知。这是大本,只有树立了这个根本,才能推广为务实的学问。其次,阳明认为身之主为心,而心之虚灵明觉即良知。良知应感而动则为意,良知为意之本体,意之所在便是物(事),物为意之用。因此,格物致知主要体现为致吾心之良知于事物。最后,阳明探讨了格物与穷理的关系。他认为“格”不应训为“至”,否则会出现“致知在至物”。在阳明看来,古本《大学》中并未言及穷理,朱子将“穷理”放置在“格物”之后,实际上忽视了两者的差异。穷理贯穿了格致诚正功夫的始终,而格物则必须把致知、诚意、正心兼连起来,显然两者层次不同。后世偏举格物而谓之穷理,则将理置于物上,结果以格物为行,以穷理为知,知行分立,导致误解格物、穷理的含义。可参看第6、117、317条。

原文

【137】来书云:“教人以致知明德,而戒其即物穷理,诚使昏暗之士,深居端坐,不闻教告❶,遂能至于知致而德明乎?纵令静而有觉,稍悟本性,则亦定慧无用之见,果能知古今,达事变,而致用于天下国家之实否乎?其曰‘知者意之体,物者意之用,格物如格君心之非’之‘格’,语虽超悟独得,不踵陈见,抑恐于道未相吻合。”

区区论致知格物,正所以穷理,未尝戒人穷理,使之深居端坐而一无所事也。若谓即物穷理,如前所云“务外而遗内”者,则有所不可耳。昏暗之士,果能随事随物精察此心之天理,以致其本然之良知，则虽愚必明，虽柔必强，大本立而达道行，九经之属，可一以贯之而无遗矣，尚何患其无致用之实乎？彼顽空虚静之徒，正惟不能随事随物精察此心之天理，以致其本然之良知，而遗弃伦理，寂灭虚无以为常，是以要之不可以治家国天下。孰谓圣人穷理尽性之学，而亦有是弊哉？心者，身之主也，而心之虚灵明觉，即所谓本然之良知也。其虚灵明觉之良知，应感而动者谓之意，有知而后有意，无知则无意矣。知非意之体乎？意之所用，必有其物，物即事也。如意用于事亲，即事亲为一物；意用于治民，即治民为一物；意用于读书，即读书为一物；意用于听讼，即听讼为一物。凡意之所用[2]，无有无物者，有是意即有是物，无是意即无是物矣。物非意之用乎？"格"字之义，有以"至"字之训者，如"格于文祖""有苗来格"，是以"至"训者也。然"格于文祖"，必纯孝诚敬，幽明之间，无一不得其理，而后谓之"格"；有苗之顽，实以文德诞敷而后格，则亦兼有"正"字之义在其间，未可专以"至"字尽之也。如"格其非心""大臣格君心之非"之类，是则一皆"正其不正以归于正"之义，而不可以"至"字为训矣。且《大学》"格物"之训，又安知其不以"正"字为训，而必以"至"字为义乎？如以"至"字为义者，必曰"穷至事物之理"，而后其说始通。是其用功之要，全在一"穷"字，用力之地全在一"理"字也。若上去一"穷"[3]、下去一"理"字，而直曰"致知在至物"，其可通乎？夫"穷理尽性"，圣人之成训，见于《系辞》者也。苟"格物"之说而果即"穷理"之义[4]，则圣人何不直曰"致知在穷理"，而必为此转折不完之语，以启后世之弊邪？盖《大学》格物之说，自与《系辞》穷理大旨虽同，而微有分辨。"穷理"者，兼格致诚正而为功也，故言"穷理"，则格致诚正之功皆在其中；言"格物"，则必兼举致知、诚意、正心，而后其功始备而密。今偏举"格物"而遂谓之"穷理"，此所以专以"穷理"属"知"，而谓"格物"未尝[5]有行，非惟不得格物之旨，并穷理之义而失之矣。此后世之学所以析知、行为先后两截，日以支离决裂，而圣学益以残晦者，其端实始于此。吾子盖亦未免承沿积习见[6]，则以为“于道未相吻合”[7]，不为过矣。

注释

❶“告”，施本作“语”。

❷“用”，施本、早稻田本作“在”。

❸“穷”，施本、早稻田本、东研所本作“穷字”。

❹“义”，施本作“善”。

❺“未尝”，丛刊本、四部备要本、世界书局本、《全集》作“未常”。

❻陈本、早稻田本、东研所本“见”字在“则”字后，作“则见以为于道未相吻合”。

❼“未相吻合”，四部备要本作“未尽深意”。

导读

在这段回信中，王阳明严格区分了“意”与“诚意”“知”与“致知”“物”与“格物”。在分疏中，始终贯穿着他的知行合一宗旨。有其意但未实行其意，则不是诚意；有其知但未把知实行，则不能称之为“致知”；应接各种事物，如未能把良知推行到这些事物上，使事物各当其理，则不能谓之格物。格物则良知得以呈现，意念始真诚。阳明在这点的分疏十分重要。可参看第3、129、317条。

原文

【138】来书云：“谓致知之功将如何为温凊[1]？如何为奉养？即是‘诚意’，非别有所谓‘格物’，此亦恐非。”

此乃吾子自以己意揣度鄙见而为是说，非鄙人之所以告吾子者矣。若果如吾子之言，宁复有可通乎？盖鄙人之见，则谓意欲温凊、意欲奉养者，所谓“意”也，而未可谓之“诚意”。必实行其[2]温凊奉养之意，务求自慊而无自欺，然后谓之“诚意”。知如何而为温清之节,知如何而为奉养之宜者,所谓"知"也,而未可谓之"致知"。必致其知如何为温凊之节者之知,而实以之温凊;致其知如何为奉养之宜者之知,而实以之奉养,然后谓之"致知"。温凊之事,奉养之事,所谓"物"也,而未可谓之"格物"。必其于温凊之事也,一如其良知之所知,当如何为温凊之节者而为之,无一毫之不尽;于奉养之事也,一如其良知之所知,当如何为奉养之宜者而为之,无一毫之不尽,然后谓之"格物"。温凊之物格,然后知温凊之良知始致;奉养之物格,然后知奉养之良知始致。故曰"物格而后知至"。致其知温凊之良知,而后温凊之意始诚,致其知奉养之良知,而后奉养之意始诚。故曰"知至而后意诚"。此区区"诚意、致知、格物"之说盖如此。吾子更熟思之,将亦无可疑者矣。

注释

❶ "凊",早稻田本作"清",下同。

❷ "其",施本、早稻田本作"欲"。

导读

王阳明在此阐明了良知与变常之事的本末问题。在他看来,良知即道之大端,易于明白,纵然明白此良知人皆有之,却不能致其良知,后世学者往往蔽于此。良知是根本,犹如规矩与尺度,凡事只要循于良知,则本立道生,万事无不顺畅。因此致良知必在于行,致良知实际上正好体现了知行合一。至于舜之不告而娶,武之不葬而兴师等,均不过是致其良知的具体不同体现。如不知良知本体而求诸事端之末,以为标本或榜样,则反而失却了古人致知之学的真实意蕴。可参看第109、271、289条。

原文

【139】来书云:"道之大端,易于明白,所谓'良知良能,愚夫愚妇可与及者'。至于节目时变之详,毫厘千里之谬,必待学而后知。

今语孝于温凊定省,孰不知之?至于舜之不告而娶[1],武之不葬而兴师,养志养口[2],小杖大杖[3],割股[4]庐墓[5]等事,处常处变,过与不及之间,必须讨论是非,以为制事之本,然后心体无蔽,临事无失。”

“道之大端易于明白”,此语诚然。顾后之学者,忽其易于明白者而弗由,而求其难于明白者以为学,此其所以“道在迩而求诸远,事在易而求诸难”也。孟子云:“夫道若大路然,岂难知哉?人病不由耳!”良知良能,愚夫愚妇与圣人同。但惟圣人能致其良知,而愚夫愚妇不能致,此圣愚之所由分也。节目时变,圣人夫岂不知?但不专以此为学。而其所谓学者,正惟致其良知,以精察此心之天理,而与后世之学不同耳。吾子未暇良知之致,而汲汲焉顾是之忧,此正求其难于明白者以为学之蔽也。夫良知之于节目时变,犹规矩尺度之于方圆长短也。节目时变之不可预定,犹方圆长短之不可胜穷也。故规矩诚立,则不可欺以方圆,而天下之方圆不可胜用矣;尺度诚陈,则不可欺以长短,而天下之长短不可胜用矣;良知诚致,则不可欺以节目时变,而天下之节目时变不可胜应矣。毫厘千里之谬,不于吾心良知一念之微而察之,亦将何所用其学乎?是不以规矩而欲定天下之方圆,不以尺度而欲尽天下之长短,吾见其乖张谬戾,日劳而无成也已。吾子谓“语孝于温凊定省,孰不知之”,然而能致其知者鲜矣。若谓粗知温凊定省之仪节,而遂谓之能致其知,则凡知君之当仁者,皆可谓之能致其仁之知,知臣之当忠者,皆可谓之能致其忠之知,则天下孰非致知者邪[6]?以是而言,可以知致知之必在于行,而不行之不可以为致知也明矣。知行合一之体,不益较然矣乎?夫舜之不告而娶,岂舜之前已有不告而娶者为之准则,故舜得以考之何典,问诸何人,而为此邪?抑亦求诸其心一念之良知,权轻重之宜,不得已而为此邪?武之不葬而兴师,岂武之前已有不葬而兴师者为之准则,故武得以考之何典,问诸何人,而为此邪?抑亦求诸其心一念之良知,权轻重之宜,不得已而为此邪？使舜之心而非诚于为无后，武之心而非诚于为救民，则其不告而娶与不葬而兴师，乃不孝不忠之大者。而后之人不务致其良知，以精察义理于此心感应酬酢之间，顾欲悬空讨论此等变常之事，执之以为制事之本，以求临事之无失，其亦远矣。其余数端，皆可类推，则古人致知之学，从可知矣。

注释

❶ 语出《孟子·万章上》：万章问曰："诗云：'娶妻如之何？必告父母。'信斯言也，宜莫如舜。舜之不告而娶，何也？"孟子曰："告则不得娶。男女居室，人之大伦也。如告，则废人之大伦，以怼父母，是以不告也。"

❷ 语出《孟子·离娄上》："曾子养曾皙，必有酒肉。将彻，必请所与。问有余，必曰'有'。曾皙死，曾元养曾子，必有酒肉。将彻，不请所与。问有余，曰'亡矣'。将以复进也。此所谓养口体者也。若曾子，则可谓养志也。事亲若曾子者，可也。"

❸ 语出《孔子家语·六本篇》：曾子耘瓜，误斩其根。曾皙怒建大杖以击其背，曾子仆地而不知人，久之有顷，乃苏，欣然而起，进于曾皙曰："向也参得罪于大人，大人用力教，参得无疾乎。"退而就房，援琴而歌，欲令曾皙而闻之，知其体康也。孔子闻之而怒，告门弟子曰："参来勿内。"曾参自以为无罪，使人请于孔子。子曰："汝不闻乎，昔瞽瞍有子曰舜，舜之事瞽瞍，欲使之未尝不在于侧，索而杀之，未尝可得，小棰则待过，大杖则逃走，故瞽瞍不犯不父之罪，而舜不失烝烝之孝，今参事父委身以待暴怒，殪而不避，殪死既身死而陷父于不义，其不孝孰大焉？"

❹ 割股，古时候孝子割下自身股肉以奉养父母的故事，陈荣捷先生考证甚详。

❺ 庐墓，古人于父母或师长死后，服丧期间在墓旁搭盖小屋居住，守护坟墓，谓之庐墓。

❻ 本段中的"邪"，施本均作"耶"。

导读

在这段回信中，王阳明针对顾东桥的怀疑进行了分析。知识与良知的关系在宋儒那里主要表现为见闻之知与德性之知的关系。阳明认为孔子的多闻多见非以立教，而是因人施教。闻见之知乃知之次，良知才是本体之知，致良知是孔子的一以贯之之道。至于“前言往行”“好古敏求”等看似向外探求知识于事为之际的各种表述，在阳明看来，皆不过将本心良知推至事事物物而已，本质是致良知功夫，体现了知行合一的宗旨。可参看第30、113、141条。

原文

【140】来书云：“谓《大学》‘格物’之说专求本心，犹可牵合；至于《六经》《四书》所载‘多闻多见’‘前言往行’‘好古敏求’‘博学审问’‘温故知新’‘博学详说’‘好问好察’，是皆明白求于事为之际，资于论说之间者，用功节目固不容紊矣。”

“格物”之义，前已详悉；牵合之疑，想已不俟复解矣。至于“多闻多见”，乃孔子因子张之务外好高，徒欲以多闻多见为学，而不能求诸其心，以阙疑殆，此其言行所以不免于尤悔，而所谓见闻者，适以资其务外好高而已。盖所以救子张多闻多见之病，而非以是教之为学也。夫子尝曰：“盖有不知而作之者，我无是也。”是犹孟子“是非之心，人皆有之”之义也。此言正所以明德性之良知，非由于闻见耳。若曰“多闻择其善者而从之，多见而识之”，则是专求诸见闻之末，而已落在第二义矣，故曰“知之次也”。夫以见闻之知为次，则所谓知之上者，果安所指乎？是可以窥圣门致知用力之地矣。夫子谓子贡曰：“赐也，汝以予为多学而识之者欤？非也，予一以贯之。”使诚在于“多学而识”，则夫子胡乃谬为是说，以欺子贡者邪？“一以贯之”，非致其良知而何？《易》曰：“君子多识前言往行，以畜其德。"夫以畜其德为心,则凡多识前言往行者,孰非畜德之事?此正知行合一之功矣。"好古敏求"者,好古人之学,而敏求此心之理耳。心即理也;学者,学此心也;求者,求此心也。孟子云:"学问之道无他,求其放心而已矣。"非若后世广记博诵古人之言词,以为好古,而汲汲然惟以求功名利达之具于其外者也。"博学审问",前言已尽。"温故知新",朱子亦以"温故"属之"尊德性"矣。德性岂可以外求哉?惟夫"知新"必由于"温故",而"温故"乃所[1]以"知新",则亦可以验知行之非两节矣。"博学而详说之者,将以反说约也。"若无"反约"之云,则"博学详说"者,果何事邪?舜之"好问好察",惟以用中而致其精一于道心耳。道心者,良知之谓也。君子之学,何尝离去事为而废论说?但其从事于事为论说者,要皆知行合一之功,正所以致其本心之良知,而非若世之徒事口耳谈说以为知者,分知行为两事,而果有节目先后之可言也。

注释

❶"所",施本、早稻田本、东研所本作"可"。

导读

王阳明再次讲明良知与知识的关系与地位问题。他认为,古今事变之中,仍然有一个本体在,此本体即是良知,亦即义理。圣人生而知之,乃谓知义理,是就本体良知而言,非谓知具体的礼乐名物知识技能。圣人之下的"学而知之""困而知之"均谓之义理,而后世学者往往追求礼乐名物之类的知识技能,这是本末倒置的做法。可参看第30、113、140条。

原文

【141】来书云:"杨、墨之为仁义,乡愿之辞忠信,尧、舜、子之之禅让,汤、武、楚项之放伐,周公、莽、操之摄辅,谩无印正,又焉适从?且于古今事变,礼乐名物,未尝考识,使国家欲兴明堂[1],建辟

雍[2]，制历律，草封禅，又将何所致其用乎？故《论语》曰'生而知之'者，义理耳。若夫礼乐名物，古今事变，亦必待学而后有以验其行事之实。此则可谓定论矣。"

所喻杨、墨、乡愿、尧、舜、子之、汤、武、楚项、周公、莽、操之辨，与前舜、武之论，大略可以类推。古今事变之疑，前于良知之说，已有规矩尺度之喻，当亦无俟多赘矣。至于明堂、辟雍诸事，似尚未容于无言者。然其说甚长，姑就吾子之言而取正焉，则吾子之惑将亦可少释矣。夫明堂、辟雍之制，始见于吕氏之《月令》、汉儒之训疏，《六经》《四书》之中，未尝详及也。岂吕氏、汉儒之知，乃贤于三代之贤圣乎？齐宣之时，明堂尚有未毁，则幽、厉之世，周之明堂皆无恙也。尧、舜茅茨土阶，明堂之制未必备，而不害其为治；幽、厉之明堂，固犹文、武、成、康之旧，而无救于其乱，何邪[3]？岂能"以不忍人之心，而行不忍人之政"，则虽茅茨土阶，固亦明堂也，以幽、厉之心，而行幽、厉之政，则虽明堂，亦暴政所自出之地邪？武帝肇讲于汉，而武后盛作于唐，其治乱何如邪？天子之学曰辟雍，诸侯之学曰泮宫，皆象地形而为之名耳。然三代之学，其要皆所以明人伦，非以辟不辟、泮不泮为重轻也。孔子云："人而不仁，如礼何！人而不仁，如乐何！"制礼作乐，必具中和之德，声为律而身为度者，然后可以语此。若夫器数之末，乐工之事，祝史之守。故曾子曰："君子所贵乎道者三。笾豆之事，则有司存也。"尧命羲和，"钦若昊天，历象日月星辰"，其重在于"敬授人时"也。舜在璇玑玉衡，其重在于"以齐七政"也。是皆[4]汲汲然以仁民之心而行其养民之政，治历明时之本，固在于此也。羲和历数之学，皋、契未必能之也，禹、稷未必能之也，尧、舜之知而不遍物，虽尧、舜亦未必能之也。然至于今，循羲和之法而世修之，虽曲知小慧之人，星术浅陋之士，亦能推步占候[5]而无所忒。则是后世曲知小慧之人，反贤于禹、稷、尧、舜者邪？"封禅"之说，尤为不经，是乃后世佞人谀士，所以求媚于其上,倡为夸侈,以荡君心,而靡国费。盖欺天罔人,无耻之大者,君子之所不道,司马相如之所以见讥于天下后世也。吾子乃以是为儒者所宜学,殆亦未之思邪?夫圣人之所以为圣者,以其生而知之也。而释《论语》者曰:"生而知之者,义理耳。若夫礼乐名物,古今事变,亦必待学而后有以验其行事之实。"夫礼乐名物之类,果有关于作圣之功也,而圣人亦必待学而后能知焉,则是圣人亦不可以谓之生知矣!谓圣人为生知者,专指义理而言,而不以礼乐名物之类,则是礼乐名物之类无关于作圣之功矣。圣人之所以谓之生知者,专指义理而不以礼乐名物之类,则是学而知之者,亦惟当学知此义理而已。困而知之者,亦惟当困知此义理而已。今学者之学圣人,于圣人之所能知者,未能"学而知之",而顾汲汲焉求知圣人之所不能知者以为学,无乃失其所以希圣之方欤?凡此皆就吾子之所惑者,而稍为之分释,未及乎"拔本塞源"之论也。

注释

❶ 明堂,古代天子祭祀、朝见诸侯、宣明政教之处。

❷ 辟雍,亦作"璧雍",是古代天子为教育贵族子弟设立的大学。

❸ 本段中"邪",施本均作"耶"。

❹ "皆",施本作"在"。

❺ "候",丛刊本作"侯",疑误。

导读

何谓"拔本塞源"之论?王阳明认为圣人之学强调心与宇宙万物一体,去其私欲蔽障,恢复心体的共同本来面目。圣人之学的具体纲领体现为五种伦常秩序,一脉相传之教法则是"人心惟危,道心惟微,惟精惟一,允执厥中"。阳明在这里未言及"人心",主要是避免将"人心""道心"分为二。在他看来,天下之人心与圣人无异,只是一个道心,受物欲蔽障,方人各有心。因此,尽管分工各不相同,每人所具有的知识技能亦不一样,但心之本体则未尝相异,圣人之学非传授知识技能,而是复共同的心之本体。

原文

【142】夫"拔本塞源"之论不明于天下,则天下之学圣人者,将日繁日难,斯人沦[1]于禽兽夷狄,而犹自以为圣人之学。吾之说虽或暂明于一时,终将冻解于西而冰坚于东,雾释于前而云滃于后,呶呶焉危困以死,而卒无救于天下之分毫也已[2]!夫圣人之心,以天地万物为一体,其视天下之人,无外内远近,凡有血气,皆其昆弟赤子之亲,莫不欲安全而教养之,以遂其万物一体之念。天下之人心,其始亦非有异于圣人也,特其间于有我之私,隔于物欲之蔽,大者以小,通者以塞,人各有心,至有视其父、子、兄、弟如仇雠者。圣人有忧之,是以推其天地万物一体之仁,以教天下,使之皆有以克其私,去其蔽,以复其心体之同然。其教之大端,则尧、舜、禹之相授受,所谓"道心惟微,惟精惟一,允执厥中"。而其节目,则舜之命契,所谓"父子有亲,君臣有义,夫妇有别,长幼有序,朋友有信"五者而已。唐、虞、三代之世,教者惟以此为教,而学者惟以此为学。当是之时,人无异见,家无异习,安此者谓之圣,勉此者谓之贤,而背此者,虽其启明如朱[3],亦谓之不肖。下至闾井田野,农工商贾之贱,莫不皆有是学,而惟以成其德行为务。何者?无有闻见之杂,记诵之烦,辞章之靡滥,功利之驰逐,而但使孝其亲,弟其长,信其朋友,以复其心体之同然。是盖性分之所固有,而非有假于外者,则人亦孰不能之乎?学校之中,惟以成德为事,而才能之异,或有长于礼乐,长于政教,长于水土播植者,则就其成德,而因使益精其能于学校之中。迨夫举德而任,则使之终身居其职而不易。用之者惟知同心一德,以共安天下之民,视才之称否,而不以崇卑为轻重,劳逸为美恶;效用者亦惟知同心一德,以共安天下之民,苟当其

能，则终身处于烦剧而不以为劳，安于卑琐而不以为贱。当是之时，天下之人熙熙皞皞[4]，皆相视如一家之亲。其才质之下者，则安其农工商贾之分，各勤其业，以相生相养，而无有乎希高慕外之心。其才能之异，若皋、夔、稷、契者，则出而各效其能。若一家之务，或营其衣食，或通其有无，或备其器用，集谋并力，以求遂其仰事俯育之愿，惟恐当其事者之或怠而重己之累也。故稷勤其稼，而不耻其不知教，视契之善教，即己之善教也；夔司其乐，而不耻于不明礼，视夷之通礼，即己之通礼也。盖其心学纯明，而有以全其万物一体之仁，故其精神流贯，志气通达，而无有乎人己之分，物我之间。譬之一人之身，目视、耳听、手持、足行，以济一身之用，目不耻其无聪，而耳之所涉，目必营焉；足不耻其无执，而手之所探，足必前焉。盖其元气充周，血脉条畅，是以痒疴呼吸，感触神应，有不言而喻之妙。此圣人之学所以至易至简，易知易从，学易能而才易成者，正以大端惟在复心体之同然，而知识技能非所与论也。

注释

❶ “沦”，施本、早稻田本、东研所本作“入”。

❷ “也已”，施本、早稻田本、东研所本作“也”。

❸ 启明如朱，语出《尚书·尧典》：“帝曰：‘畴咨若时登庸？’放齐曰：‘胤子朱启明。’帝曰：‘吁！嚚讼可乎？’”这段话大意是说：尧问群臣：“谁能顺天时成就功业？”意即谁能继承天子之位。放齐说：“嗣子丹朱很开明。”尧说：“哎，他言论荒谬，又好争论，怎么可以呢？”孟子据此发论：“丹朱之不肖。”又说：“若尧崩之后，不从尧之子而从舜也。”（《孟子·万章上》）

❹ 熙熙皞皞（hàohào），光明祥和的样子。

导读

书信最后一段，王阳明激烈地抨击孔孟圣学之后，世人专言功利霸术,以满足一己之私的现象。世人均以知识、势位、名利、技能相倾轧,侵蚀本心,忘却圣人之学。最后阳明自呈自己所倡导的发明本心的良知之学,天理不可泯,是拔本塞源之论。真正明白良知即天理,有志于圣学者应愤然而起,勇往直前。

原文

【143】三代之衰,王道熄而霸术焻;孔、孟既没,圣学晦而邪说横:教者不复以此为教,而学者不复以此为学。霸者之徒,窃取先王之近似者,假之于外,以内济其私己之欲,天下靡然而[1]宗之,圣人之道遂以芜塞,相仿相效,日求所以富强之说,倾诈之谋,攻伐之计,一切欺天罔人,苟一时之得,以猎取声利之术,若管、商、苏、张之属者,至不可名数。既其久也,斗争劫夺,不胜其祸,斯人沦于禽兽夷狄,而霸术亦有所不能行矣。世之儒者,慨然悲伤,搜猎先圣王之典章法制,而掇拾修补于煨烬之余,盖其为心,良亦欲以挽回先王之道。圣学既远,霸术之传,积渍已深,虽在贤知,皆不免于习染,其所以讲明修饰,以求宣畅光复于世者,仅足以增霸者之藩篱,而圣学之门墙,遂不复可睹。于是乎有训诂之学,而传之以为名;有记诵之学,而言之以为博;有词章之学,而侈之以为丽。若是者,纷纷籍籍,群起角立于天下,又不知其几家,万径千蹊,莫知所适。世之学者,如入百戏之场,讙谑跳踉,骋奇斗巧,献笑争妍者,四面而竞出,前瞻后盼,应接不遑,而耳目眩瞀,精神恍惑,日夜遨游,淹息其间,如病狂丧心之人,莫自知其家业之所归。时君世主亦皆昏迷颠倒于其说,而终身从事于无用之虚文,莫自知其所谓。间有觉其空疏谬妄,支离牵滞,而卓然自奋,欲以见诸行事之实者,极其所抵,亦不过为富强功利五霸之事业而止。圣人之学日远日晦,而功利之习愈趋愈下。其间虽尝瞽惑于佛、老,而佛、老之说卒亦未能有以胜其功利之心;虽又尝折衷于群儒,而群儒之论终亦未能有以破其功利之见。盖至于今,功利之毒沦浃于人之心髓而习以成性

也,几千年矣。相矜以知,相轧以势,相争以利,相高以技能,相取以声誉。其出而仕也,理钱谷者则欲兼夫兵刑,典礼乐者又欲与于铨轴,处郡县则思藩臬之高,居台谏则望宰执之要。故不能其事,则不得以兼其官;不通其说,则不可以要其誉;记诵之广,适以长其傲[2]也;知识之多,适以行其恶也;闻见之博,适以肆其辨也;辞章之富,适以饰其伪也。是以皋、夔、稷、契所不能兼之事,而今之初学小生皆欲通其说,究其术。其称名借[3]号,未尝不曰吾欲以共成天下之务;而其诚心实意之所在,以为不如是则无以济其私而满其欲也。呜呼!以若是之积染,以若是之心志,而又讲之以若是之学术,宜其闻吾圣人之教,而视之以为赘疣枘凿,则其以良知为未足,而谓圣人之学为无所用,亦其势有所必至矣!呜呼!士生斯世,而尚何以求圣人之学乎!尚何以论圣人之学乎!士生斯世,而欲以为学者,不亦劳苦而繁难乎!不亦拘滞而险艰乎!呜呼!可悲也已!所幸天理之在人心,终有所不可泯,而良知之明,万古一日,则其闻吾拔本塞源之论,必有恻然而悲,戚然而痛,愤然而起,沛然若决江河,而有所不可御者矣!非夫豪杰之士,无所待而兴起[4]者,吾谁与望乎?

注释

❶“而”,施本、早稻田本、东研所本均无。

❷“傲”,四部备要本、陈本、《全集》作“敖”,丛刊本、世界书局本作“教”。

❸“借”,《全集》、四部备要本作“僭”。

❹“兴起”,施本、早稻田本、东研所本作“兴”。

启问道通书[1]

导读

在与周道通的这封信开头部分，王阳明首先强调立志的重要性，立志真切，自去体会本心的良知，则无困忘之病。可参看第16、53、115、144、260条。

原文

【144】吴、曾两生至，备道道通恳切为道之意，殊慰相念！若道通，真可谓笃信好学者矣。忧病中会[2]，不能与两生细论，然两生亦自有[3]志向肯用功者，每见辄觉有进，在区区诚不能无负于两生之远来，在两生则亦庶几无负其远来之意矣。临别，以此册致道通意，请书数语，荒愦无可言者，辄以道通来书中所问数节，略下转语奉酬。草草殊不详细，两生当亦自能口悉也。

来书云："日用工夫只是'立志'，近来于先生诲言时时体验[4]，愈益明白。然于朋友不能一时相离。若得[5]朋友讲习，则此志[6]才精健阔大，才有生意。若三五日不得朋友相讲，便觉微弱，遇事便会困，亦时会忘。乃今无朋友相讲之日，还只静坐，或看书，或游衍经行[7]，凡寓目措身，悉取以培养此志，颇觉意思和适。然终不如朋友讲聚，精神流动[8]，生意更多也。离群索居之人，当更有何法以处之？"

此段足验道通日用工夫所得，工夫大略亦只是如此用，只要无间断，到得纯熟后，意思又自[9]不同矣。大抵吾人为学，紧要大头脑，只是"立志"，所谓"困忘"之病，亦只是志欠真切。今好色之人，未尝病于困忘，只是一真切耳。自家痛痒，自家须会知得，自家须会搔摩得。既自知得痛痒，自家须不能不搔摩得。佛家谓之"方便法门”,须是自家调停斟酌,他人总难与力,亦更无别法可设也。

注释

❶ 施本作“答周道通书其一甲申”。道通,即周冲,字道通,号静庵,江苏宜兴人。先师从王阳明,后师从湛若水,能够协调王、湛两家的学说。

❷ “会”,施本、早稻田本、东研所本作“曾”。

❸ “自有”,施本、早稻田本、东研所本作“有”。

❹ “时时体验”,施本、早稻田本、东研所本无此四字。

❺ “于朋友不能一时相离。若得”,施本、早稻田本、东研所本作“须”。

❻ “志”,施本、早稻田本、东研所本作“意”。

❼ “游衍经行”,施本、早稻田本、东研所本作“行动”。

❽ “朋友讲聚,精神流动”,施本、早稻田本、东研所本作“讲学时”。

❾ “自”,施本、早稻田本、东研所本作“是”。

导读

关于“必有事焉”与“何思何虑”的区别。阳明认为“何思何虑”非无思无虑,仍然只是思天理,复其本体,这是学者应努力的功夫,而不是达到的结果,故阳明反对将之看作效验。可参看第169条。

原文

【145】来书云:“上蔡[1]尝问:‘天下何思何虑?’伊川云:‘有此理,只是发得太早。’在学者工夫,固是‘必有事焉而勿忘’,然亦须识得‘何思何虑’底气象,一并看为是。若不识得这气象,便有‘正’与‘助长’之病。若认得‘何思何虑’,而忘‘必有事焉’工夫,恐又堕于‘无’也。须是不滞于‘有’,不堕于‘无’。然乎?否也?”

所论亦相去不远矣,只是契悟未尽。上蔡之问与伊川之答,亦只是上蔡、伊川之意,与孔子《系辞》原旨稍有不同。《系》言“何思何虑”,是言所思所虑只是一个天理,更无别思别虑耳,非谓无思无虑也,故曰“同归而殊途,一致而百虑,天下何思何虑”。云“殊途”,云“百虑”,则岂谓无思无虑邪?心之本体即是天理,天理[2]只是一个,更有何可思虑得?天理原自寂然不动,原自感而遂通,学者用功,虽千思万虑,只是[3]要复他本来体用而已,不是以私意去安排思索出来。故明道云:“君子之学,莫若廓然而大公,物来而顺应。”若以私意去安排思索,便是用智自私矣。“何思何虑”正是工夫,在圣人分上便是自然的,在学者分上便是勉然的。伊川却是把作效验看了,所以有“发得太早”之说。既而云“却好用功”,则已自觉其前言之有未尽矣。濂溪“主静”之论,亦是此意。今道通之言,虽已不为无见,然亦未免尚有两事也。

注释

❶ 上蔡,即谢良佐(1050—1103),字显道,河南上蔡人,世称上蔡先生,为程门四大弟子之一。

❷ 施本、早稻田本、东研所本无“天理”二字。

❸ “只是”,施本作“只”。

导读

王阳明认为体认圣人气象的说法欠妥。既然自己良知与圣人一般,因此,只要就自己良知上体认,则圣人气象不在圣人而在我。所谓“心通于道”,亦是良知即本心。

原文

【146】来书云:“凡学者才晓得做工夫,便要识认得圣人气象。盖认得圣人气象,把做准的,乃就实地做工夫去,才不会差,才是作圣工夫。未知是否?”

“先认圣人气象”，昔人尝有是言矣，然亦欠有头脑。圣人气象自是圣人的，我从何处识认？若不就自己良知上真切体认，如以无星之称而权轻重，未开之镜而照妍媸，真所谓以小人之腹而度君子之心矣。圣人气象何由认得？自己良知原与圣人一般，若体认得自己良知明白，即圣人气象不在圣人而在我矣。程子尝云：“觑着尧学他行事，无他许多聪明睿智，安能如彼之动容周旋中礼？”又云：“心通于道，然后能辨是非。”今且说通于道在何处？聪明睿智从何处出来？

导读

王阳明力主修养功夫贵在持之以恒，不管有事无事都能做到孟子所谓的“必有事焉”。遇事之际，只是以良知应之，即致良知而已。

原文

【147】来书云：“事上磨炼，一日之内，不管有事无事，只一意培养本原。若遇事来感，或自己有感，心上既有觉，安可谓无事？但因事凝心一会，大段觉得事理当如此，只如无事处之，尽吾心而已。然乃有处得善与未善，何也？又或事来得多，须要次第与处，每因才力不足，辄为所困，虽极力扶起，而精神已觉衰弱。遇此未免要十分退省[1]，宁不了事，不可不加培养。如何？”

所说工夫，就道通分上，也只是如此用，然未免有出入。在凡人为学，终身只为这一事，自少至老，自朝至暮，不论有事无事，只是做得这一件，所谓“必有事焉”者也。若说“宁不了事，不可不加培养”，却是尚为两事也。“必有事焉而勿忘勿助”，事物之来，但尽吾心之良知以应之，所谓“忠恕违道不远”矣。凡处得有善有未善，及有困顿失次之患者，皆是牵于毁誉得丧，不能实致其良知耳。若能实致其良知，然后见得平日所谓善者未必是善，所谓未善者，却恐正是牵于毁誉得丧，自贼其良知者也。

注释

❶ 退省，意为退下来反省。语出《论语·为政》："吾与回言终日，不违如愚。退而省其私，亦足以发。回也不愚。"

导读

致知功夫必定要通过格物来实现，否则致良知会陷入无从下手的境地。可参见第8、317条。

原文

【148】来书云："致知之说，春间再承诲益，已颇知用力，觉得比旧尤为简易。但鄙心则谓与初学言之，还须带'格物'意思，使之知下手处。本来'致知格物'一并下，但在初学，未知下手用功，还说与'格物'，方晓得'致知'。"云云。

"格物"是"致知"工夫，知得"致知"，便已知得"格物"。若是未知"格物"，则是"致知"工夫亦未尝知也。近有一书与友人论此颇悉，今往一通，细观之，当自见矣。

导读

王阳明十分赞同周道通的这番论述，也主张不去议论先儒是非，只就自己心体上用功，用那些议论来警惕自己，所谓"攻吾之短者是吾师"。

原文

【149】来书云："今之为朱、陆之辩者尚未已，每对朋友言正学不明已久，且不须枉费心力为朱、陆争是非，只依先生'立志'二字点化人。若其人果能辨得此志来，决意要知此学，已是大段明白了，朱、陆虽不辩，彼自能觉得。又尝见朋友中，见有人议先生之言

者,辄为动气。昔在朱、陆二先生所以遗后世纷纷之议者,亦见二先生工夫有未纯熟,分明亦有动气之病,若明道则无此矣。观其与吴涉礼[1]论介甫[2]之学,云:'为我尽达诸介甫,不有益于他[3],必有益于我也。'气象何等从容!尝见先生与人书中亦引此言,愿朋友皆如此,如何?"

此节议论得极是极是,愿道通遍以告于同志,各自且论自己是非,莫论朱、陆是非也。以言语谤人,其谤浅;若自己不能身体实践,而徒入耳出口,呶呶度日,是以身谤也,其谤深矣。凡今天下之论议我者,苟能取以为善,皆是砥砺切磋我也,则在我无非警惕修省进德之地矣。昔人谓"攻吾之短者是吾师"[4],师又可恶乎?

注释

❶ 吴涉礼,据陈荣捷先生考证,"涉"为"师"之误。吴师礼,字安仲,杭州人,工翰墨,历官员外郎。

❷ 介甫,即王安石(1021—1086),字介甫,号半山,抚州临川(今江西抚州)人,北宋文学家、政治家。神宗时为相,曾推行变法。

❸ "他",施本、早稻田本、东研所本作"彼"。

❹ 语出《荀子·修身篇》:"故非我而当者,吾师也;是我而当者,吾友也;谄谀我者,吾贼也。"

导读

针对学生关于宋儒论性、气关系的疑惑,王阳明认为生即是气,气即是性。"人生而静以上不容说",犹孟子之性善从本原上说。但现实可见性善之端,却必须通过气来彰显。既了解本原之性,又洞明现实中性善呈现的条件,则气与性本无二。可参看第334条。

原文

【150】来书云:"有引程子'人生而静以上不容说,才说性,便已

不是性’,何故不容说?何故不是性?晦庵答云:‘不容说者,未有性之可言;不是性者,已不能无气质之杂矣。’二先生之言皆未能晓,每看书至此,辄为一惑,请问。”

“生之谓性”,“生”字即是“气”字,犹言“气即是性”也。气即是性,“人生而静以上不容说”,才说“气即是性”,即已落在一边,不是性之本原矣。孟子“性善”,是从本原上说。然性善之端,须在气上始见得,若无气亦无可见矣。恻隐、羞恶、辞让、是非即是气。程子谓“论性不论气,不备;论气不论性,不明”,亦是为学者各认一边,只得如此说。若见得自性明白时,气即是性,性即是气,原无性、气之可分也。

答陆原静书

导读

陆澄多次问及心体宁静的问题。在阳明看来,照心即本心,良知本体无所谓动静,或曰恒动恒静,扩充流行于天地万物,因而天地生生不息。妄心则是心所发之意起私念,故动,常陷入逐物,然本体却未曾失,只是未明。王阳明认为只有识得心体本身宁静,则不须另外去有意求宁静。可参看第28、160、162条。

原文

【151】来书云:“下手工夫,觉此心无时宁静。妄心固动也,照心亦动也;心既恒动,则无刻暂停也。”

是有意于求宁静,是以愈不宁静耳。夫妄心则动也,照心非动也;恒照则恒动恒静,天地之所以恒久而不已也。照心固照也,妄心亦照也;其为物不贰,则其生物不息,有刻暂停则息矣,非“至诚无息”之学矣。

导读

王阳明认为良知乃心之本体,无所谓起或不起,恒常存在,本自澄明,关键在于人的涵养和省察,而不是放失和遮蔽。可参看第48条。

原文

【152】来书云"良知亦有起处"云云。

此或听之未审。良知者,心之本体,即前所谓恒照者也。心之本体,无起无不起,虽妄念之发,而良知未尝不在,但人不知存,则有时而或放耳;虽昏塞之极,而良知未尝不明,但人不知察,则有时而或蔽耳。虽有时而或放,其体实未尝不在也,存之而已耳;虽有时而或蔽,其体实未尝不明也,察之而已耳。若谓良知亦有起处,则是有时而不在也,非其本体之谓矣[1]。

注释

[1]"矣",施本、早稻田本作"耳"。

导读

理气关系是宋儒探讨的重要话题,王阳明区分"精一"之"精"与"精神"之"精",分别理解为"理"与"气"。理是气运用之主导,而气是理呈现的条件。两者实不可分,圣学功夫也只是现实生活中求精一。

原文

【153】来书云:"前日'精一'之论,即作圣之功否?"[1]"精一"之"精"以理言,"精神"之"精"以气言。理者,气之条理,气者,理之运用。无条理则不能运用;无运用则亦无以见其所谓[2]条理者矣。精则精,精则明,精则一,精则神,精则诚;一则精,一则明,一则神,一则诚:原非有二事也。后世儒者之说与养生之说,各滞于一偏,是以不相为用。前日"精一"之论[3],虽为原静爱养精神而发,然而

作圣之功实亦不外是矣。

注释

❶ 此句陈本据王贻乐编《王阳明先生全集》补，诸本均无。

❷ "谓"，施本、早稻田本、东研所本作"为"。

❸ "论"，施本、早稻田本、东研所本作"谕"。

导读

良知本体无形象方所，从其体用的不同表现状态，可以得出各种称谓名称。

原文

【154】来书云"元神、元气、元精，必各有寄藏发生之处，又有真阴之精、真阳之气"云云。

夫良知一也，以其妙用而言谓之神，以其流行而言谓之气，以其凝聚而言谓之精，安可形象方所求哉？真阴之精，即真阳之气之母；真阳之气，即真阴之精之父；阴根阳，阳根阴，亦非有二也。苟吾良知之说明，即凡若此类，皆可以不言而喻。不然，则如来书所云"三关、七返、九还"之属，尚有无穷可疑者也。

又

导读

性善的基础原只是一个良知，良知人人皆同，然为物欲遮蔽，故必须为学以去蔽。

原文

【155】来书云："良知，心之本体，即所谓性善也，未❶发之中也，

寂然不动之体也，廓然大公也。何[2]常人皆不能，而必待于学邪？中也，寂也，公也，既以属心之体，则良知是矣。今验之于心，知无不良，而中、寂、大公实未有也，岂良知复超然于体用之外乎？"

性无不善，故知无不良。良知即是未发之中，即是廓然大公，寂然不动之本体，人[3]之所同具者也。但不能不昏蔽于物欲，故须学以去其昏蔽，然于良知之本体，初不能有加损于毫末也。知无不良，而中、寂、大公未能全者，是昏蔽之未尽去，而存之未纯耳。体即良知之体，用即良知之用，宁复有超然于体用之外者乎？

注释

❶ "未"，施本、早稻田本作"何未"，东研所本作"即未"。

❷ 施本、早稻田本、东研所本无"何"。

❸ "人"，诸本均作"人人"。

导读

良知本体无所谓动静，亦即理无所谓动静。良知本体常存，故称为定，至于动静乃是就意念所处之时而言。静也不是槁木死灰，仍然是常知常存天理，省察克己的功夫未尝间断。可参看第41、48、157、202条。

原文

【156】来书云："周子曰'主静'，程子曰'动亦定，静亦定'，先生曰：'定者，心之本体，是静定也，决非不睹不闻、无思无为之谓，必常知、常存、常主于理之谓也。'夫常知、常存、常主于理，明是动也，已发也，何以谓之静？何以谓之本体？岂是静定也，又有以贯乎心之动静者邪？"

理无动者也。"常知、常存、常主于理"，即"不睹不闻、无思无为"之谓也。不睹不闻、无思无为，非槁木死灰之谓也，睹、闻、思、为一于理，而未尝有所睹、闻、思、为，即是动而未尝动也。所谓"动亦定、静亦定”，体用一原者也。

导读

王阳明认为良知乃心之本体，即未发之中，恒常存在，无分动静，或寂然感通。良知是未发之中，但未发之中又时常体现在接事待物的已发之中。周敦颐的“静极而动”并非就良知而言，太极生生不息。谓之动，但生生之中，本体却未尝变化，才称之“静”，并非本体自身有动静。以此为例，阳明告诫学者不可拘滞于文字。可参看第41、48、156、202条。

原文

【157】来书云：“此心未发之体，其在已发之前乎？其在已发之中而为之主乎？其无前后内外而浑然一体者乎？今谓心之动静者，其主有事无事而言乎？其主寂然感通而言乎？其主循理从欲而言乎？若以循理为静，从欲为动，则于所谓‘动中有静，静中有动’，‘动极而静，静极而动’者，不可通矣。若以有事而感通为动，无事而寂然为静，则于所谓‘动而无动，静而无静’者，不可通矣。若谓未发在已发之先，静而生动，是至诚有息也，圣人有复也，又不可矣。若谓未发在已发之中，则不知未发、已发俱当主静乎？抑未发为静，而已发为动乎？抑未发、已发俱无动无静乎？俱有动有静乎？幸教。”

“未发之中”即良知也，无前后内外而浑然一体者也。有事无事，可以言动静，而良知无分于有事无事也。寂然感通可以言动静，而良知无分于寂然感通也。动静者，所遇之时，心之本体固无分于动静也。理无动者也，动即为欲。循理则虽酬酢万变，而未尝动也。从欲则虽槁心一念，而未尝静也。“动中有静，静中有动”，又何疑乎？有事而感通，固可以言动，然而寂然者未尝有增也。无事而寂然，固可以言静，然而[1]感通者未尝有减也。“动而无动，静而无静”,又何疑乎？无前后内外而浑然一体,则至诚有息之疑,不待解矣。未发在已发之中,而已发之中未尝别有未发者在;已发在未发之中,而未发之中未尝别有已发者存;是未尝无动静,而不可以动静分者也。凡观古人言语,在以意逆志而得其大旨,若必拘滞于文义,则“靡有孑遗”者,是周果无遗民[2]也。周子“静极而动”之说,苟不善观,亦未免有病。盖其意从“太极动而生阳,静而生阴”说来。太极生生之理,妙用无息,而常体不易。太极之生生,即阴阳之生生。就其生生之中,指其妙用无息者而谓之“动”,谓之阳之生,非谓动而后生阳也。就其生生之中,指其常体不易者而谓之“静”,谓之阴之生,非谓静而后生阴也。若果静而后生阴,动而后生阳,则是阴阳动静,截然各自为一物矣。阴阳一气也,一气屈伸而为阴阳;动静一理也,一理隐显而为动静。春夏可以为阳为动,而未尝无阴与静也;秋冬可以为阴为静,而未尝无阳与动也。春夏此不息,秋冬此不息,皆可谓之阳、谓之动也;春夏此常体,秋冬此常体,皆可谓之阴、谓之静也。自元、会、运、世、岁、月、日、时以至刻、秒、忽、微,莫不皆然。所谓“动静无端,阴阳无始”,在知道者默而识之,非可以言语穷也。若只牵文泥句,比拟仿像,则所谓心从法华转,非是转法华[3]矣。

注释

❶ 施本、早稻田本、东研所本无“而”。

❷ 语出《孟子·万章上》:“故说《诗》者,不以文害辞,不以辞害志。以意逆志,是为得之。如以辞而已矣,《云汉》之诗曰:‘周余黎民,靡有孑遗。’信斯言也,是周无遗民也。”

❸ 语出《六祖坛经·机缘品》:“心迷法华转,心悟转法华。”法华指《法华经》文句。

导读

紧接上文,阳明进一步讲明良知乃体用合一,未发之中、寂然不动之体即是良知之体,发而流行,则是良知之用。良知既不滞于喜怒忧惧,亦不外于喜怒忧惧,所以说能戒慎恐惧者,是良知也。

原文

【158】来书云:“尝[1]试于心,喜怒忧惧之感发也,虽动气之极,而吾心良知一觉,即罔然消阻,或遏于初,或制于中,或悔于后。然则良知常若居优闲无事之地而为之主,于喜怒忧惧若不与焉者,何欤?”

知此,则知“未发之中”“寂然不动”之体,而有“发而中节”之和,“感而遂通”之妙矣。然谓“良知常若居于优闲无事之地”,语尚有病。盖良知虽不滞于喜怒忧惧,而喜怒忧惧亦不外于良知也。

【159】来书云:“夫子昨以良知为照心。窃谓:良知,心之本体也;照心,人所用功,乃戒慎恐惧之心也,犹思也。而遂以戒慎恐惧为良知,何欤?”

能戒慎恐惧者,是良知也。

注释

❶ “尝”,施本、早稻田本、东研所本作“常”。

导读

照心本不动,亦即良知本体是明觉自在的,无动静可言,动乃是心所发之意因私念而妄。但所谓“妄心亦照”者,乃是说本体之明觉未曾离却,只是被遮蔽而已。可参看第151条。

原文

【160】来书云:“先生又曰‘照心非动也’,岂以其循理而谓之静

欤?'妄心亦照也',岂以其良知未尝不在于其中,未尝不明于其中,而视听言动之不过则者,皆天理欤?且既曰妄心,则在妄心可谓之照,而在照心则谓之妄矣。妄与息何异?今假妄之照以续至诚之无息,窃所未明,幸再启蒙。"

"照心非动"者,以其发于本体明觉之自然,而未尝有所动也,有所动即妄矣。"妄心亦照"者,以其本体明觉之自然者,未尝不在于其中,但有所动耳,无所动即照矣。无妄无照,非以妄为照,以照为妄也。照心为照,妄心为妄,是犹有妄有照也。有妄有照,则犹贰[1]也,贰则息矣。无妄无照则不贰,不贰则不息矣。

注释

❶"贰",施本、早稻田本、东研所本作"二"。

导读

欲使此心纯乎天理,则必借戒慎恐惧、致知格物的功夫。至于养生以清心寡欲,则仍是自私自利之心。

原文

【161】来书云:"养生以清心寡欲为要。夫清心寡欲,作圣之功毕矣。然欲寡[1]则心自清,清心非舍弃人事而独居求静之谓也。盖欲使此心纯乎天理,而无一毫人欲之私耳。今欲为此之功,而随人欲生而克之,则病根常在,未免灭于东而生于西。若欲刊剥洗荡于众欲未萌之先,则又无所用其力,徒使此心之不清。且欲未萌而搜剔以求去之,是犹引犬上堂而逐之也,愈不可矣。"

必欲此心纯乎天理,而无一毫人欲之私,此作圣之功也。必欲此心纯乎天理,而无一毫人欲之私,非防于未萌之先,而克于方萌之际不能也。防于未萌之先,而克于方萌之际,此正《中庸》"戒慎恐惧"、《大学》"致知格物"之功,舍此之外,无别功矣。夫谓"灭于东而生于西”“引犬上堂而逐之”者，是自私自利、将迎[2]意必之为累，而非克治洗荡之为患也。今曰“养生以清心寡欲为要”，只“养生”二字，便是自私自利、将迎意必之根。有此病根潜伏于中，宜其有“灭于东而生于西”“引犬上堂而逐之”之患也。

注释

[1] “欲寡”，施本作“寡欲”。

[2] 语出《庄子·知北游》：“无有所将，无有所迎。”

导读

阳明借佛教本来面目来说良知。表明良知就是心之本体，宁静是本然状况，但佛有自私自利之意。良知自辨善恶，故不须另去思善恶。

原文

【162】来书云：“佛氏于‘不思善不思恶时认本来面目’[1]，于吾儒‘随物而格’之功不同。吾若[2]于不思善不思恶时，用致知之功，则已涉于思善矣。欲善恶不思，而心之良知清静自在，惟有寐而[3]方醒之时耳。斯正孟子‘夜气’之说。但于斯光景不能久，倏忽之际，思虑已生。不知用功久者，其常寐初醒而思未起之时否乎？今澄欲求宁静，愈不宁静，欲念无生，则念愈生，如之何而能使此心前念易灭，后念不生，良知独显，而与造物者[4]游乎[5]？”

“不思善不思恶时认本来面目”，此佛氏为未识本来面目者设此方便。“本来面目”即吾圣门所谓良知。今既认得良知明白，即已不消如此说矣。“随物而格”，是“致知”之功，即佛氏之“常惺惺”[6]，亦是常存他本来面目耳。体段工夫，大略相似，但佛氏有个自私自利之心，所以便有不同耳。今欲善恶不思，而心之良知清静自在，此便有自私自利、将迎意必之心，所以有“不思善不思恶时用致知之功，则已涉于思善”之患。孟子说“夜气”，亦只是为失其良心之人，指出个良心萌动处，使他从此培养将去。今已知得良知明白，常用致知之功，即已不消说"夜气"；却是得兔后不知守兔，而仍去守株，兔将复失之矣。欲求宁静，欲念无生，此正是自私自利、将迎意必之病，是以念愈生而愈不宁静。良知只是一个良知，而善恶自辨，更有何善何恶可思？良知之体本自宁静，今却又添一个求宁静；本自生生，今却又添一个欲无生；非独圣门致知之功不如此，虽佛氏之学亦未如此将迎意必也。只是一念良知，彻头彻尾，无始无终，即是前念不灭，后念不生。今却欲前念易灭，而后念不生，是佛氏所谓"断灭种性"，入于槁木死灰之谓矣。

注释

❶ 语出《六祖坛经·自序品》："惠能曰：'不思善，不思恶，正与麽时，那个是明上座本来面目？'"

❷ "若"，施本、早稻田本、东研所本作"儒"。

❸ 施本、早稻田本、东研所本无"而"字。

❹ 施本、早稻田本、东研所本无"者"字。

❺ 语出《庄子·天下》："上与造物者游，而下与外死生、无终始者为友。"

❻ 常惺惺，禅语，意为经常保持清醒状态。

导读

王阳明认为戒惧克治也就是佛教所讲的常提念头不放，亦即孟子的"必有事焉"。说法不一样，但本质上相同，即都体现了一个"敬"字，都是强调存养省察功夫不可间断。

原文

【163】来书云："佛氏又有'常提念头'之说，其犹孟子所谓'必有事'，夫子所谓'致良知'之说乎？其即'常惺惺，常记得，常知得，

常存得'者乎？于此念头提在之时，而事至物来，应之必有其道。但恐此念头提起时少，放下时多，则工夫间断耳。且念头放失，多因私欲客气之动而始，忽然惊醒而后提，其放而未提之间，心之昏杂，多不自觉。今欲日精日明，常提不放，以何道乎？只此常提不放，即全功乎？抑于常提不放之中，更宜加省克之功乎？虽曰常提不放，而不加戒惧克治之功，恐私欲不去；若加戒惧克治之功焉，又为'思善'之事，而于'本来面目'又未达一间也。如之何则可？"

"戒惧克治"即是"常提不放"之功，即是"必有事焉"，岂有两事邪？此节所问，前一段已自说得分晓；末后却是自生迷惑，说得支离，及有"本来面目，未达一间"之疑，都是自私自利、将迎意必之为病。去此病，自无此疑矣。

导读

良知本来澄明、常在，但由本然之明走向自觉之明，仍然需要一段功夫，故王阳明主张通过"明"的功夫来使道德主体确认本心。

原文

【164】来书云："质美者明得尽，渣滓便浑化。如何谓'明得尽'？如何而能'更❶浑化'？"

良知本来自明。气质不美者，渣滓多，障蔽厚，不易开明。质美者，渣滓原少，无多障蔽，略加致知之功，此良知便自莹彻，些少渣滓，如汤中浮雪，如何能作障蔽？此本不甚难晓。原静所以致疑于此，想是因一"明"字不❷明白，亦是稍有欲速之心。向曾面论"明善"之义，明则诚矣，非若后儒所谓明善之浅也。

注释

❶"更"，施本作"使"，《全集》、陈本、早稻田本、东研所本作"便"。

❷"不"，施本、早稻田本、东研所本作"欠"。

导读

性只是一个，良知即是道在人心，即是人性根本。学者只学循此良知而已。

原文

【165】来书云："聪明睿知果质乎？仁义礼智果性乎？喜怒哀乐果情乎？私欲客气果一物乎？二物乎？古之英才，若子房[1]、仲舒[2]、叔度[3]、孔明、文中[4]、韩、范[5]诸公，德业表著，皆良知中所发也，而不得谓之闻道者，果何在乎？苟曰此[6]特生质之美耳，则生知安行者，不愈于学知困勉者乎？愚意窃云，谓诸公见道偏则可，谓全无闻，则恐后儒崇尚记诵训诂之过也。然乎？否乎？"

性一而已，仁义礼知[7]，性之性也；聪明睿知，性之质也；喜怒哀乐，性之情也；私欲客气，性之蔽也。质有清浊，故情有过不及，而蔽有浅深也。私欲客气，一病两痛，非二物也。张、黄、诸葛及韩、范诸公，皆天质之美，自多暗合道妙；虽未可尽谓之知学，尽谓之闻道，然亦自其有学，违道不远者也。使其闻学知道，即伊、傅、周、召矣。若文中子则又不可谓之不知学者，其书虽多出于其徒，亦多有未是处，然其大略则亦居然可见，但今相去辽远，无有的然凭证，不可悬断其所至矣。夫良知即是道，良知之在人心，不但圣贤，虽常人亦无不如此。若无有物欲牵蔽，但循着良知发用流行将去，即无不是道。但在常人多为物欲牵蔽，不能循得良知。如数公者，天质既自清明，自少物欲为之牵蔽，则其良知之发用流行处，自然是多[8]，自然违道不远。学者学循此良知而已，谓之知学[9]，只是知得专在学循良知。数公虽未知专在良知上用功，而或泛滥于多歧，疑迷于影响，是以或离或合而未纯。若知得时，便是圣人矣。后儒尝以数子者尚皆是气质用事，未免于行不着，习不察，此亦未为过论。

但后儒之所谓着、察者，亦是狃于闻见之狭，蔽于沿习之非，而依拟仿象于影响形迹之间，尚非圣门之所谓着、察者也；则亦安得以己之昏昏，而求人之昭昭也乎？所谓"生知安行"，"知行"二字亦是就[10]用功上说；若是知行本体，即是良知、良能，虽在困勉之人，亦皆可谓之"生知安行"矣。"知行"二字更宜精察。

注释

❶ 子房，即张良（？—前 189 或前 190），字子房，传为城父（今河南襄城西南）人。汉初三杰之一，刘邦的重要谋士，辅佐刘邦得天下，被封为留侯。

❷ 仲舒，即董仲舒（前 179—前 104），广川（今河北景县西南）人。西汉儒学家，今文经学大师，提出"天人感应""大一统"等观点，被汉武帝采纳，儒学自此正式成为官方哲学，对后世影响极大。

❸ 叔度，即黄宪，字叔度，东汉汝南慎阳（今河南正阳县）人。自幼家贫，以学行彪炳当世，有颜回之称，终生不仕。

❹ "文中"，《全集》作"文仲"。

❺ 韩、范，韩琦，字雅圭，相州安阳（今属河南）人，北宋名臣。范仲淹，字希文，苏州吴县（今江苏苏州）人，宋真宗大中祥符进士，官至枢密副使、参知政事，北宋政治家、文学家。韩琦、范仲淹出将入相，共保北宋太平，世称韩、范。

❻ "此"，施本、早稻田本、东研所本作"斯"。

❼ "知"，《全集》、施本、早稻田本、东研所本均作"智"，古通。

❽ "多"，施本作"学"。

❾ "知学"，施本、早稻田本、东研所本作"学知"。

❿ "是就"，施本、早稻田本、东研所本作"就是"。

导读

阳明所谓"乐"，并非狭义之乐，而是真乐，不是简单的七情之乐，但又通过七情之乐表现出来。此处之乐便具有本体的意义。可参看第292条。

原文

【166】来书云:“昔周茂叔每令伯淳寻仲尼、颜子乐处。敢问是乐也,与七情之乐同乎?否乎?若同,则常人之一遂所欲,皆能乐矣,何必圣贤?若别有真乐,则圣贤之遇大忧、大怒、大惊、大惧之事,此乐亦在否乎?且君子之心常存戒惧,是盖终身之忧也,恶得乐?澄平生多闷,未尝见真乐之趣,今切愿寻之。”

“乐”是心之本体,虽不同于七情之乐,而亦不外于七情之乐。虽则圣贤别有真乐,而亦常人之所同有。但常人有之而不自知,反自求许多忧苦,自加迷弃。虽在忧苦迷弃之中,而此乐又未尝不存,但一念开明,反身而诚❶,则即此而在矣。每与原静论,无非此意。而原静尚有“何道可得”之问,是犹未免于“骑驴觅驴”❷之蔽也。

注释

❶ 语出《孟子·尽心上》:“孟子曰:‘万物皆备于我矣。反身而诚,乐莫大焉。强恕而行,求仁莫近焉。’”

❷ 语出《景德传灯录》之《志公和尚大乘赞》:“不解即心即佛,真似骑驴觅驴。”

导读

王阳明认为良知本体有如明镜。明镜照物,则妍媸毕露,即顺万事万物而无情。此其致知之功,致知之功不能间断,不能等到自私自利之病根生发后才去致知。

原文

【167】来书云:“《大学》以‘心有好乐、忿懥、忧患、恐惧’为‘不

得其正'，而程子亦谓'圣人情顺万事而无情'。所谓'有'者，《传习录》中以病疟譬之，极精切矣。若程子之言，则是圣人之情不生于心而生于物也，何谓耶？且事感而情应，则是是非非可以就格。事或未感时，谓之有，则未形也；谓之无，则病根在有无之间，何以致吾知乎？学务无情，累虽轻，而出儒入佛矣，可乎？"

圣人致知之功，至诚无息。其良知之体，皦如明镜，略无纤翳。妍媸之来，随物见形，而明镜曾无留染，所谓"情顺万事而无情"也。"无所住而生其心"，佛氏曾有是言，未为非也。明镜之应物，妍者妍，媸者媸，一照而皆真，即是生其心处。妍者妍，媸者媸，一过而不留，即是无所住处。病疟之喻，既[1]已见其精切，则此节所问可以释然。病疟之人，疟虽未发，而病根自在，则亦安可以其疟之未发，而遂忘其服药调理之功乎？若必待疟发而后服药调理，则既晚矣。致知之功，无间于有事无事，而岂论于病之已发未发邪？大抵原[2]静所疑，前后虽若不一，然皆起于自私自利、将迎意必之为祟。此根一去，则前后所疑，自将冰消雾释，有不待于问辨者矣。

注释

[1] "既"，施本、早稻田本、东研所本作"诚"。

[2] "原"，施本作"元"。

导读

这是钱德洪所写的一篇跋。答陆原静书公之于世后，产生了较大影响。阳明在信中分析了良知本体与修养功夫的诸多知识性细节问题，回答了陆澄的提问。阳明认为陆澄的主要问题在于知解上，一旦识得良知本体，则"只在良知上用工"，不必拘执于具体的知解。此所谓"学贵反求"，不是靠烦琐的知识性分析可以达到的。

原文

答原静书出，读者皆喜。澄善问，师善答，皆得闻所未闻。师曰:“原静所问,只是知解上转,不得已与之逐节分疏。若信得良知,只在良知上用工,虽千经万典,无不吻合,异端曲学,一勘尽破矣,何必如此节节分解!佛家有‘仆[1]人逐块’之喻,见块仆人,则得人矣,见块逐块,于块奚得哉?”在座诸友闻知[2],畅然似有惺惺悟。此学贵反求,非知解可入也。

注释

❶“仆”,诸本均作“扑”。

❷“知”,《全集》作“之”。

答欧阳崇一

导读

阳明探讨了良知与经验生活的关系问题,实际上也关涉到良知与知识的关系问题。阳明始终认为良知是本体,是学问大脑处。良知本体扩充到日常经验中,则为良知之用,是为致良知功夫。但良知不是从经验中来,故曰“良知不滞于见闻”,但良知必定要扩充到经验生活中,故曰“不离于见闻”。可参看第30、113、140、141条。

原文

【168】崇一来书云:“师云:‘德性之良知,非由于闻见,若曰多闻择其善者而从之,多见而识之,则是专求之见闻之末,而已落在第二义。’窃意良知虽不由见闻而有,然学者之知,未尝不由见闻而发。滞于见闻固非,而见闻亦良知之用也。今曰‘落在第二义’,恐为专以见闻为学者而言,若致其良知而求之见闻,似亦知行合一之功矣。如何?”

良知不由见闻而有,而见闻莫非良知之用,故良知不滞于见闻,而亦不离于见闻。孔子云:“吾有知乎哉?无知也。”良知之外,别无知矣。故“致良知”是学问大头脑,是圣人[1]教人第一义。今云专求之见闻之末,则是失却头脑,而已落在第二义矣。近时同志中,盖已莫不知有“致良知”之说,然其[2]功夫尚多鹘突者,正是欠此一问。大抵学问功夫只要主意头脑是当,若主意头脑专以致良知为事,则凡多闻多见,莫非致良知之功。盖日用之间,见闻酬酢,虽千头万绪,莫非良知之发用流行,除却见闻酬酢,亦无良知可致矣。故只是一事。若曰致其良知而求之见闻,则语意之间未免为二,此与专求之见闻之末者虽稍不同,其为未得精一之旨,则一而已。“多闻,择其善者而从之,多见而识之”,既云择,又云识,其良知亦未尝不行于其间;但其用[3]意乃专在多闻多见上去择识,则已失却头脑矣。崇一于此等处见得当已分晓,今日之问,正为发明此学,于同志中极有益。但语意未莹,则毫厘千里,亦不容不精察之也。

注释

❶ “人”,施本、早稻田本、东研所本作“门”。

❷ “然其”,施本、早稻田本、东研所本作“然其间”。

❸ “用”,施本、早稻田本、东研所本作“立”。

导读

王阳明区分了“何思何虑”与“私意安排”。“何思何虑”乃思一个天理,是良知发用之思,除此之外均为邪思、自私。

原文

【169】来书云:“师云:‘《系》言“何思何虑”,是言所思所虑只是天理,更无别思别虑耳,非谓无思无虑也。心之本体即是天理,有何可思虑得!学者用功,虽千思万虑,只是要复他本体,不是以私意去安排思索出来。若安排思索,便是自私用智矣。学者[1]之蔽,大率非沉空守寂,则安排思索。’德辛壬之岁着前一病,近又着

后一病。但思索亦是良知发用，其与私意安排者何所取别？恐认贼作子，惑而不知也。”

“思曰睿，睿作圣。”“心之官则思，思则得之。”思其可少乎？沉空守寂与安排思索，正是自私用智，其为丧失良知，一也。良知是天理之昭明灵觉处，故良知即是天理。思是良知之发用。若是良知发用之思，则所思莫非天理矣。良知发用之思，自然明白简易，良知亦自能知得。若是私意安排之思，自是纷纭劳扰，良知亦自会分别得。盖思之是非邪正，良知无有不自知者。所以认贼作子，正为致知之学不明，不知在良知上体认之耳。

注释

❶“学者”，施本、早稻田本、东研所本作“学”。

导读

阳明认为功夫只是一个，不可分为两个。孟子的集义就是致良知，君子能诚其意，致其良知于事事物物上，则学问之中毕矣。

原文

【170】来书又云：“师云：‘为学终身只是一事，不论有事无事，只是这一件。若说宁不了事，不可不加培养，却是分为两事也。’窃意觉精力衰弱，不足以终事者，良知也。宁不了事，且加休养，致知也。如何却为两事？若事变之来，有事势不容不了，而精力虽衰，稍鼓舞亦能支持，则持志以帅气可矣。然言动终无气力，毕事则困惫已甚，不几于暴其气已乎？此其轻重缓急，良知固未尝不知，然或迫于事势，安能顾精力？或困于精力，安能顾事势？如之何则可？”

“宁不了事，不可不加培养”之意，且与初学如此说，亦不为无益。但作两事看了，便有病痛。在孟子言必有事焉，则君子之学终身只是集义一事。义者，宜也，心得其宜之谓义。能致良知则心得其宜矣，故集义亦只是致良知。君子之酬酢万变，当行则行，当止则止，当生则生，当死则死，斟酌调停，无非是致其良知，以求自慊而已。故"君子素其位而行"[1]，"思不出其位"[2]，凡谋其力之所不及而强其知之所不能者，皆不得为致良知；而凡"劳其筋骨，饿其体肤，空乏其身，行拂乱其所为，动心忍性以增益其所不能"者，皆所以致其良知也。若云"宁不了事，不可不加培养"者，亦是先有功利之心，较计成败利钝而爱憎[3]取舍于其间，是以将了事自作一事，而培养又别作一事，此便有是内非外之意，便是自私用智，便是"义外"，便有"不得于心，勿求于气"之病，便不是致良知以求自慊之功矣。所云"鼓舞支持""毕事则困惫已甚"，又云"迫于事势""困于精力"，皆是把作两事做了，所以有此。凡学问之功，一则诚，二则伪。凡此皆是致良知之意欠诚一真切之故。《大学》言"诚其意者，如恶恶臭，如好好色，此之谓自慊"。曾见有恶恶臭，好好色，而须鼓舞支持者乎？曾见毕事则困惫已甚者乎？曾有迫于事势、困于精力者乎？此可以知其受病之所从来矣。

注释

❶ 语出《中庸》："君子素其位而行，不愿乎其外。"

❷ 语出《论语·宪问》："君子思不出其位。"

❸ "憎"，施本作"惜"。

导读

不逆不亿而先觉不是教人存心揣测他人，如果这样则已陷入逆亿之中。故阳明认为只有通过致良知的功夫，达到不逆不亿而先觉，这才是真正的自觉其良知。良知自觉则自信不欺，明诚相生，达到至诚之神妙境界。

原文

【171】来书又有云："人情机诈百出，御之以不疑，往往为所欺，觉则自入于逆、亿[1]。夫逆诈即诈也，亿不信即非信也，为人欺又非觉也。不逆不亿而常先觉，其惟良知莹彻乎？然而出入毫忽之间，背觉合诈者多矣。"

"不逆不亿而先觉"，此孔子因当时人专以逆诈、亿不信为心，而自陷于诈与不信，又有不逆、不亿者，然不知致良知之功，而往往又为人所欺诈，故有是言。非教人以是存心，而专欲先觉人之诈与不信也。以是存心，即是后世猜忌险薄者之事，而只此一念，已不可与入尧、舜之道矣。不逆、不亿而为人所欺者，尚亦不失为善，但不如能致其良知而自然先觉者之尤为贤耳。崇一谓"其惟良知莹彻"者，盖已得其旨矣。然亦颖悟所及，恐未实际也。盖良知之在人心，亘万古、塞宇宙而无不同，"不虑而知"，"恒易以知险"，"不学而能"，"恒简以知阻"，"先天而天不违，天且不违，而况于人乎？况于鬼神乎？"夫谓"背觉合诈"者，是虽不逆人，而或未能无自欺也；虽不亿人，而或未能果自信也。是或常有求先觉之心，而未能常自觉也。常有求先觉之心，即已流于逆、亿，而足以自蔽其良知矣，此"背觉合诈"之所以未免也。君子学以为己，未尝虞人之欺己也，恒不自欺其良知而已；未尝虞人之不信己也，恒自信其良知而已；未尝求先觉人之诈与不信也，恒务自觉其良知而已。是故不欺则良知无所伪而诚，诚则明矣；自信则良知无所惑而明，明则诚矣。明诚相生，是故良知常觉常照。常觉常照，则如明镜之悬，而物之来者自不能遁其妍媸矣。何者？不欺而诚，则无所容其欺，苟有欺焉，而觉矣；自信而明[2]，则无所容其不信，苟不信焉，而觉矣。是谓易以知险，简以知阻，子思所谓"至诚如神，可以前知"者也。然子思谓"如神"，谓"可以前知"，犹二而言之，是盖推言思诚者之功效，是犹为不能先觉者说也。若就至诚而言,则至诚之妙用即谓之“神”,不必言“如神”。至诚则“无知而无不知”,不必言“可以前知”矣。

注释

❶ 逆、亿,语出《论语·宪问》:子曰:“不逆诈,不亿不信。抑亦先觉者,是贤乎!”

❷ “明”,施本、早稻田本、东研所本作“诚”。

答罗整庵[1]少宰书

导读

信的开头,王阳明表明了自己学术遭人非笑和诟訾的现状,这些反对者极少能够理性地展开对话,故他表达了对罗钦顺能够“反复晓谕”,理性展开学术讨论的感激。其次,王阳明主张道必体而后明,必在切实的讲学中明道。

原文

【172】某顿首启:昨承教及《大学》,发舟匆匆,未能奉答。晓来江行稍暇,复取手教而读之。恐至赣后,人事复纷沓,先具其略以请。

来教云:“见道固难,而体道尤难。道诚未易明,而学诚不可不讲。恐未可安于所见,而遂以为极则也。”幸甚幸甚!何以得闻斯言乎?其敢自以为极则而安之乎?正思就天下之有道以讲明之耳。而数年以来,闻其说而非笑之者有矣,诟訾之者有矣,置之不足较量辨议之者有矣,其肯遂以教我乎?其肯遂以教我,而反复晓谕,恻然惟恐不及救正之乎?然则天下之爱我者,固莫有如执事之心深且至矣!感激当何如哉!

夫“德之不修,学之不讲”,孔子以为忧。而世之学者稍能传习训诂,即皆自以为知学,不复有所谓讲学之求,可悲矣!夫道必体而后见,非已见道而后加体道之功也;道必学而后明,非外讲学而复有所谓明道之事也。然世之讲学者有二:有讲之以身心者,有讲之以口耳者。讲之以口耳,揣摸测度,求之影响者也;讲之以身心,行着习察,实有诸己者也。知此,则知孔门之学矣。

注释

❶ 罗整庵,即罗钦顺(1465—1547),字允升,号整庵,江西泰和人。弘治进士,官至南京吏部尚书,明代程朱理学的重要代表人,著有《困知记》。

导读

王阳明阐明自己坚持《大学》古本的立场,否认朱子所谓脱误而补辑之说。究其原因,他认为学贵得之于心,而不能盲从任何人。《大学》古本相传数千载,义理通畅,功夫简易入手,非有误矣。

原文

【173】来教谓某“《大学》古本之复,以人之为学但当求之于内,而程、朱‘格物’之说不免求之于外,遂去朱子之分章,而削其所补之传”。非敢然也。学岂有内外乎?《大学》古本乃孔门相传旧本耳。朱子疑其有所脱误,而改正补缉之,在某则谓其本无脱误,悉从其旧而已矣。失在于过信孔子则有之,非故去朱子之分章而削其传也。夫学贵得之心,求之于心而非也,虽其言之出于孔子,不敢以为是也,而况其未及孔子者乎!求之于心而是也,虽其言之出于庸常,不敢以为非也,而况其出于孔子者乎!且旧本之传数千载矣,今读其文词❶,既明白而可通;论其工夫,又易简而可入,亦何所按据而断其此段之必在于彼,彼段之必在于此,与此之如何而缺,

彼之如何而补[2]？而遂改正补缉之，无乃重于背朱而轻于叛孔已乎？

注释

❶ "词"，施本、东研所本作"辞"。

❷ "补"，施本、东研所本作"误"。

导读

在这两段回信里，王阳明对格物新解引起的疑惑以及格物与正心诚意、致知等功夫的关系进行了梳理。在阳明看来，"理无内外，性无内外，故学无内外"，因此心与物始终是相关联的，而不是对立的。心之本体，发动灵明是良知，良知发动处即是意，意之所在便是物。是故，性、心、知、意、物是贯通的，中间只是一个天理。各种不同的称谓只是就良知的体用状态而言。格物是格心之物、意之物、知之物。正心，乃正物之心；诚意，乃诚物之意；致知，乃致物之知。可参看第201、317条。

原文

【174】来教谓："如必以学不资于外求，但当反观内省以为务，则'正心诚意'四字亦何不尽之有？何必于入门之际，便困以'格物一段工夫也？'"诚然诚然。若语其要，则"修身"二字亦足矣，何必又言"正心"？"正心"二字亦足矣，何必又言"诚意"？"诚意"二字亦足矣，何必又言"致知"，又言"格物"？惟其工夫之详密，而要之只是一事，此所以为精一之学，此正不可不思者也。夫理无内外，性无内外，故学无内外。讲习讨论，未尝非内也；反观内省，未尝遗外也。夫谓学必资于外求，是以己性为有外也，是"义外"也，用智者也；谓反观、内省为求之于内，是以己性为有内也，是有我也，自私者也：是皆不知性之无内外也。故曰："精义入神，以致用也；利用安身，以崇德也；性之德也，合内外之道也。"此可以知"格物"之

学矣。“格物”者,《大学》之实下手处,彻首彻尾,自始学至圣人,只此工夫而已。非但入门之际有此一段也。夫“正心诚意”“致知格物”,皆所以“修身”,而格物者,其所[1]用力,日[2]可见之地。故格物者,格其心之物也,格其意之物也,格其知之物也;正心者,正其物之心也;诚意者,诚其物之意也;致知者,致其物之知也:此岂有内外彼此之分哉?理一而已,以其理之凝聚而言则谓之“性”;以其凝聚之主宰而言则谓之“心”;以其主宰之发动而言则谓之“意”;以其发动之明觉而言则谓之“知”;以其明觉之感应而言则谓之“物”。故就物而言谓之“格”,就知而言谓之“致”,就意而言谓之“诚”,就心而言谓之“正”。正者,正此也;诚者,诚此也;致者,致此也;格者,格此也。皆所谓穷理以尽性也。天下无性外之理,无性外之物。学之不明,皆由世之儒者认理为外,认物为外,而不知“义外”之说,孟子盖尝辟之,乃至袭陷其内而不觉,岂非亦有似是而难明者欤?不可以不察也!

【175】凡执事所以致疑于格物之说者,必谓其是内而非外也,必谓其专事于反观、内省之为,而遗弃其讲习讨论之功也,必谓其一意于纲领、本原之约,而脱略于支条节目之详也,必谓其沉溺于枯槁、虚寂之偏,而不尽于物理、人事之变也。审如是,岂但获罪于圣门,获罪于朱子,是邪说诬民,叛道乱正,人得而诛之也,而况于执事之正直哉?审如是,世之稍明训诂,闻先哲之绪论者,皆知其非也,而况执事之高明哉?凡[3]某之所谓“格物”,其于朱子“九条”之说,皆包罗统括于其中;但为之有要,作用不同,正所谓毫厘之差耳。然毫厘之差而千里之谬实起于此,不可不辨。

注释

❶“所”,施本、东研所本作“所以”。

❷“日”,施本作“实”。

❸“凡”,施本作“况”。

导读

信的最后，王阳明深切地剖析了自己学术主张在当时的处境。他以孟子力辟杨墨之说来比拟自己一反朱子格物之说，表明自己对道的苦心执着。并且指出，《朱子晚年定论》之作主要在于调停，以此表明朱子晚年结论与自己的学术主张一致。王阳明坦陈，自己对朱子之学本是敬若神明，但为学、为道只求一个公，则虽孔子、朱子不敢私也。格物之说，书信不足以完全辨析清楚，秋尽东还，盼望当面请教。

原文

【176】孟子辟杨、墨，至于“无父无君”。二子亦当时之贤者，使与孟子并世而生，未必不以之为贤。墨子“兼爱”，行仁而过耳；杨子“为我”，行义而过耳。此其为说，亦岂灭理乱常之甚，而足以眩天下哉？而其流之弊，孟子至比于禽兽食人[1]，所谓“以学术杀天下后世”也。今世学术之弊，其谓之学仁而过者乎？谓之学义而过者乎？抑谓之学不仁、不义而过者乎？吾不知其于洪水猛兽何如也！孟子云：“予岂好辩哉？予不得已也！”杨、墨之道塞天下，孟子之时，天下之尊信杨、墨，当不下于今日之崇尚朱说，而孟子独以一人呶呶于其间，噫，可哀矣！韩氏云：“佛、老之害甚于杨、墨。”韩愈之贤不及孟子，孟子不能救之于未坏之先，而韩愈乃欲全之于已坏之后，其亦不量其力，且见其身之危，莫之救以死也！呜呼！若某者，其尤不量其力，果见其身之危，莫之救以死也矣！夫众方嘻嘻之中，而独出涕嗟若；举世恬然以趋，而独疾首蹙额以为忧，此其非病狂丧心，殆必诚有大苦者隐于其中，而非天下之至仁，其孰能察之？其为《朱子晚年定论》，盖亦不得已而然。中间年岁早晚，诚有所未考，虽不必尽出于晚年，固多出于晚年者矣。然大意在委曲调停，以明此学为重。平生于朱子之说，如神明蓍龟，一旦与之背驰，心

诚有所未忍,故不得已而为此。"知我者谓我心忧,不知我者谓我何求",盖不忍抵牾朱子者,其本心也;不得已而与之抵牾者,道固如是,不直则道不见也。执事所谓"决与朱子异"者,仆敢自欺其心哉?夫道,天下之公道也;学,天下之公学也,非朱子可得而私也,非孔子可得而私也。天下之公也,公言之而已矣。故言之而是,虽异于己,乃益于己也;言之而非,虽同于己,适损于己也。益于己者,己必喜之;损于己者,己必恶之。然则某今日之论,虽或于朱子异,未必非其所喜也。君子之过,如日月之食,其更也,人皆仰之,而小人之过也必文。某虽不肖,固不敢以小人之心事朱子也。

【177】执事所以教,反覆数百言,皆以未悉鄙人格物之说。若鄙说一明,则此数百言皆可以不待辩说而释然无滞,故今不敢缕缕以滋琐屑之渎。然鄙说非面陈口析,断亦未能了了于纸笔间也。嗟乎!执事所以开导启迪于我者,可谓恳到详切矣!人之爱我,宁有如执事者乎!仆虽甚愚下,宁不知所感刻佩服;然而不敢遽舍其中心之诚然,而姑以听受云者,正不敢有负于深爱,亦思有以报之耳。秋尽东[2]还,必求一面,以卒所请,千万终教!

注释

❶ "食人",诸本均作"夷狄"。

❷ "东",施本作"冬"。

答聂文蔚[1]

导读

在答复文蔚的第一封信中,王阳明首先表达了对聂文蔚推许奖掖的愧谢,同时也表明自己之所以坚持学术立场,实乃因为道在于此,而并非考虑是否能取信于人。其次,人是天地之心,此心即人之良知,人人皆同。

古代圣王治理天下无不是致其良知，君子若真能致其良知，则天下无不治。由此可见圣人之学何等简易明白！后世之人良知不明，人各怀私心，互相倾轧，故祸乱不止。再次，阳明自谓有幸得见良知之学，正思量以此救天下之人心，故虽然屡遭天下讥讽与排斥，但无暇计较个人毁誉，更不在乎天下是否相信。处乱世之孔子，虽屡被诋毁嫉妒，甚至有生命之忧，然“汲汲遑遑”，席不暇暖，欲以其天地万物一体之仁心救天下，这些无疑对王阳明是一种激励。最后，阳明表达了希望得豪杰同志共同讲明良知之学，以匡扶天下“以济于大同”的愿望，并对文蔚寄以厚望，表达了一种共同担当大道的期望。

原文

【178】春[2]间远劳迂途，枉顾问证，惓惓[3]此情，何可当也！已期二三同志，更处静地，扳留旬日[4]，少效其鄙见，以求切劘[5]之益；而公期俗绊，势有不能，别去极怏怏，如有所失。忽承笺惠，反覆千余言，读之无甚浣慰[6]。中间推许太过，盖亦奖掖之盛心，而规砺真切，思欲纳之于贤圣之域；又托诸崇一以致其勤勤恳恳之怀，此非深交笃爱，何以及是！知感知愧，且惧其无以堪之也。虽然，仆亦何敢不自鞭勉，而徒以感愧辞让为乎哉！其谓“思、孟、周、程无意相遭于千载之下，与其尽信于天下，不若真信于一人。道固自在，学亦自在，天下信之不为多，一人信之不为少”者，斯固君子“不见是而无闷”之心，岂世之谫谫屑屑[7]者知足以及之乎！乃仆之情，则有大不得已者存乎其间，而非以计人之信与不信也。

【179】夫人者，天地之心。天地万物，本吾一体者也。生民之困苦荼毒，孰非疾痛之切于吾身者乎？不知吾身之疾痛，无是非之心者也。是非之心，不虑而知，不学而能，所谓“良知”也：良知之在人心，无间于圣愚，天下古今之所同也。世之君子惟务致其良知，则自能公是非，同好恶，视人犹己，视国犹家，而以天地万物为一体，求天下无治，不可得矣。古之人所以能见善不啻若己出，见恶

不啻若己入,视民之饥溺犹己之饥溺,而一夫不获,若己推而纳诸沟中者,非故为是而以蕲天下之信己也,务致其良知,求自慊而已矣。尧、舜、三王之圣,言而民莫不信者,致其良知而言之也;行而民莫不说者,致其良知而行之也。是以其民熙熙皞皞,杀之不怨,利之不庸,施及蛮貊,而凡有血气者,莫不尊亲,为其良知之同也。呜呼!圣人之治天下,何其简且易哉!

【180】后世良知之学不明,天下之人用其私智以相比轧,是以人各有心,而偏琐僻陋之见,狡伪阴邪之术,至于不可胜说;外假仁义之名,而内以行其自私自利之实,诡辞以阿俗,矫行以干誉,掩人之善而袭以为己长,讦[8]人之私而窃以为己直,忿以相胜而犹谓之徇[9]义,险以相倾而犹谓之疾恶,妒贤忌能而犹自以为公是非,恣情纵欲而犹自以为同好恶,相陵相贼,自其一家骨肉之亲,已不能无尔我胜负之意,彼此藩篱之形,而况于天下之大,民物之众,又何能一体而视之?则无怪于纷纷籍籍,而祸乱相寻于无穷矣!

【181】仆诚赖天之灵,偶有见于良知之学,以为必由此而后天下可得而治。是以每念斯民之陷溺,则为之戚然痛心,忘其身之不肖,而思以此救之,亦不自知其量者。天下之人见其若是,遂相与非笑而诋斥之,以为是病狂丧心之人耳。呜呼!是奚足恤哉!吾方疾痛之切体,而暇计人之非笑乎!人固有见其父子兄弟之坠溺于深渊者,呼号匍匐,裸跣[10]颠顿,扳悬崖壁而下拯之。士之见者,方相与揖让谈笑于其傍,以为是弃其礼貌衣冠而呼号颠顿若此,是病狂丧心者也。故夫揖让谈笑于溺人之傍而不知救,此惟行路之人,无亲戚骨肉之情者能之,然已谓之无恻隐之心,非人矣。若夫在父子兄弟之爱者,则固未有不痛心疾首,狂奔尽气,匍匐而拯之。彼将陷溺之祸有不顾,而况于病狂丧心之讥乎?而又况于蕲人之信与不信乎?

呜呼!今之人虽谓仆为病狂丧心之人,亦无不可矣。天下之人心皆吾之心也，天下之人犹有病狂者矣，吾安得而非病狂乎？犹有丧心者矣，吾安得而非丧心乎？

【182】昔者孔子之在当时，有议其为谄者，有讥其为佞者，有毁其未贤，诋其为不知礼，而侮之以为东家丘者，有嫉而沮之者，有恶而欲杀之者；晨门、荷蒉之徒，皆当时之贤士，且曰："是知其不可而为之者欤？"[11]"鄙哉！硁硁乎！莫己知也，斯已而已矣。"[12]虽子路在升堂之列，尚不能无疑于其所见，不悦于其所欲往，而且以之为迂，则当时之不信夫子者，岂特十之二三[13]而已乎？然而夫子汲汲遑遑，若求亡子于道路，而不暇于暖席者，宁以蕲人之知我、信我而已哉？盖其天地万物一体之仁，疾痛迫切，虽欲已之而自有所不容已，故其言曰："吾非斯人之徒与而谁与？""欲洁其身而乱大伦。""果哉，末之难矣！"呜呼！此非诚以天地万物为一体者，孰能以知夫子之心乎？若其"遁世无闷""乐天知命"者，则固"无入而不自得"，"道并行而不相悖"也。

【183】仆之不肖，何敢以夫子之道为己任？顾其心亦已稍知疾痛之在身，是以彷徨四顾，将求其有助于我者，相与讲去其病耳。今诚得豪杰同志之士，扶持匡翼，共明良知之学于天下，使天下之人皆知自致其良知，以相安相养，去其自私自利之蔽，一洗谗妒胜忿之习，以济于大同，则仆之狂病，固将脱然以愈，而终免于丧心之患矣，岂不快哉！

嗟乎！今诚欲求豪杰同志之士于天下，非如吾文蔚者，而谁望之乎？如吾文蔚之才与志，诚足以援天下之溺者。今又既知其具之在我，而无假于外求矣，循是而充[14]，若决河注海，孰得而御哉？文蔚所谓"一人信之不为少"，其又能逊以委之何人乎？

【184】会稽素号山水之区，深林长谷，信步皆是，寒暑晦明，无时不宜，安居饱食，尘嚣无扰，良朋四集，道义日新，优哉游哉，天地之间宁复有乐于是者！孔子云："不怨天，不尤人，下学而上达。"仆

与二三同志,方将请事斯语,奚暇外慕?独其切肤之痛,乃有未能恝[15]然者,辄复云云尔。咳疾暑毒,书札绝懒。盛使远来,迟留经月,临岐[16]执笔,又不觉累纸。盖于相知之深,虽已缕缕至此,殊觉[17]有所未能尽也。

注释

❶ 施本作"答聂文蔚书其一丙戌"。聂文蔚,即聂豹(1487—1563),字文蔚,号双江,江西永丰人。正德十二年(1517)进士,官至兵部尚书,加太子少保,王阳明的弟子,江右学派的重要代表。

❷ "春",施本、早稻田本作"夏"。

❸ 施本、早稻田本、东研所本无"问证惓惓"。

❹ "已期二三同志,更处静地,扳留旬日",施本、早稻田本、东研所本作"甚欲扳留旬日"。

❺ "劘"(mó),施本作"磨"。

❻ "反覆千余言,读之无甚浣慰",施本、早稻田本、东研所本作"浣慰可知"。浣慰(huànwèi),快慰、宽慰。

❼ 谫谫屑屑,浅薄猥琐的样子。

❽ 讦(jié),揭露。

❾ 徇(xùn),顺从,曲从。

❿ 裸跣(luǒxiǎn),露体赤脚。"裸",施本、早稻田本、东研所本作"踝",四库底本作"祼",皆误,四部备要本、世界书局本、《全集》作"裸",据改。

⓫ 语出《论语·宪问》:子路宿于石门。晨门曰:"奚自?"子路曰:"自孔氏。"曰:"是知其不可而为之者与?"

⓬ 语出《论语·宪问》:子击磬于卫。有荷蒉而过孔氏之门者,曰:"有心哉!击磬乎!"既而曰:"鄙哉!硁硁乎!莫己知也,斯已而已矣。深则厉,浅则揭。"子曰:"果哉!末之难矣。"

⓭ "二三",施本、早稻田本作"一二"。

⑭ “而充”，施本、早稻田本作“以往”。

⑮ 恝(jiá)，恝然，即淡然，不经心的样子。

⑯ “岐”，施本、早稻田本、东研所本作“期”，陈本作“歧”，与“岐”通。

⑰ “殊觉”，施本、早稻田本、东研所本作“殊”。

二

导读

给聂文蔚的第二封信，据陈荣捷先生考证，乃阳明绝笔。在这封信中，阳明主要辨明了以下几个问题：

其一，孟子“勿忘勿助”“必有事焉”“集义”与《大学》格致诚正功夫以及阳明倡导的“致良知”功夫之间的关系问题。“勿忘勿助”乃是孟子因告子得病处而发，孟子更为主要的观念是集义。首先，阳明主要强调“必有事焉”，也就是时时集义，勿忘勿助只是集义功夫中的警觉而已。若只讲“勿忘勿助”，则陷入沉空守寂，功夫无实落下手处。其次，“必有事焉”即集义，而集义则只是致良知。致良知比“集义”更切实可循，因为致良知是对《大学》中“格致诚正”功夫的贯通，即就事上致良知是格物，着实致良知是诚意，无一毫意必固我是正心。“格致诚正”即可涵盖“勿忘勿助”。最后，集义、致良知、勿忘勿助的关系不可言掺和兼搭。集义就是致良知，勿忘勿助只是中间的一个精神警觉状态，已被涵盖在其中了。无论是集义还是致良知，都只是一件事，一个功夫，旨在复心之本体，即性，即理，亦即良知。

其二，阳明辨析了“致知”与求之于事亲从兄之间的说法。阳明特别警惕学者们将致知使用为“求之于……”的言说方式，因为他主张内外一贯，良知乃人心之本体，天理明觉处，“心外无物”，“意之所在便是物”，因而良知顺着意向外扩充则为事物，以及呈现为物事上的天理。致知只是致其真诚恻怛之良知，而非于事物上去求良知天理。

原文

【185】得书,见近来所学之骤进,喜慰不可言。谛视数过,其间虽亦有一二未莹彻处,却是致良知之功尚未纯熟,到纯熟时,自无此矣。譬之驱车,既已由于康庄大道之中,或时横斜迂曲者,乃马性未调,衔勒不齐之故,然已只在康庄大道中,决不赚入傍蹊曲径矣。近时海内同志到此地位者,曾未多见。喜慰不可言,斯道之幸也!

贱躯旧有咳嗽畏热之病,近入炎方,辄复大作。主上圣明洞察,责付甚重,不敢遽辞。地方军务冗沓,皆舆疾从事。今却幸已平定,已具本乞回养病。得在林下,稍就清凉,或可瘳[1]耳。人还,伏枕草草,不尽倾企。外惟濬[2]一简,幸达致之。

【186】来书所询,草草奉复一二。

近岁来山中讲学者,往往多说"勿忘勿助"工夫甚难,问之,则云:"才着意便是助,才不着意便是忘,所以甚难。"区区因问之云:"忘是忘个甚么?助是助个甚么?"其人默然无对。始请问。区区因与说,我此间讲学,却只说个"必有事焉",不说"勿忘勿助"。"必有事焉"者只是时时去集义。若时时去用"必有事"的工夫,而或有时间断,此便是忘了,即须勿忘。时时去用"必有事"的工夫,而或有时欲速求效,此便是助了,即须勿助。其工夫全在"必有事焉"上用,"勿忘勿助",只就其间提撕警觉而已。若是工夫原不间断,即[3]不须更说勿忘;原不欲速求效,即不须更说勿助。此其工夫,何等明白简易!何等洒脱自在!今却不去"必有事"上用工,而乃悬空守着一个"勿忘勿助",此正如烧锅煮饭,锅内不曾渍水下米,而乃专去添柴放火,不知毕竟煮出个甚么物来!吾恐火候未及调停,而锅已先破裂矣。近日,一种专在"勿忘勿助"上用工者[4],其病正是如此。终日悬空去做个勿忘,又悬空去做个勿助,漭漭荡荡[5],全无实落下手处。究竟工夫只做得个沉空守寂,学成一个痴呆汉,才遇些子事来,即便牵滞纷扰,不复能经纶宰制。此皆有志之士,而乃使之劳苦缠缚,担阁[6]一生,皆由学术误人之故,甚可悯矣!

【187】夫"必有事焉"只是集义,集义只是致良知。说集义则一时未见头脑,说致良知即当下便有实地步可用工。故区区专说"致良知",随时就事上致其良知,便是格物;着实去致良知,便是诚意;着实致其良知,而无一毫意必固我,便是正心;着实致良知,则自无忘之病;无一毫意必固我,则自无助之病。故说"格致诚正",则不必更说个"忘助"。孟子说"忘助",亦就告子得病处立方。告子强制其心,是助的病痛,故孟子专说助长之害。告子助长,亦是他以义为外,不知就自心上集义,在"必有事焉"上用功,是以如此。若时时刻刻就自心上集义,则良知之体,洞然明白,自然是是非非,纤毫莫遁,又焉有"不得于言,勿求于心;不得于心,勿求于气"之弊乎?孟子"集义""养气"之说,固大有功于后学,然亦是因病立方,说得大段;不若《大学》"格致诚正"之功,尤极精一简易,为彻上彻下,万世无弊者也。

【188】圣贤论学,多是随时就事,虽言若人殊,而要其工夫头脑,若合符节。缘天地之间,原只有此性,只有此理,只有此良知,只有此一件事耳。故凡就古人论学处说工夫,更不必搀和兼搭而说,自然无不吻合贯通者。才须搀和兼搭而说,即是自己工夫未明彻也。近时有谓集义之功,必须兼搭个致良知而后备者,则是集义之功尚未了彻也。集义之功尚未了彻,适足以为致良知之累而已矣。谓致良知之功,必须兼搭一个"勿忘勿助"而后明者,则是致良知之功尚未了彻也。致良知之功尚未了彻也,适足以为"勿忘勿助"之累而已矣。若此者,皆是就文义上解释牵附,以求混融凑泊,而不曾就自己实工夫上体验,是以论之愈精,而去之愈远。文蔚之

论,其于大本达道既已沛然无疑,至于致知穷理及“忘助”等说,时亦有搀和兼搭处,却是区区所谓康庄大道之中,或时横斜迂曲者。到得工夫熟后,自将释然矣。

【189】文蔚谓“致知之说,求之事亲从兄之间,便觉有所持循”者,此段最见近来真切笃实之功。但以此自为,不妨自有得力处;以此遂为定说教人,却未免又有因药发病之患,亦不可不一讲也。盖良知只是一个天理,自然明觉发见处,只是一个真诚恻怛,便是他本体。故致此良知之真诚恻怛以事亲,便是孝;致此良知之真诚恻怛以从兄,便是弟;致此良知之真诚恻怛以事君,便是忠:只是一个良知,一个真诚恻怛。若是从兄的良知不能致其真诚恻怛,即是事亲的良知不能致其真诚恻怛矣;事君的良知不能致其真诚恻怛,即是从兄的良知不能致其真诚恻怛矣。故致得事君的良知,便是致却从兄的良知;致得从兄的良知,便是致却事亲的良知。不是事君的良知不能致,却须又从事亲的良知上去扩充将来。如此,又是脱却本原,着在支节上求了。良知只是一个,随他发见流行处,当下具足,更无去来[7],不须假借。然其发见流行处,却自有轻重厚薄,毫发不容增减者,所谓“天然自有之中”也。虽则轻重厚薄,毫发不容增减,而原又只是一个;虽则只是一个,而其间轻重厚薄,又毫发不容增减。若可得增减,若须假借,即已非其真诚恻怛之本体矣。此良知之妙用,所以无方体,无穷尽,“语大天下莫能载,语小天下莫能破”者也。

【190】孟氏“尧舜之道,孝弟而已”者,是就人之良知发见得最真切笃厚、不容蔽昧处提省人,使人于事君、处友、仁民、爱物,与凡动静语默间,皆只是致他那一念事亲从兄真诚恻怛的良知,即自然无不是道。盖天下之事虽千变万化,至于不可穷诘,而但惟致此事亲从兄、一念真诚恻怛之良知以应之,则更无有遗缺渗漏者,正谓其只有此一个良知故也。事亲从兄一念良知之外,更无有良知可

致得者。故曰:“尧舜之道,孝弟而已矣。”此所以为“惟精惟一”之学,放之四海而皆准,“施诸后世而无朝夕”者也。

文蔚云:“欲于事亲、从兄之间,而求所谓良知之学。”就自己用工得力处如此说,亦无不可;若曰“致其良知之真诚恻怛,以求尽夫事亲从兄之道焉”,亦无不可也。明道云:“行仁自孝弟始。孝弟是仁之一事,谓之行仁之本则可,谓是仁之本则不可。”其说是矣。

【191】“亿、逆、先觉”之说,文蔚谓“诚则旁行曲防[8],皆良知之用”,甚善甚善!间有搀搭处,则前已言之矣。惟濬之言,亦未为不是。在文蔚须有取于惟濬之言而后尽,在惟濬又须有取于文蔚之言而后明;不然,则亦未免各有倚着之病也。舜察迩言[9]而询刍荛[10],非是以迩言当察,刍荛当询,而后如此,乃良知之发见流行,光明圆莹,更无罣[11]碍遮隔处,此所以谓之大知;才有执着意必,其知便小矣。讲学中自有去取分辨,然就心地上着实用工夫,却须如此方是。

【192】尽心三节,区区曾有“生知、学知、困知”之说,颇已明白,无可疑者。盖尽心、知性、知天者,不必说存心、养性、事天,不必说夭寿不贰、修身以俟,而存心、养性与修身以俟之功已在其中矣。存心、养性、事天者,虽未到得尽心、知天的地位,然已是在那里做个求到尽心知天的工夫,更不必说夭寿不贰,修身以俟,而夭寿不贰,修身以俟之功已在其中矣。譬之行路,尽心知天者,如年力壮健之人,既能奔走往来于数千里之间者也;存心事天者,如童稚之年,使之学习步趋于庭除之间者也;夭寿不贰、修身以俟者,如襁抱之孩,方使之扶墙傍壁,而渐学起立移步者也。既已能奔走往来于数千里之间者,则不必更使之于庭除之间而学步趋,而步趋于庭除之间自无弗能矣。既已能步趋于庭除之间,则不必更使之扶墙傍壁而学起立移步,而起立移步自无弗能矣。然学起立移步,便是学步趋庭除之始;学步趋庭除,便是学奔走往来于数千里之基,固非

有二事。但其工夫之难易，则相去悬绝矣。心也，性也，天也，一也。故及其知之成功则一；然而三者人品力量自有阶级，不可躐等而能也。细观文蔚之论，其意似[12]恐尽心知天者，废却存心修身之功，而反为尽心知天之病。是盖为圣人忧工夫之或间断，而不知为自己忧工夫之未真切也。吾侪用工，却须专心致志在夭寿不贰、修身以俟上做，只此便是做尽心知天功夫之始。正如学起立移步，便是学奔走千里之始。吾方自虑其不能起立移步，而岂遽虑其不能奔走千里，又况为奔走千里者而虑其或遗忘于起立移步之习哉？

文蔚识见本自超绝迈往，而所论云然者，亦是未能脱去旧时解说文义之习。是为此三段书，分疏比合，以求融会贯通，而自添许多意见缠绕，反使用工不专一也。近时悬空去做"勿忘勿助"者，其意见正有此病，最能担误人，不可不涤除耳。

【193】所谓"尊德性而道问学"一节，至当归一，更无可疑。此便是文蔚曾着实用工，然后能为此言。此本不是险僻难见的道理，人或意见不同者，还是良知尚有纤翳潜伏。若除去此纤翳，即自无不洞然矣。

【194】已作书后，移卧檐间，偶遇无事，遂复答此。文蔚之学既已得其大者，此等处久当释然自解，本不必屑屑如此分疏。但承相爱之厚，千里差人远及，谆谆下问，而竟虚来意，又自不能已于言也。然直戆[13]烦缕已甚，恃在信爱[14]，当不为罪[15]，惟濬及谦之[16]、崇一处，各[17]得转录一通，寄视之，尤承一体之[18]好也。

右南大吉录。

注释

1. 瘳（chōu），病愈。
2. 惟濬，即陈九川（1494—1562），字惟濬，号明水，江西临川人，正德九年（1514）进士，授太常博士，官至礼部郎中。因与赣籍官员修撰舒芬、考功员外郎夏良胜、礼部主事万潮等谏武宗南巡，遭廷杖，此四人被称为“江西四谏”。陈九川师事王阳明，为江右王门的重要代表，著有《明水先生集》。

❸ “即”，施本作“则”。

❹ “者”，施本作“看”，东研所本作“夫”。

❺ “漭漭荡荡”（漭，音 mǎng），洪水浩荡广大之貌。诸本均作“渀渀荡荡”（渀，音 bèn）。

❻ “担阁”，即“耽搁”。

❼ “来”，《全集》作“求”。

❽ “防”，施本作“行”。

❾ 语出《中庸》第六章：“舜好问而好察迩言。”

❿ 语出《诗经·大雅·板》：“先民有言，询于刍荛。”刍荛，采薪之人。“刍荛”，《全集》、陈本作“蒭荛”。

⓫ 罣（guà），同“挂”。

⓬ “似”，《全集》、陈本作“以”。

⓭ 戆（zhuàng），直戆，憨厚而刚直。

⓮ 施本、早稻田本、东研所本无“恃在信爱”一句。

⓯ “当不为罪”，施本、早稻田本、东研所本作“不罪不罪”。

⓰ 谦之，即邹守益（1491—1562），字谦之，号东廓，江西安福人。正德六年授翰林编修，后议大礼，下狱，谪为广德判官，后起为南京国子监祭酒。师事王阳明，江右王门的重要代表，著有《东廓集》。

⓱ “各”，施本、早稻田本、东研所本作“处”。

⓲ 施本、早稻田本、东研所本无“承一体之”。

训蒙大意示教读刘伯颂等

导读

该文为王阳明在正德十三年（1518）平定赣南动乱后颁布的文告，旨在教育当时以教读为业的刘伯颂等人正确开展儿童启蒙教育。首先,阳明强调古代童蒙教学的宗旨在于"教以人伦",以道德教育为要务,而后世则强调记诵辞章,而以"歌诗、习礼"为不切时务,以至本末倒置,背弃了古圣先王的教学宗旨。其次,阳明分析了童蒙教育的规律,即儿童"乐嬉游而惮拘检",指出应当正确加以疏导而不是摧挠,要使童子中心喜悦,乐于学习,而不是厌学。具体做法:一是歌诗,畅发其情意,宣泄其幽抑;二是习礼,整肃其容仪,活动其筋骨;三是读书,开启心智,存心宣志。再次,王阳明批评近世童蒙教育压抑了儿童个性,导致各种恶习滋生。最后,王阳明希望各教读能够体察他的深意,遵循童蒙教学的规律和宗旨,以成"蒙以养正"之功。

原文

【195】古之教者,教以人伦。后世记诵词章之习起,而先王之教亡。今教童子,惟当以孝弟忠信礼义廉耻为专务。其栽培涵养之方,则宜诱之歌诗,以发其志意,导之习礼,以肃其威仪,讽之读书,以开其知觉。今人往往以歌诗、习礼为不切时务,此皆末俗庸鄙之见,乌足以知古人立教之意哉!大抵童子之情,乐嬉游而惮拘检,如草木之始萌芽,舒畅之则条达,摧挠之则衰痿。今教童子,必使其趋向鼓舞,中心喜悦,则其进自不能已。譬之时雨春风,沾被卉木,莫不萌动发越,自然日长月化。若冰霜剥落,则生意萧索,日就枯槁矣。故凡诱之歌诗者,非但发其志意而已,亦所以泄其跳号呼啸于咏歌,宣其幽抑结滞于音节也;导之习礼者,非但肃其威仪而已,亦所以周旋揖让而动荡其血脉,拜起屈伸而固束其筋骸也;讽之读书者,非但开其知觉而已,亦所以沉潜反复而存其心,抑扬讽诵以宣其志也。凡此皆所以顺导其志意,调理其性情,潜消其鄙吝,默化其粗顽,日使之渐于礼义而不苦其难,入于中和而不知其故。是盖先王立教之微意也。若近世之训蒙稚者,日惟督以句读课习[1],责其检束,而不知导之以礼;求其聪明,而不知养之以善;鞭

挞绳缚,若待拘囚。彼视学舍如囹狱而不肯入,视师长如寇仇而不欲见,窥避掩覆以遂其嬉游,设诈饰诡以肆其顽鄙,偷薄庸劣,日趋下流。是盖驱之于恶而求其为善也,何可得乎?凡吾所以教,其意实在于此。恐时俗不察,视以为迂,且吾亦将去,故特叮咛以告。尔诸教读,其务体吾意,永以为训;毋辄因时俗之言,改废其绳墨,庶成"蒙以养正"[2]之功矣。念之念之!

注释

❶ "习",丛刊本、陈本、《全集》作"仿"。

❷ 蒙以养正,语出《易经·蒙卦·彖辞》:"蒙以养正,圣功也。"

教约

导读

这篇是王阳明针对童蒙教育而创设的具体教学方法。首先,他提出教师每天应逐一询问诸生日常礼节与道德规范是否践履与遵守,帮助学生完成反躬自问,体现了曾子"日三省"之旨。其次,阳明对歌《诗》、习礼、授书三个主要教学方法进行了规定,并且明确提出循序渐进与减负的教学方法,使儿童"精神力量有余","无厌苦之患","有自得之美"。最后,王阳明对每日教学内容的先后次序进行了设定。

原文

【196】每日清晨,诸生参揖毕,教读以次。遍询诸生:在家所以爱亲敬长之心,得无懈忽,未能真切否?温凊定省之仪,得无亏缺,未能实践否?往来街衢,步趋礼节,得无放荡,未能谨饬否?一应言行心术,得无欺妄非僻,未能忠信笃敬否?诸童子务要各以实对,有则改之,无则加勉。教读复随时就事,曲加诲谕开发,然后各退就席肄业。

【197】凡歌《诗》，须要整容定气，清朗其声音，均审其节调；毋躁而急，毋荡而嚣，毋馁而慑；久则精神宣畅，心气和平矣。每学量童生多寡，分为四班，每日轮一班歌《诗》，其余皆就席，敛容肃听。每五日则总四班递歌于本学。每朔望，则集各学会歌于书院。

【198】凡习礼，须要澄心肃虑，审其仪节，度其容止，毋忽而惰，毋沮而怍，毋径而野，从容而不失之迂缓，修谨而不失之拘局。久则礼貌习熟，德性坚定矣。童生班次，皆如歌诗。每间一日，则轮一班习礼，其余皆就席，敛容肃观。习礼之日，免其课仿。每十日则总四班递习于本学。每朔望，则集各学会习于书院。

【199】凡授书不在徒多，但贵精熟。量其资禀，能二百字者，止可授以一百字。常使精神力量有余，则无厌苦之患，而有自得之美。讽诵之际，务令专心一志，口诵心维，字字句句紬绎反覆，抑扬其音节，宽虚其心意，久则义礼浃洽，聪明日开矣。

【200】每日工夫，先考德，次背书诵书，次习礼，或作课仿，次复诵书讲书，次歌《诗》。凡习礼歌《诗》之类，皆所以常存童子之心，使其乐习不倦，而无暇及于邪僻。教者知此，则知所施矣。虽然，此其大略也；“神而明之，则存乎其人”。

传习录下

陈九川录

导读

王阳明在此辨析了身、心、意、知、物的关系，以进一步解诚意功夫为《大学》关键。他认为身、心、意、知、物是一贯的，反对将它们截然对立，犹如身不可离心，心亦不可离身。同理，心为主宰，意为心之发动，意之灵明即知，亦即心之本体，意之所涉即为物。意是贯穿着身、心、知、物的关键，格物乃是随意之所在之物而去人欲、存天理，则良知之在此事上得以呈现，是谓致知，而诚意功夫则贯穿始终。可参看第174、317条。

原文

【201】正德乙亥，九川初见先生于龙江。先生与甘泉[1]先生论格物之说。甘泉持旧说。先生曰："是求之于外了。"甘泉曰："若以格物理为外，是自小其心也。"九川甚喜旧说之是。先生又论"尽心"一章，九川一闻，却遂无疑。后家居，复以格物遗质先生。答云："但能实地用功，久当自释。"山间乃自录《大学》旧本读之，觉朱子格物之说非是；然亦疑先生以意之所在为物，"物"字未明。己卯，归自京师，再见先生于洪都[2]。先生兵务倥偬，乘隙讲授，首问："近年用功何如?"九川曰："近年体验得'明明德'功夫只是'诚意'。自'明明德于天下'，步步推入根源，到'诚意'上，再去不得，如何以前又有'格致'工夫？后又体验，觉得意之诚伪，必先知觉乃

可,以颜子'有不善未尝不知[3],知之未尝复行'为证,豁然若无疑,却又多了格物功夫。又思来吾心之灵,何有不知意之善恶?只是物欲蔽了,须格去物欲,始能如颜子未尝不知耳。又自疑功夫颠倒,与诚意不成片段。后问希颜[4]。希颜曰:'先生谓格物致知是诚意功夫,极好。'九川曰:'如何是诚意功夫?'希颜令再思体看。九川终不悟,请问。"先生曰:"惜哉!此可一言而悟,惟濬所举颜子事便是了。只要知身、心、意、知、物是一件。"九川疑曰:"物在外,如何与身、心、意、知是一件?"先生曰:"耳目口鼻四肢,身也,非心安能视听言动?心欲视听言动,无耳目口鼻四肢亦不能。故无心则无身,无身则无心。但指其充塞处言之谓之身,指其主宰处言之谓之心,指心之发动处谓之意,指意之灵明处谓之知,指意之涉着处谓之物:只是一件。意未有悬空的,必着事物,故欲诚意,则随意所在某事而格之,去其人欲而归于天理,则良知之在此事者,无蔽而得致矣。此便是诚意的功夫。"九川乃释然,破数年之疑。又问:"甘泉近亦信用《大学》古本,谓'格物'犹言'造道',又谓穷理如穷其巢穴之穷,以身至之也,故格物亦只是随处体认天理,似与先生之说渐同。"先生曰:"甘泉用功,所以转得来。当时与说'亲民'字不须改,他亦不信,今论'格物'亦近,但不须换'物'字作'理'字,只还他一'物'字便是。"后有人问九川曰:"今何不疑'物'字?"曰:"《中庸》曰'不诚无物',程子曰'物来顺应',又如'物各付物''胸中无物'之类,皆古人常用字也。"他日,先生亦云然。

注释

❶ 甘泉,即湛若水(1466—1560),字元明,号甘泉,增城(今属广东)人。从学于陈献章,主张"随处体认天理",与王阳明及其弟子素有交往。历南京礼部、吏部、兵部三部尚书,著有《湛甘泉集》。

❷ 洪都,古地名,今江西南昌。

❸ "有不善未尝不知",丛刊本、施本、陈本均作"有不善未尝知之"。

语出《易经·系辞传下》，据此以及第259条语录，则四库底本正确。

❹ 希颜，生平不详。陈荣捷先生怀疑“希颜”乃“希渊”之误，姑备一说。

导读

王阳明认为，念虑无时可息，故有声色在前，亦不可不闻见，只要戒慎之念常保持不断灭。至于静，周敦颐乃是从本体角度而言，无欲故静，亦即本体之恒定，非谓良知有动静。是故，不管是静坐，还是遇事，都只是一个心在做本体，本体无内外，功夫也不分内外。如果平常不在人事上磨炼，一味地好静，则本体不明，遇事便乱。可参看第20、39、203、204、256、262条。

原文

【202】九川问：“近年因厌泛滥之学，每要静坐，求屏息念虑，非惟不能，愈觉扰扰，如何？”先生曰：“念如何可息？只是要正。”曰：“当自有无念时否？”先生曰：“实无无念时。”曰：“如此却如何言静？”曰：“静未尝不动，动未尝不静。戒谨恐惧即是念，何分动静？”曰：“周子何以言‘定之以中正仁义而主静？’”曰：“无欲故静，是‘静亦定，动亦定’的‘定’字，主其本体也。戒惧之念是活泼泼地。此是天机不息处，所谓‘维天之命，於穆不已[1]’，一息便是死。非本体之念，即是私念。”

【203】又问：“用功收心时，有声色[2]在前，如常闻见，恐不是专一。”曰：“如何欲不闻见？除是槁木死灰，耳聋目盲则可。只是虽闻见而不流去便是。”曰：“昔有人静坐，其子隔壁读书，不知其勤惰，程子称其甚敬。何如？”曰：“伊川恐亦是讥他。”

【204】又问：“静坐用功，颇觉此心收敛，遇事又断了，旋起个念头，去事上省察。事过又寻旧功，还觉有内外，打不作一片。”先生

曰："此格物之说未透。心何尝有内外？即如惟濬，今在此讲论，又岂有一心在内照管？这听讲说时专敬，即是那静坐时心，功夫一贯，何须更起念头？人须在事上磨炼做功夫乃有益。若只好静，遇事便乱，终无长进。那静时功夫，亦差似收敛，而实放溺也。"后在洪都，复与于中[3]、国裳[4]论内外之说，渠皆云"物自有内外，但要内外并着功夫，不可有间耳"，以质，先生曰："功夫不离本体，本体原无内外。只为后来做功夫的分了内外，失其本体了。如今正要讲明功夫不要有内外，乃是本体功夫。"是日俱有省。

注释

❶ 语出《诗经·周颂·维天之命》："维天之命，於穆不已。於乎不显，文王之德之纯。假以溢我，我其收之。骏惠我文王，曾孙笃之。"

❷ "有声色"，《全集》作"有声有色"。

❸ 于中，底本作"子中"，诸本均作"于中"。据陈荣捷先生考证，"子中"当为"于中"之误。夏良胜，字于中，江西人，王阳明的弟子，正德三年进士，官吏部考功员外郎。以下径改。

❹ 国裳，即舒芬(1484—1527)，字国裳，号梓溪，江西进贤人，官翰林院修撰，后又被授谏议大夫，两次进谏，分别遭廷杖和下狱，为官清正，刚正不阿。著有《舒文节公全集》(又名《梓溪文钞》)。

导读

王阳明比较推重陆九渊的心学思想，但同时也指出他思想的粗糙。阳明认为，良知人人自有，本无不同，故每人"胸中各有个圣人"。正因为良知好比"指南针""试金石""灵丹"，致良知便是依此良知而行，则是非善恶自然彰显，无法遮蔽。致知之妙只有主体自身体会得到，言说不尽。此外，阳明认为致良知的观念，圣人早已提出来，他不过发明出来而已，谈不上泄露天机，人人须去用功做。可参看第237、282、283、289、290条。

原文

【205】又问："陆子之学何如？"先生曰："濂溪、明道之后，还是象山，只是粗些。"九川曰："看他论学，篇篇说出骨髓，句句似针膏肓，却不见他粗。"先生曰："然他心上用过功夫，与揣摹依仿，求之文义，自不同。但细看有粗处，用功久，当见之。"

【206】庚辰往虔州[1]，再见先生，问："近来功夫虽若稍知头脑，然难寻个稳当快乐处。"先生曰："尔却去心上寻个天理，此正所谓理障。此间有个诀窍。"曰："请问如何？"曰："只是致知。"曰："如何致？"曰："尔那一点良知，是尔自家底准则。尔意念着处，他是便知是，非便知非，更瞒他一些不得。尔只不要欺他，实实落落依着他做去，善便存，恶便去。他这里何等稳当快乐！此便是格物的真诀，致知的实功。若不靠着这些真机，如何去格物？我亦近年体贴出来如此分明，初犹疑只依他恐有不足，精细看，无些小欠阙。"

【207】在虔，与于中、谦之同侍。先生曰："人胸中各有个圣人，只自信不及，都自埋倒了。"因顾于中曰："尔胸中原是圣人。"于中起，不敢当。先生曰："此是尔自家有的，如何要推？"于中又曰："不敢。"先生曰："众人皆有之，况在于中？却何故谦起来？谦亦不得。"于中乃笑受。又论："良知在人，随你如何，不能泯灭，虽盗贼亦自知不当为盗，唤他作贼，他还忸怩。"于中曰："只是物欲遮蔽，良心在内，自不会失，如云自蔽日，日何尝失了！"先生曰："于中如此聪明，他人见不及此。"

【208】先生曰："这些子看得透彻，随他千言万语，是非诚伪，到前便明，合得的便是，合不得的便非。如佛家说'心印'相似，真是个试金石、指南针。"

【209】先生曰："人若知这良知诀窍，随他多少邪思枉念，这里一觉，都自消融。真个是灵丹一粒，点铁成金。"

【210】崇一曰："先生致知之旨，发尽精蕴，看来这里再去不得。"先生曰："何言之易也？再用功半年，看如何？又用功一年，看如何？功夫愈久，愈觉不同，此难口说。"

【211】先生问九川："于'致知'之说体验如何？"九川曰："自觉不同往时，操持常不得个恰好处，此乃是恰好处。"先生曰："可知是体来与听讲不同。我初与讲时，知尔只是忽易，未有滋味。只这个要妙，再体到深处，日见不同，是无穷尽的。"又曰："此'致知'二字，真是个千古圣传之秘；见到这里，'百世以俟圣人而不惑！'"

【212】九川问曰："伊川说到'体用一原，显微无间'处，门人已说是泄天机。先生致知之说，莫亦泄天机太甚否？"先生曰："圣人已指以示人，只为后人掩匿，我发明耳，何故说泄？此是人人自有的，觉来甚不打紧一般。然与不用实功人说，亦甚轻忽可惜，彼此无益；与实❷用功而不得其要者提撕之，甚沛然有❸力。"

注释

❶ 虔州，今江西赣州。

❷ "与实"，四部备要本、《全集》作"无实"。

❸ "有"，诸本作"得"。

导读

首先，良知本常在，只是苦于心不自知，故沦埋了。若能勇敢地在良知上持续用功，则妄念不生。良知本体，其扩充处便是人事之用，便是格物，使人事活动依此良知，便是致知。其次，阳明批驳了那种离开人事而悬空讲良知的做法，日常经验生活中，无不是致良知。最后，阳明认为良知人皆有之，从这个角度来看，众人也可以说是"生知"。

原文

【213】又曰："知来本无知，觉来本无觉，然不知则遂沦埋。"

【214】先生曰:"大凡朋友,须箴规指摘处少,诱掖奖劝意多,方是。"后又戒九川云:"与朋友论学,须委曲谦下,宽以居之。"

【215】九川卧病虔州。先生云:"病物亦难格,觉得如何?"对曰:"功夫甚难。"先生曰:"常快活便是功夫。"

【216】九川问:"自省念虑,或涉邪妄,或预料理天下事,思到极处,井井有味,便缱绻难屏,觉得早则易,觉[1]迟则难,用力克治,愈觉扞格[2]。惟稍迁念他事,则随两忘。如此廓清,亦似无害。"先生曰:"何须如此! 只要在良知上着功夫。"九川曰:"正谓那一时不知。"先生曰:"我这里自有功夫,何缘得他来? 只为尔功夫断了,便蔽其知。既断了,则继续旧功便是,何必如此?"九川曰:"直[3]是难鏖,虽知,丢他不去。"先生曰:"须是勇。用功久,自有勇。故曰:'是集义所生者。'胜得容易,便是大贤。"

【217】九川问:"此功夫却于心上体验明白,只解书不通。"先生曰:"只要解心。心明白,书自然融会。若心上不通,只要书上文义通,却自生意见。"

【218】有一属官,因久听讲先生之学,曰:"此学甚好,只是簿书讼狱繁难,不得为学。"先生闻之,曰:"我何尝教尔离了簿书讼狱,悬空去讲学? 尔既有官司之事,便从官司的事上为学,才是真格物。如问一词讼,不可因其应对无状,起个怒心;不可因他言语圆转,生个喜心;不可恶其嘱托,加意治之;不可因其请求,屈意从之;不可因自己事务烦冗,随意苟且断之;不可因旁人谮毁罗织,随人意思处之:这许多意思皆私,只尔自知,须精细省察克治,惟恐此心有一毫偏倚,枉[4]人是非,这便是格物致知。簿书讼狱之间,无非实学;若离了事物为学,却是着空。"

【219】虔州将归,有诗别先生,云:"良知何事系多闻,妙合当时已种根。好恶从之为圣学,将迎无处是乾元。"先生曰:"若未来讲此学,不知说'好恶从之'从个甚么?"敷英[5]在座曰:"诚然。尝读

先生《大学古本序》,不知所说何事,及来听讲许时,乃稍知大意。”

【220】于中、国裳辈同侍食。先生曰:“凡饮食只是要养我身,食了要消化;若徒蓄积在肚里,便成痞了,如何长得肌肤?后世学者博闻多识,留滞胸中,皆伤食之病也。”

【221】先生曰:“圣人亦是‘学知’,众人亦是‘生知’。”问曰:“何如?”曰:“这良知人人皆有,圣人只是保全,无些障蔽,兢兢业业,亹亹翼翼,自然不息,便也是学;只是生的分数多,所以谓之‘生知安行’。众人自孩提之童,莫不完具此知,只是障蔽多,然本体之知,自难泯息,虽问学[6]克治,也只凭他;只是学的分数多,所以谓之‘学知利行’。”

注释

❶ “觉”,施本作“觉得”。

❷ “扞格”,陈本作“捍格”,可通。

❸ “直”,施本作“真”。

❹ “枉”,丛刊本、四部备要本、世界书局本、《全集》作“杜”。陈本注曰:“全书作‘杜’,误。”

❺ 敷英,王阳明的弟子,其余不详。

❻ “问学”,施本作“学问”。

导读

良知乃心之本体,无所不该,只是一个,但为私欲遮蔽,故不能完全彰显。无所谓一节之知,一节之知即是全体之知,本体完整,原无缺陷。

原文

【222】黄以方[1]问:“先生格致之说,随时格物以致其知,则知是一节之知,非全体之知也,何以到得‘溥博如天,渊泉如渊’地位?”先生曰:“人心是天、渊。心之本体,无所不该,原是一个天。只为

私欲障碍,则天之本体失了。心之理无穷尽,原是一个渊。只为私欲窒塞,则渊之本体失了。如今念念致良知,将此障碍窒塞一齐去尽,则本体已复,便是天、渊了。”乃指天以示之曰:“比如面前见天,是昭昭之天;四外见天,也只是昭昭之天。只为许多房子墙壁遮蔽,便不见天之全体。若撤去房子墙壁,总是一个天矣。不可道眼前天是昭昭之天,外面又不是昭昭之天也。于此便见一节之知,即全体之知;全体之知,即一节之知:总是一个本体。”

以下[2]门人黄直录[3]。

注释

❶ 黄以方,即黄直,字以方,江西金溪人,嘉靖二年进士,官漳州推官,王阳明的弟子。

❷ “以下”,诸本均作“已下”。

❸ 陈本将第222条“黄以方问”放置在“以下门人黄直录”之下。

黄直录

导读

王阳明认为,本心之良知即天理,圣贤无非就是依此良知而行,志在于道,废寝忘食,具体的事业气节自然符合道,但圣人并不以功名事业而出名。

原文

【223】先生曰:“圣贤非无功业气节[1],但其循着这天理,则便是道,不可以事功气节名矣。”

【224】“‘发愤忘食’,是圣人之志如此,真无有已时;‘乐以忘忧’,是圣人之道如此,真无有戚时。恐不必云得不得也。”

注释

❶“气节”,丛刊本、施本作“节气”。

导读

良知本无穷尽,致良知功夫亦没有穷尽,因此王阳明主张每个人依照自己当日对良知的理解限度,当下即扩充到底,循序渐进。可参看第238条。

原文

【225】先生曰:“我辈致知,只是各随分限所及。今日良知见在如此,只随今日所知,扩充到底;明日良知又有开悟,便从明日所知,扩充到底。如此方是精一功夫。与人论学,亦须随人分限所及。如树有这些萌芽,只把这些水去灌溉,萌芽再长,便又加水。自拱把以至合抱,灌溉之功皆是随其分限所及。若些小萌芽,有一桶水在,尽要倾上,便浸坏他了。”

导读

知行合一的宗旨在于反对“知而不行”以及“冥行妄作”两种现象,强调主体的道德自觉以及更加严格意义上的去人欲、存天理。王阳明主张将人欲产生的那一刹那,即“一念发动处”,看作是行,主张扼杀观念层次的恶,使恶的念头始终不至于流入现实生活,产生现实的恶。可参看第5、132、133、320、321条。

原文

【226】问知行合一。先生曰:“此须识我立言宗旨。今人学问,只因知行分作两件,故有一念发动,虽是不善,然却未曾行,便不去禁止。我今说个‘知行合一’,正要人晓得一念发动处,便即是行

了。发动处有不善，就将这不善的念克倒了，须要彻根彻底，不使那一念不善潜伏在胸中。此是我立言宗旨。”

导读

圣人无所不知并非讲圣人对世间各种礼乐名物知识都通晓，而只是知天理。具体知识圣人也不可能全知，也不必全知，但只要本体明了，其他知识均可通过学习来获得，这也是天理所在。可参看第99、141条。

原文

【227】“圣人无所不知，只是知个天理；无所不能，只是能个天理。圣人本体明白，故事事知个天理所在，便去尽个天理。不是本体明后，却于天下事物都便知得，便做得来也。天下事物，如名物度数、草木鸟兽之类，不胜其烦。圣人虽[1]是本体明了，亦何缘能尽知得？但不必知的，圣人自不消求知；其所当知的，圣人自能问人。如‘子入太庙，每事问’[2]之类，先儒谓‘虽知亦问，敬谨之至’[3]。此说不可通。圣人于礼乐名物，不必尽知，然他知得一个天理，便自有许多节文度数出来。不知能问，亦即是天理节文所在。”

注释

❶ “虽”，诸本均作“须”。

❷ 语出《论语·八佾》。

❸ 语出尹焞，朱子《论语集注》引之：“礼者，敬而已矣。虽知亦问，谨之至也。”

导读

善恶本非两物，心之本体至善，即是良知。良知所发之意因有过与不及，则夹杂了私欲杂念，遮蔽了本体，才有不善。因此阳明特别重视《大学》中的诚意功夫。可参看第101、119、121、129条。

原文

【228】问:"先生尝谓'善恶只是一物'。善恶两端,如冰炭相反,如何谓只一物?"先生曰:"至善者,心之本体。本体上才过当些子,便是恶了。不是有一个善,却又有一个恶来相对也。故善恶只是一物。"直因闻先生之说,则知程子所谓"善固性也,恶亦不可不谓之性"。又曰:"善恶皆天理。谓之恶者本非恶,但于本性上过与不及之间耳。"其说皆无可疑。

【229】先生尝谓"人但得好善如好好色,恶恶如恶恶臭,便是圣人"。直初闻之,觉甚易,后体验得来,此个功夫着实是难。如一念虽知好善、恶恶,然不知不觉,又夹杂去了。才有夹杂,便不是好善如好好色、恶恶如恶恶臭的心。善能实实的好,是无念不善矣;恶能实实的恶,是无念及恶矣。如何不是圣人?故圣人之学,只是一诚而已。

导读

王阳明既然主张良知人人皆有,良知即至善之性,本无不同,因而不管圣人贤人,还是众人,皆有率性与修道之事,但因为每人对本心的认知程度不一,故功夫有次第。可参看第127、265条。

原文

【230】问:"'修道说'言'率性之谓道',属圣人分上事;'修道之谓教',属贤人分上事。"先生曰:"众人亦率性也,但率性在圣人分上较多,故'率性之谓道'属圣人事。圣人亦修道也,但修道在贤人分上多,故'修道之谓教'属贤人事。"又曰:"《中庸》一书,大抵皆是说修道的事。故后面凡说君子,说颜渊,说子路,皆是能修道的;说小人,说贤知、愚不肖,说庶民,皆是不能修道的;其他言舜、文、周公、仲尼至诚至圣之类,则又圣人之自能修道者也。"

导读

儒家主张动静无端，不管动还是静，良知本体恒在，不因时而变。而佛家主张静坐参禅，则是分动静为两个不同状态，未有存天理之事贯穿始终，故与儒家言动静有区别。可参看第23、41、48、87、108、151、156、157条。

原文

【231】问："儒者到三更时分，扫荡胸中思虑，空空静静，与释氏之静只一般，两下皆不用，此时何所分别？"先生曰："动静只是一个。那三更时分，空空静静的，只是存天理，即是如今应事接物的心。如今应事接物的心，亦是循此天理，便是那三更时分空空静静的心。故动静只是一个，分别不得。知得动静合一，释氏毫厘差处亦自莫掩矣。"

导读

太过于矜持则心思用在容貌上，于本体良知反而有所忽视，因而阳明表现出对曾点洒脱气象的推崇。太过于率直则未能致良知于事事物物，则心与物为二，修身与处事脱节。可参看第257条。

原文

【232】门人在座，有动止甚矜持者。先生曰："人若矜持太过，终是有弊。"曰："矜得太过，如何有弊？"曰："人只有许多精神，若专在容貌上用功，则于中心照管不及者多矣。"有太直率者，先生曰："如今讲此学，却外面全不检束，又分心与事为二矣。"

【233】门人作文送友行，问先生曰："作文字不免费思，作了后又一二日常记在怀。"曰："文字思索亦无害，但作了常记在怀，则为文所累，心中有一物矣，此则未可也。"又作诗送人。先生看诗毕，

谓曰:“凡作文字要随我分限所及,若说得太过了,亦非‘修辞立诚’[1]矣。”

注释

❶ 语出《易经·乾卦·文言》。

导读

“察之于念虑之微”与“一念发动处便是行了”相比照,可知王阳明特别重视诚意功夫,认为致良知是实现诚意的功夫,扩充了心之本体,然后才有文字以及应事接物,故他认为念虑之微比后者更重要,因而批评朱子笼统放在一起,是不分轻重。

原文

【234】“文公格物之说,只是少头脑。如所谓‘察之于念虑之微’[1],此一句不该与‘求之文字之中,验之于事为之著,索之讲论之际’混作一例看,是无轻重也。”

注释

❶ 语出朱熹《大学或问》。

导读

王阳明认为《大学》“有所忿懥,则不得其正”,并非说反对任何情感流露,而是主张各种情感流露及表达应与本体之良知一致,这才是廓然大公,得其本体之正。这与“毁不灭性”之说表达了相同的主旨。可参看第44、58、59条。

原文

【235】问“有所忿懥”一条。先生曰:“忿懥几件,人心怎能无得?只是不可有耳!凡人忿懥,着了一分意思,便怒得过当,非廓

然大公之体了。故有所忿懥,便不得其正也。如今于凡忿懥等件,只是个物来顺应,不要着一分意思,便心体廓然大公,得其本体之正了。且如出外见人相斗,其不是的,我心亦怒。然虽怒,却此心廓然,不曾动些子气。如今怒人,亦得如此,方才是正。"

导读

王阳明认为,佛教主张不执着于任何有形无形之物与观念,即"相",因而采取逃离世间各种人伦关系的方法,出家修行,遁迹山林,其实恰好是因为心中有了相,才去逃离相。儒家则从认可人伦关系入手,不以相为相,只是复其良知本来面目,反而在良知的流行之中使得相安于相,最终超越了对相的执着。

原文

【236】先生尝言:"佛氏不着相,其实着了相;吾儒着相,其实不着相。"请问。曰:"佛怕父子累,却逃了父子;怕君臣累,却逃了君臣;怕夫妇累,却逃了夫妇:都是为个君臣、父子、夫妇着了相,便须逃避。如吾儒有个父子,还他以仁;有个君臣,还他以义;有个夫妇,还他以别:何曾着父子、君臣、夫妇的相?"

导读

心之本体只是完整的一个良知,本自澄明,至善不恶,因此只要做去恶的功夫则可复其纯善的本体了,这个功夫也就是致良知的功夫,不须再去添加一个善念。可参看第222条。

原文

【237】黄勉叔[1]问:"心无恶念时,此心空空荡荡的,不知亦须存个善念否?"先生曰:"既去恶念,便是善念,便复心之本体矣。譬如日光,被云来遮蔽,云去,光已复矣。若恶念既去,又要存个善念,

即是日光之中添燃一灯。”

以下门人黄修易录。

注释

❶ 黄勉叔，即黄修易，字勉叔，王阳明的弟子。

黄修易录[1]

导读

在王阳明看来，良知由本然转向明觉必须经过持续不断的功夫，循序渐进，则良知本体才能真正呈现。如果急于求成，马上便要求效验，则反而犯了助长的毛病。可参看第225条。

原文

【238】问："近来用功，亦颇觉妄念不生，但腔子里黑窣窣的，不知如何打得光明？"先生曰："初下手用功，如何腔子里便得光明？譬如奔流浊水，才贮在缸里，初然虽定，也只是昏浊的。须俟澄定既久，自然渣滓尽去，复得清来。汝只要在良知上用功。良知存久，黑窣窣自能光明矣。今便要责效，却是助长，不成工夫。"

注释

❶ 陈本将第237条"黄勉叔问"放置在"黄修易录"下。

导读

良知是本根，人心本有，格物是推致本心之良知于事事物物之上，而不是向事事物物上探求。

原文

【239】先生曰："吾教人致良知，在格物上用功，却是有根本的

学问。日长进一日，愈久愈觉精明。世儒教人事事物物上[1]寻讨，却是无根本的学问。方其壮时，虽暂能外面修饰，不见有过，老则精神衰迈，终须放倒。譬如无根之树，移栽水边，虽暂时鲜好，终久要憔悴。”

注释

❶ 诸本“上”后有“去”字。

导读

王阳明把志于道、据于德、依于仁、游于艺比作选址、选材、营造房屋、装饰美化的整个过程，实质上是将为学功夫分为四个先后呈递的阶段，以建立本末秩序。

原文

【240】问“志于道”一章。先生曰：“只‘志道’一句，便含下面数句功夫，自住不得。譬如做此屋，‘志于道’是念念要去择地鸠材，经营成个区宅。‘据德’却是经画已成，有可据矣。‘依仁’却是常常住在区宅内，更不离去；‘游艺’却是加些画采，美此区宅。艺者，义也，理之所宜者也，如诵诗、读书、弹琴、习射之类，皆所以调习此心，使之熟于道也。苟不志道而游艺，却如无状小子；不先去置造区宅，只管要去买画挂做门面，不知将挂在何处？”

导读

王阳明认为，如果志在于致良知，则读书举业均不妨碍良知的呈现，日常经验中，千事万事，无不是本体的扩充与流行，即良知之用。可参看第 103 条。

原文

【241】问：“读书所以调摄此心，不可缺的。但读之之时，一种

科目意思牵引而来,不知何以免此?”先生曰:“只要良知真切,虽做举业,不为心累;总有累,亦易觉克之而已。且如读书时,良知知得强记之心不是,即克去之;有欲速之心不是,即克去之;有夸多斗靡之心不是,即克去之:如此,亦只是终日与圣贤印对,是个纯乎天理之心。任他读书,亦只是调摄此心而已,何累之有?”曰:“虽蒙开示,奈资质庸下,实难免累。窃闻穷通有命,上智之人恐不屑此,不肖为声利牵缠,甘心为此,徒自苦耳。欲屏弃之,又制于亲,不能舍去,奈何?”先生曰:“此事归辞于亲者多矣,其实只是无志。志立得时,良知千事万为只是一事。读书作文安能累人?人自累于得失耳!”因叹曰:“此学不明,不知此处担阁了几多英雄汉!”

导读

告子只看到了性的后天性,即只看到了性必然不可脱离气,却未从本根上论性。王阳明直承孟子,从本原上追溯性只是一个良知,依良知去言性,则性亦气。可参看第150条。

原文

【242】问:“‘生之谓性’,告子亦说得是,孟子如何非之?”先生曰:“固是性,但告子认得一边去了,不晓得头脑。若晓得头脑,如此说亦是。孟子亦曰‘形色,天性也’,这也是指气说。”又曰:“凡人信口说,任意行,皆说此是依我心性出来,此是所谓生之谓性。然却要有过差。若晓得头脑,依吾良知上说出来,行将去,便自是停当。然良知亦只是这口说,这身行,岂能外得气,别有个去行去说?故曰‘论性不论气不备,论气不论性不明’。气亦性也,性亦气也,但须认得头脑是当。”

导读

良知是本根,生生不息,致良知是功夫,功夫不可间断或跨越,必须依节次深浅,循序渐进,则不会有差错。

原文

【243】又曰:"诸君功夫,最不可助长。上智绝少,学者无超入圣人之理。一起一伏,一进一退,自是功夫节次。不可以我前日用得功夫了,今却不济,便要矫强,做出一个没破绽的模样,这便是助长,连前些子功夫都坏了。此非小过。譬如行路的人,遭一蹶跌,起来便走,不要欺人做那不曾跌倒的样子出来。诸君只要常常怀个'遁世无闷,不见是而无闷'之心,依此良知,忍耐做去,不管人非笑,不管人毁谤,不管人荣辱,任他功夫有进有退,我只是这致良知的主宰不息,久久自然有得力处,一切外事亦自能不动。"又曰:"人若着实用功,随人毁谤,随人欺慢,处处得益,处处是进德之资;若不用功,只是魔也,终被累倒。"

【244】先生一日出游禹穴,顾田间禾曰:"能几何时,又如此长了!"范兆期[1]在旁曰:"此只是有根。学问能自植根,亦不患无长。"先生曰:"人孰无根?良知即是天植灵根,自生生不息;但着了私累,把此根戕贼蔽塞,不得发生耳。"

注释

❶ 范兆期,即范引年,字兆期,号半野,王阳明的弟子。

导读

王阳明主张"反己",反对动辄责备他人,讨论他人之是非。可参看第149条。

原文

【245】一友常易动气责人,先生警之曰:"学须反己。若徒责人,只见得人不是,不见自己非。若能反己,方见自己有许多未尽

处,奚暇责人?舜能化得象的傲,其机括只是不见象的不是。若舜只要正他的奸恶,就见得象的不是矣。象是傲人,必不肯相下,如何感化得他?”是友感悔。曰:“你[1]今后只不要去论人之是非,凡当责辩人时,就把做一件大己私克去方可。”

【246】先生曰:“凡朋友问难,纵有浅近粗疏,或露才扬己,皆是病发。当因其病而药之可也,不可便怀鄙薄之心,非君子与人为善之心矣。”

注释

❶“你”,施本作“尔”。

导读

王阳明认为,卜筮并非简单的占卦之类的技艺,卜筮乃是“决狐疑”,求本心之明,亦即求天理之所在,因此朱熹与程颐对《周易》的理解本质上相同。之所以采取卜筮问天的方式,主要是人心自信不及,因为人之本心有可能被私欲遮蔽,而天则不容有伪。

原文

【247】问:“《易》,朱子主卜筮,《程传》主理,何如?”先生曰:“卜筮是理,理亦是卜筮。天下之理孰有大于卜筮者乎?只为后世将卜筮专主在占卦上看了,所以看得卜筮似小艺。不知今之师友问答,博学、审问、慎思、明辨、笃行之类,皆是卜筮。卜筮者,不过求决狐疑,神明吾心而已。《易》是问诸天,人有疑,自信不及,故以《易》问天。谓人心尚有所涉,惟天不容伪耳。”

导读

王阳明认为,良知是人处事的头脑,“义”即是良知,凡事只需以良知去做,才不会陷入执着。

原文

【248】黄勉之[1]问:"'无适也,无莫也,义之与比。'事事要如此否?"先生曰:"固是事事要如此,须是识得个头脑乃可。义即是良知,晓得良知是个头脑,方无执着。且如受人馈送,也有今日当受的,他日不当受的;也有今日不当受的,他日当受的。你若执着了今日当受的,便一切受去,执着了今日不当受的,便一切不受去,便是'适'莫,便不是良知的本体,如何唤得做义?"

以下门人黄省曾录。[2]

注释

❶ 黄勉之,即黄省曾,字勉之,号五岳,王阳明的弟子。

❷ 陈本、施本均将第248条"黄勉之问"放置在"以下门人黄省曾录"下。

黄省曾录

导读

"心之官则思",所思无邪,则纯是天理良知。王阳明认为,"思无邪"不仅可以概括《诗经》的实质特征,还可以概括整个《六经》以及圣贤之言。

原文

【249】问:"'思无邪'一言,如何便盖得三百篇之义?"先生曰:"岂特三百篇?《六经》只此一言,便可该贯,以至穷古今天下圣贤的话,'思无邪'一言,也可该贯。此外更有何说?此是一了百当的功夫。"

导读

人心、道心本非二心，这一点阳明已经讲明。如果率性而行，让良知扩充流行，则是道心。道心精微，难以体察，非用功夫不能识得本体之知，故曰“微”。道心不能完全呈现，主要是人的私意掺杂，这便是人心。顺此私意去做，则各种道德秩序都会被践踏，从而产生危险的后果，故曰“惟危”。可参看第10条。

原文

【250】问道心人心。先生曰：“‘率性之谓道’，便是道心。但着些人的意思在，便是人心。道心本是无声无臭，故曰‘微’。依着人心行去，便有许多不安稳处，故曰‘惟危’。”

导读

王阳明认为良知人人皆有，本无不同，因此从理论上讲，人人可以为尧舜；但现实中人的资质不完全相同，故有上智与下愚之分，有圣人、贤人与众人之异，所以功夫有层次的不同，对于中人以下的人，直接去说性、说命，则颠倒了功夫层次。可参看第6、99、134、221、291条。

【251】问：“‘中人以下，不可以语上’，愚的人与之语上，尚且不进，况不与之语可乎？”先生曰：“不是圣人终不与语，圣人的心，忧不得人人都做圣人。只是人的资质不同，施教不可躐等。中人以下的人，便与他说性、说命，他也不省得，也须慢慢琢磨他起来。”

导读

读书等诸多闻见之事，以记得或晓得为要，均属于记诵辞章之学，已经是第二层的功夫，圣学第一义只要是明良知本体。可参看第140、168条。

原文

【252】一友问:"读书不记得如何?"先生曰:"只要晓得,如何要记得? 要晓得已是落第二义了,只要明得自家本体。若徒要记得,便不晓得;若徒要晓得,便明不得自家的本体。"

【253】问:"'逝者如斯',是说自家心性活泼泼地否?"先生曰:"然。须要时时用致良知的功夫,方才活泼泼地,方才与他川水一般。若须臾间断,便与天地不相似。此是学问极至处,圣人也只如此。"

导读

王阳明从良知天理的角度解释了《论语》中的志士仁人观念。志士仁人都是顺天理良知而行,而不是把身家性命摆在天理之上,寻求苟且偷生。

原文

【254】问"志士仁人"章。先生曰:"只为世上人都把生身命子看得来太重,不问当死不当死,定要宛转委曲保全,以此把天理却丢去了。忍心害理,何者不为? 若违了天理,便与禽兽无异,便偷生在世上百千年,也不过做了千百年的禽兽。学者要于此等处看得明白。比干、龙逢,只为他看得分明,所以能成就得他的人❶。"

注释

❶ "人",陈荣捷先生认为是"仁"之误。

导读

王阳明认为,良知才是评价一个人的最终标准,凡事只要依此良知而行,则纵然遭到各种毁谤与指摘,亦无损于良知光明。这一段语录同时也表达了阳明面对各种非议、訾诟而特立独行的坦荡胸怀,再次坚定了他致良知的方向。可参看第312条。

原文

【255】问:“叔孙、武叔毁仲尼,大圣人如何犹不免于毁谤?”先生曰:“毁谤自外来的,虽圣人如何免得?人只贵于自修,若自己实实落落是个圣贤,纵然人都毁他,也说他不着。却若浮云掩日,如何损得日的光明?若自己是个象恭色庄、不坚不介的,纵然没一个人说,他[1]的恶慝终须一日发露。所以孟子说‘有求全之毁,有不虞之誉’。毁誉在外的,安能避得?只要自修何如尔。”

注释

❶ 诸本皆重“他”字。

导读

静坐时亦不能放弃涵养省察,不能以排斥外物的心态去求静,否则极易陷入沉空守寂。可参看第20、39、202、203、204、262条。

原文

【256】刘君亮[1]要在山中静坐。先生曰:“汝若以厌外物之心去求之静,是反养成一个骄惰之气了;汝若不厌外物,复于静处涵养,却好。”

注释

❶ 刘君亮,字元道,余不详。陈荣捷先生认为此刘君亮并非刘邦采(字君亮)。

导读

王阳明实际上还是比较欣赏曾点的气象,同时也以此来教门生,圣人教人是因材施教,不是以一个成法去束缚人。可参看第29条。

原文

【257】王汝中[1]、省曾侍坐。先生握扇命曰:“你们用扇。”省曾起对曰:“不敢。”先生曰:“圣人之学,不是这等捆缚苦楚的,不是妆做道学的模样。”汝中曰:“观‘仲尼与曾点言志’一章略见。”先生曰:“然。以此章观之,圣人何等宽洪,包含气象!且为师者问志于群弟子,三子皆整顿以对,至于曾点,飘飘然不看那三子在眼,自去鼓起瑟来,何等狂态。及至言志,又不对师之问目,都是狂言。设在伊川,或斥骂起来了。圣人乃复称许他,何等气象!圣人教人,不是个束缚他通做一般,只如狂者便从狂处成就他,狷者便从狷处成就他。人之才气如何同得?”

注释

[1] 王汝中,即王畿(1498—1583),字汝中,号龙溪,学者称龙溪先生,浙江山阴(今绍兴)人,王阳明的弟子,为王门浙中学派创始人,著有《龙溪全集》。

导读

圣人教人只是一个简易功夫,即致良知,而后学往往好博大,反而失去圣学宗旨。可参看第283、290条。

原文

【258】先生语陆原静曰:“原静少年亦要解《五经》,志亦好博。但圣人教人,只怕人不简易,他说的皆是简易之规。以今人好博之心观之,却似圣人教人差了。”

【259】先生曰:“孔子无不知而作;颜子有不善未尝不知:此是圣学真血脉路。”

导读

良知人人皆有，圣人亦是人人可为，关键是立下为圣人之志，则良知澄明。可参看第16、53、115、144条。

原文

【260】何廷仁[1]、黄正之、李侯璧[2]、汝中、德洪侍坐。先生顾而言曰："汝辈学问不得长进，只是未立志。"侯璧起而对曰："珙亦愿立志。"先生曰："难说不立，未是必为圣人之志耳。"对曰："愿立必为圣人之志。"先生曰："你真有圣人之志，良知上更无不尽。良知上留得些子别念挂带，便非必为圣人之志矣。"洪初闻时，心若未服，听说到，不觉悚汗。

【261】先生曰："良知是造化的精灵。这些精灵，生天生地，成鬼成帝，皆从此出，真是与物无对。人若复得他完完全全，无少亏欠，自不觉手舞足蹈，不知天地间更有何乐可代。"

注释

❶ 何廷仁(1486—1551)，字性之，号善山，江西人，师事阳明。

❷ 李侯璧，即李珙，字侯璧，浙江永康人，王阳明的弟子。

导读

王阳明提出致良知之前，也曾经历过静坐体悟阶段，但他深知静坐可能导致"喜静厌动、流入枯槁"。晚年明确提出致良知后，阳明已极少言静坐，他认为良知本体无动静，因此不管是遇事还是静坐独处，只要致良知没有缺陷，可以为定教。可参看第20、39、202、203、204、256条。

原文

【262】一友静坐有见，驰问先生。答曰："吾昔居滁时，见诸生多务知解，口耳异同，无益于得，姑教之静坐。一时窥见光景，颇收

近效。久之,渐有喜静厌动、流入枯槁之病。或务为玄解妙觉,动人听闻。故迩来只说致良知。良知明白,随你去静处体悟也好,随你[1]事上磨炼也好,良知本体原是无动无静的:此便是学问头脑。我这个话头,自滁州到今,亦较过几番,只是'致良知'三字无病。医经折肱,方能察人病理。"

注释

❶ 诸本"你"后有"去"字。

导读

王阳明既已贯通心、知、意、物,则良知本体无间内外,体用一源,功夫只是一个,不分内外。可参看第204条。

原文

【263】一友问:"功夫欲得此知时时接续,一切应感处反觉照管不及。若去事上周旋,又觉不见了。如何则可?"先生曰:"此只认良知未真,尚有内外之间。我这里功夫,不由人急心,认得良知头脑是当,去朴实用功,自会透彻。到此便是内外两忘,又何心事不合一?"

导读

良知即是性,亦即道,率性即是遵从良知而发用,修道即致良知。良知常知不昧,但有妙用发生和收敛凝一的状态区别。与仙佛相比,圣人只是恢复良知本体,任良知的扩充流行,不以私意去干扰,因而天地万物无不在良知的流行发用之中。儒家的养心功夫只是致良知于事事物物,而非离开了事物去修心。

原文

【264】又曰:"功夫不是透得这个真机,如何得他充实光辉?若

能透得时，不由你聪明知解接得来。须胸中渣滓浑化，不使有毫发沾带始得。”

【265】先生曰：“‘天命之谓性’，命即是性；‘率性之谓道’，性即是道；‘修道之谓教’，道即是教。”问：“如何道即是教？”曰：“道即是良知。良知原是完完全全，是的还他是，非的还他非，是非只依着他，更无有不是处，这良知还是你的明师。”

【266】问：“‘不睹不闻’是说本体，‘戒慎恐惧’是说功夫否？”先生曰：“此处须信得本体原是不睹不闻的，亦原是戒慎恐惧的，戒慎恐惧不曾在不睹不闻上加得些子。见得真时，便谓戒慎恐惧是本体，不睹不闻是功夫，亦得[1]。”

注释

❶ 陈本无“亦得”二字。

导读

良知与天地万物一体，自然有收敛凝一和妙用发生的状态之别，但即便是睡熟时，良知仍然存在，否则便陷入昏睡或“妄思魇寐”。可参看第126条。

原文

【267】问“通乎昼夜之道而知”。先生曰：“良知原是知昼知夜的。”又问：“人睡熟时，良知亦不知了。”曰：“不知何以一叫便应？”曰：“良知常知，如何有睡熟时？”曰：“向晦宴息[1]，此亦造化常理。夜来天地混沌，形色俱泯[2]，人亦耳目无所睹闻，众窍俱翕，此即良知收敛凝一时。天地既开，庶物露生，人亦耳目有所睹闻，众窍俱辟，此即良知妙用发生时。可见人心与天地一体，故‘上下与天地同流’[3]。今人不会宴息，夜来不是昏睡，即是妄思魇寐。”曰：“睡时功夫如何用。”先生曰：“知昼即知夜矣。日间良知是顺应无滞的，

夜间良知即是收敛凝一的,有梦即先兆。"

【268】又曰:"良知在夜气发的,方是本体,以其无物欲之杂也。学者要使事物纷扰之时,常如夜气一般,就是'通乎昼夜之道而知'。"

注释

❶ 语出《易经·随卦·象》:"泽中有雷,随,君子以向晦入宴息。"

❷ 泯,消灭。

❸ 语出《孟子·尽心上》:"夫君子所过者化,所存者神,上下与天地同流,岂曰小补之哉?"

导读

王阳明认为,道家讲虚乃是为了养生,佛家说无乃是为了不着相,从而逃离生死苦海,但都是遮蔽了良知本体。儒家则只是复其良知本体,顺良知本体而行,则天地万物无不在良知的发用流行之中,人心与天地万物一体。可参看第236条。

原文

【269】先生曰:"仙家说到虚,圣人岂能虚上加得一毫实?佛氏说到无,圣人岂能无上加得一毫有?但仙家说虚,从养生上来;佛氏说无,从出离生死苦海上来:却于本体上加却这些子意思在,便不是他虚无的本色了,便于本体有障碍。圣人只是还他良知的本色,便[1]不着些子意在。良知之虚,便是天之太虚;良知之无,便是太虚之无形。日月风雷,山川民物,凡有貌象形色,皆在太虚无形中发用流行,未尝作得天的障碍。圣人只是顺其良知之发用,天地万物,俱在我良知的发用流行中,何尝又有一物超于良知之外,能作得障碍?"

【270】或问:"释氏亦务养心,然要之不可以治天下,何也?"先

生曰："吾儒养心，未尝离却事物，只顺其天，则自然就是功夫。释氏却要尽绝事物，把心看做幻相，渐入虚寂去了。与世间若无些子交涉，所以不可治天下。"

注释

❶ "便"，诸本均作"更"。

导读

王阳明认为，异端乃是与良知相违的，而良知古今圣愚皆同，因此，只要与愚夫愚妇之良知同的便是同德，异的便是异端。可参看第109、139、289条。

原文

【271】或问异端。先生曰："与愚夫愚妇同的，是谓同德；与愚夫愚妇异的，是谓异端。"

导读

王阳明区别了告子的不动心与孟子的不动心。孟子的不动心乃是集义的功夫，也就是阳明所主张的致良知功夫，是让本体之良知活泼泼地流行，而不为私欲所遮蔽。而告子的不动心则是分心、物为二，不动心乃是死守此无善无不善的内在之性，而认为在外另有一个有善有恶的物。可参看第81、242条。

原文

【272】先生曰："孟子不动心，与❶告子不动心，所异只在毫厘间。告子只在不动心上着功，孟子便直从此心原不动处分晓。心之本体，原是不动的，只为所行有不合义，便动了。孟子不论心之动与不动，只是集义，所行无不是义，此心自然无可动处。若告子

只要此心不动，便是把捉此心，将他生生不息之根反阻挠了。此非徒无益，而又害之。孟子集义工夫，自是养得充满，并无馁歉，自是纵横自在，活泼泼地，此便是浩然之气。”

【273】又曰：“告子病源，从‘性无善无不善’上见来。性无善无不善，虽如此说亦无大差。但告子执定看了，便有个无善无不善的性在内。有善有恶又在物感上看，便有个物在外。却做两边看了，便会差。无善无不善，性原是如此，悟得及时，只此一句便尽了，更无有内外之间。告子见一个性在内，见一个物在外，便见他于性有未透彻处。”

注释

❶《全集》无“与”字。

导读

人与天地万物本是混沌一体，未及分化，只是因为人心的一点灵明，才使得人与天地万物分化开，所以阳明认为人心之良知是天地万物得以呈现的关键，因而心外无物。可参看第336条。

原文

【274】朱本思[1]问：“人有虚灵，方有良知。若草木瓦石之类，亦有良知否？”先生曰：“人的良知，就是草木瓦石的良知。若草木瓦石无人的良知，不可以为草木瓦石矣。岂惟草木瓦石为然？天地无人的良知，亦不可为天地矣。盖天地万物，与人原是一体，其发窍之最精处，是人心一点灵明，风雨露雷，日月星辰，禽兽草木，山川土石，与人原只一体。故五谷禽兽之类，皆可以养人；药石之类，皆可以疗疾：只为同此一气，故能相通耳。”

【275】先生游南镇，一友指岩中花树问曰：“天下无心外之物，如此花树，在深山中自开自落，于我心亦何相关？”先生曰：“你[2]未

看此花时,此花与汝心同归于寂;你来看此花时,则此花颜色一时明白起来,便知此花不在你的心外。"

注释

❶ 朱本思,名得之,号近斋,江苏靖江人。

❷ 本段中的"你",施本均作"尔"。

导读

王阳明以良知为中心,重新诠释了五常的由来。人与天地万物同体,为何会产生厚薄呢?这与学生产生墨子"兼爱"为何不能为仁的疑问相同。阳明将厚薄消融在良知之中,即"道理合该如此",此是良知本身应然的道理。遵循良知而发的情感则为仁,良知上的条理是义,顺从条理则为礼,知道条理则为智,坚持条理则为信。可参看第93条。

原文

【276】问:"大人与物同体,如何《大学》又说个厚薄?"先生曰:"惟是道理自有厚薄。比如身是一体,把手足捍头目,岂是偏要薄手足,其道理合如此。禽兽与草木同是爱的,把草木去养禽兽,又忍得。人与禽兽同是爱的,宰禽兽以养亲与供祭祀、燕宾客,心又忍得。至亲与路人同是爱的,如箪食豆羹,得则生,不得则死,不能两全,宁救至亲,不救路人,心又忍得。这是道理合该如此。及至吾身与至亲,更不得分别彼此厚薄。盖以仁民爱物,皆从此出;此处可忍,更无所不忍矣。《大学》所谓厚薄,是良知上自然的条理,不可逾越,此便谓之义;顺这个条理,便谓之礼;知此条理,便谓之智;终始是这个条理,便谓之信。"

导读

王阳明主张心外无物,心外无事,顺此逻辑,则物本无体,以心为体。

但阳明同时又说"我的灵明离却天地鬼神万物,亦没有我的灵明",意思是说良知必着事物,离却了事物,孤零零的良知是没有任何意义的。在这段语录中,他提出耳目鼻口等感觉器官是以对物的感应为体,而能感应者当然是心,故曰"心无体,以天地万物感应之是非为体"。这样,良知与事物互为体用,体用一源。可参看第336条。

原文

【277】又曰:"目无体,以万物之色为体;耳无体,以万物之声为体;鼻无体,以万物之臭为体;口无体,以万物之味为体;心无体,以天地万物感应之是非为体。"

导读

王阳明认为学问功夫最后一层突破即在于对生死的超越,死生乃人生大事,根源于生命本身,所以不易超脱。但个体一旦被生死的念头所牵制,则始终难以达到全体融贯。人的生命长短无非就是夭、寿两种,但不管夭、寿,只管修身以俟,则此心全体流行,达到尽性至命的境界。可参看第6、134、192条。

原文

【278】问夭寿不贰。先生曰:"学问功夫,于一切声利嗜好,俱能脱落殆尽,尚有一种生死念头毫发挂带,便于全体有未融释处。人于生死念头,本从生身命根上带来,故不易去。若于此处见得破,透得过,此心全体方是流行无碍,方是尽性至命[1]之学。"

【279】一友问:"欲于静坐时,将好名、好色、好货等根,逐一搜寻,扫除廓清,恐是剜肉做疮否?"先生正色曰:"这是我医人的方子,真是去得人病根。更有大本事人,过了十数年,亦还用得着。你如不用,且放起,不要作坏我的方子!"是友愧谢。少间曰:"此量非你事,必吾门稍知意思者为此说以误汝。"在坐者皆悚然。

注释

❶ “至命”，陈本作“知命”。

导读

王阳明在此以佛家禅师以麈尾讲法为例，表明良知就是他讲学的麈尾，既然良知人人皆有，本自明白，故致良知功夫只能自家去着实体会。

原文

【280】一友问功夫不切。先生曰：“学问功夫，我已曾一句道尽，如何今日转说转远❶，都不着根！”对曰：“致良知盖闻教矣，然亦须讲明。”先生曰：“既知致良知，又何可讲明？良知本是明白，实落用功便是；不肯用功，只在语言上转说转糊涂。”曰：“正求讲明致之之功。”先生曰：“此亦须你自家求，我亦无别法可道。昔有禅师，人来问法，只把麈尾提起。一日，其徒将其麈尾藏过，试他如何设法。禅师寻麈尾不见，又只空手提起。我这个良知就是设法的麈尾，舍了这个，有何可提得？”少间，又一友请问功夫切要。先生旁顾曰：“我麈尾安在？”一时在坐者皆跃然。

注释

❶ “转说转远”，陈本作“转远”。

导读

王阳明认为诚就是良知，良知无前后，圣人亦只是循此良知之萌动，任其扩充流行，则无不是致良知。圣人不贵前知，因为前知之心就是私心，有趋利避害之意。不诚则良知终不能彰显。

原文

【281】或问“至诚前知”。先生曰：“诚是实理，只是一个良知。

实理之妙用流行就是神，其萌动处就是幾。诚神幾曰圣人。圣人不贵前知。祸福之来，虽圣人有所不免。圣人只是知幾，遇变而通耳。良知无前后，只知得见在的幾，便是一了百了。若有个前知的心，就是私心，就有趋避利害的意。邵子必于前知，终是利害心未尽处。”

导读

良知即本体，人皆具备，但非所有人都能识察到这一点，良知本是明朗，而今却有人怀疑这一点，这只是因为自信不足。

原文

【282】先生曰："无知无不知，本体原是如此。譬如日未尝有心照物，而自无物不照。无照无不照，原是日的本体。良知本无知，今却要有知；本无不知，今却疑有不知，只是信不及耳。"

【283】先生曰："'惟天下至圣，为能聪明睿知'，旧看何等玄妙！今看来原是人人自有的。耳原是聪，目原是明，心思原是睿知，圣人只是一能之尔。能处正是良知，众人不能，只是个不致知。何等明白简易！"

导读

天理即良知，在人心，圣人所思只是一个良知。

原文

【284】问："孔子所谓'远虑'，周公'夜以继日'，与'将迎'不同。何如？"先生曰："远虑不是茫茫荡荡去思虑，只是要存这天理。天理在人心，亘古亘今，无有终始。天理即是良知，千思万虑，只是要致良知。良知愈思愈精明，若不精思，漫然随事应去，良知便粗

了。若只着在事上茫茫荡荡去思，叫[1]做远虑，便不免有毁誉、得丧、人欲搀入其中，就是将迎了。周公终夜以思，只是'戒慎不睹，恐惧不闻'的功夫，见得时，其气象与将迎自别。"

【285】问："'一日克己复礼，天下归仁'，朱子作效验说，如何?"先生曰："圣贤只是为己之学，重功夫，不重效验。仁者以万物为体，不能一体，只是己私未忘。全得仁体，则天下皆归于吾。仁就是'八荒皆在我闼'[2]意。天下皆与，其仁亦在其中。如'在邦无怨，在家无怨'，亦只是自家不怨，如'不怨天，不尤人'之意。然家邦无怨，于我亦在其中，但所重不在此。"

【286】问："孟子'巧力圣智'之说，朱子云：'三子力有余而巧不足。'何如?"先生曰："三子固有力，亦有巧，巧力实非两事。巧亦只在用力处，力而不巧，亦是徒力。三子譬如射，一能步箭，一能马箭，一能远箭，他射得到，俱谓之力，中处，俱可谓之巧。但步不能马，马不能远，各有所长，便是才力分限有不同处。孔子则三者皆长。然孔子之和，只到得柳下惠[3]而极；清，只到得伯夷而极；任，只到得伊尹而极。何曾加得些子？若谓'三子力有余而巧不足'，则其力反过孔子了。'巧力'只是发明'圣智[4]'之义，若识得'圣智'本体是何物，便自了然[5]。"

【287】先生曰："'先天而天弗违'，天即良知也；'后天而奉天时'，良知即天也。"

注释

❶ "叫"，诸本均作"教"。

❷ 语出吕大临《克己铭》。

❸ 柳下惠，即展禽，鲁国大夫、贤人。居柳下，谥号曰惠。

❹ "智"，诸本均作"知"。

❺ "自了然"，丛刊本、四部备要本、世界书局本、陈本作"自然了"。

导读

良知犹如太阳,人心中皆有一线光明处,也是日光所在,只是每个人所见阳光不一,故有圣人、贤人、愚人之别,但本质上这阳光都能辨黑白。所以致良知功夫就是要除去各种遮蔽,从这一点光明处去扩充,让七情顺良知而流行。可参看第206、207、208、238条。

原文

【288】"良知只是个是非之心,是非只是个好恶,只好恶就尽了是非,只是非就尽了万事万变。"又曰:"是非两字是个大规矩,巧处则存乎其人。"

【289】"圣人之知,如青天之日,贤人如浮云天日,愚人如阴霾天日。虽有昏明不同,其能辨黑白则一。虽昏黑夜里,亦影影见得黑白,就是日之余光未尽处。困学功夫,亦只从这点明处精察去耳。"

【290】问:"知譬日,欲譬云,云虽能蔽日,亦是天之一气合有的,欲亦莫非人心合有否?"先生曰:"喜怒哀惧爱恶欲,谓之七情。七者俱是人心合有的,但要认得良知明白。比如日光,亦不可指着方所,一隙通明,皆是日光所在,虽云雾四塞,太虚中色象可辨,亦是日光不灭处,不可以云能蔽日,教天不要生云。七情顺其自然之流行,皆是良知之用,不可分别善恶,但不可有所着。七情有着,俱谓之欲,俱为良知之蔽。然才有着时,良知亦自会觉,觉即蔽去,复其体矣!此处能勘得破,方是简易透彻功夫。"

导读

王阳明曾把功夫分为三层次,圣人是生知安行,贤人是学知力行,众人则是困知勉行。圣人虽良知通透,但也做困知勉行层次的功夫,其他人当然不能跨越层次。可参看第6、134条。

原文

【291】问:“圣人生知安行是自然的,如何有甚功夫?”先生曰:“知行二字即是功夫,但有浅深难易之殊耳。良知原是精精明明的。如欲孝亲,生知安行的,只是依此良知落实尽孝而已;学知利行者,只是时时省觉,务要依此良知尽孝而已;至于困知勉行者,蔽锢已深,虽要依此良知去孝,又为私欲所阻,是以不能,必须加人一己百、人十己千之功,方能依此良知以尽其孝。圣人虽是生知安行,然其心不敢自是,肯做困知勉行的功夫。困知勉行的,却要思量做生知安行的事,怎生成得!”

导读

王阳明以乐为心之本体,实际上就是良知本体的另一种称谓而已,故“乐”是七情之本体,而非七情之乐,但又不外乎七情。可参看第166条。

原文

【292】问:“乐是心之本体,不知遇大故于哀哭时,此乐还在否?”先生曰:“须是大哭一番了方乐,不哭便不乐矣。虽哭,此心安处即是乐也,本体未尝有动。”

导读

良知相同则不害其流行扩充的异处。阳明告诫学生功夫只要复得良知本体相同,不应拘执枝节。

原文

【293】问:“良知一而已。文王作《彖》,周公系《爻》,孔子赞《易》,何以各自看理不同?”先生曰:“圣人何能拘得死格?大要出于良知同,便各为说,何害?且如一园竹,只要同此枝节,便是大

同。若拘定枝枝节节,都要高下大小一样,便非造化妙手矣。汝辈只要去培养良知,良知同,更不妨有异处。汝辈若不肯用功,连笋[1]也不曾抽得,何处去论枝节?"

注释

❶"笋",四库底本、施本作"笋",字形误。丛刊本、四部备要本、世界书局本、陈本作"笋",《全集》作"笋",同"笋"。

导读

舜是儒家孝的典范,在这段语录中,阳明借舜的孝与瞽瞍的不慈,警醒讼狱的一对父子,激发他们的良知,最终使他们各自悔悟而去。这是王阳明以良知之学在现实中施教的一个重要案例。

原文

【294】乡人有父子讼狱,请诉于先生,侍者欲阻之。先生听之,言不终辞,其父子相抱恸哭而去。柴鸣治入,问曰:"先生何言,致伊感悔之速?"先生曰:"我言舜是世间大不孝的子,瞽瞍只是世间大慈的父。"鸣治愕然,请问。先生曰:"舜常自以为大不孝,所以能孝。瞽瞍常自以为大慈,所以不能慈。瞽瞍只记得舜是我提孩长的,今何不曾豫悦我,不知自心已为后妻所移了,尚谓自家能慈,所以愈不能慈。舜只思父提孩我时如何爱我,今日不爱,只是我不能尽孝,日思所以不能尽孝处,所以愈能孝。及至瞽瞍底豫时,又不过复得此心原慈的本体。所以后世称舜是个古今大孝的子,瞽瞍亦做成个慈父。"

导读

王阳明认为孔子对鄙夫的回答也只是开启了其是非之心,恢复其良知本心而已,若一开始便以知识去应答,则离本体反而越远。

原文

【295】先生曰："孔子有鄙夫来问，未尝先有知识以应之，其心只空空而已；但叩他自知的是非两端，与之一剖决，鄙夫之心便已了然。鄙夫自知的是非，便是他本来天则，虽圣人聪明，如何可与增减得一毫？他只不能自信，夫子与之一剖决，便已竭尽无余了。若夫子与鄙夫言时，留得些子知识在，便是不能竭他的良知，道体即有二了。"

【296】先生曰："'烝烝乂，不格奸'，本注说象已进进于义，不至大为奸恶。舜征庸后，象犹日以杀舜为事，何大奸恶如之！舜只是自进于乂，以乂熏烝，不去正他奸恶。凡文过掩慝，此是恶人常态；若要指摘他是非，反去激他恶性。舜初时致得象要杀己，亦是要象好的心太急，此就是舜之过处。经过来，乃知功夫只在自己，不去责人，所以致得'克谐'；此是舜[1]'动心忍性、增益不能'处。古人言语，俱是自家经历过来，所以说得亲切；遗之后世，曲当人情。若非自家经过，如何得他许多苦心处？"

注释

❶ 四库底本无"舜"字，诸本皆有，据改。

导读

王阳明认为古乐的恢复应以激发人的良知为主旨，应当摒弃现实中的那些"妖淫词调"，而取而代之以忠臣孝子故事，风化民俗，使老百姓返朴还淳。此外，阳明亦认为，古乐的元声乃是在人心上求，即先达到人心和平，只有这种中和状态才是古乐的根本，至于具体的制律都是知识技能方面的事情。可参看第61条。

原文

【297】先生曰："古乐不作久矣。今之戏子，尚与古乐意思相

近。”未达，请问。先生曰：“《韶》之九成，便是舜的一本戏子；《武》之九变，便是武王的一本戏子。圣人一生实事，俱播在乐中，所以有德者闻之，便知他尽善尽美与尽美未尽善处。若后世作乐，只是做些词调，于民俗风化绝无关涉，何以化民善俗！今要民俗反朴还淳，取今之戏子，将妖淫词调俱去了，只取忠臣孝子故事，使愚俗百姓人人易晓，无意中感激他良知起来，却于风化有益。然后古乐渐次可复矣。”曰：“洪要求元声不可得，恐于古乐亦难复。”先生曰：“你说元声在何处求？”对曰：“古人制管候气，恐是求元声之法。”先生曰：“若要去葭灰黍粒中求元声，却如水底捞月，如何可得？元声只在你心上求。”曰：“心如何求？”先生曰：“古人为治，先养得人心和平，然后作乐。比如在此歌诗，你的心气和平，听者自然悦怿兴起，只此便是元声之始。《书》云：‘诗言志。’志便是乐的本；‘歌永言’，歌便是作乐的本；‘声依永，律和声’，律只要和声，和声便是制律的本。何尝求之于外？”曰：“古人制候气法，是意何取？”先生曰：“古人具中和之体以作乐，我的中和，原与天地之气相应；候天地之气，协凤凰之音，不过去验我的气果和否？此是成律已后事，非必待此以成律也。今要候灰管，先须定至日。然至日子时恐又不准，又何处取得准来？”

【298】先生曰：“学问也要点化，但不如自家解化者，自一了百当。不然，亦点化许多不得。”

【299】“孔子气魄极大，凡帝王事业，无不一一理会，也只从那心上来。譬如大树，有多少枝叶，也只是根本上用得培养功夫，故自然能如此，非是从枝叶上用功，做得根本也。学者学孔子，不在心上用功，汲汲然去学那气魄，却倒做了。”

【300】“人有过，多于过上用功，就是补甑，其流必归于文过。”

【301】“今人于吃饭时，虽无[1]一事在前，其心常役役不宁，只缘此心忙惯了，所以收摄不住。”

【302】“琴瑟简编,学者不可无,盖有业以居之,心就不放。”

【303】先生叹曰:“世间知学的人,只有这些病痛打不破,就不是善与人同。”崇一曰:“这病痛只是个好高不能忘己尔。”

【304】问:“良知原是中和的,如何却有过、不及?”先生曰:“知得过、不及处,就是中和。”

【305】“‘所恶于上’是良知,‘毋以使下’即是致知。”

【306】先生曰:“苏秦[2]、张仪[3]之智,也是圣人之资。后世事业文章,许多豪杰名家,只是学得仪、秦故智。仪、秦学术善揣摸人情,无一些子不中人肯綮[4],故其说不能穷。仪、秦亦是窥见得良知妙用处,但用之于不善尔。”

注释

❶ “无”,四部备要本、《全集》作“然”。

❷ 苏秦(?—前284),字季子,东周洛阳人,主张六国同盟抗秦。

❸ 张仪(?—前310),魏国大梁(今河南开封)人,曾随鬼谷子学习纵横之术,以连横之策说六国,破苏秦合纵。

❹ “肯綮”,陈本作“肯槃”,疑误。

导读

已发未发是宋儒探讨的一个重要话题。阳明认为,已发未发实乃一体,不可分说,将已发未发分两个不同阶段来分析,往往忽视了良知本体的恒常普照,因而功夫支离。以钟声为喻,未扣时良知本体已在,故曰“惊天动地”,已扣时良知发用流行,亦只是天理之自然呈现,无甚稀奇,故曰“寂天寞地”。可参看第75、76、155、157、158、162条。

原文

【307】或问“未发已发”。先生曰:“只缘后儒将未发已发分说了,只得劈头说个无未发已发,使人自思得之。若说有个已发未

发，听者依旧落在后儒见解。若真见得无未发已发，说个有未发已发，原不妨原有个未发已发在。"问曰："未发未尝不和，已发未尝不中。譬如钟声，未扣不可谓无，既扣不可谓有。毕竟有个扣与不扣，何如？"先生曰："未扣时原是惊天动地，既扣时也只是寂天寞地。"

导读

王阳明认为，性本无定体，言说角度不一样，结论亦不同。孟子从根源上论性，但仍与阳明的"性之本体，原是无善无恶的"有一定距离，故阳明认为他"亦是说个大概如此"；荀子则从流弊上论性，未能窥见性之本体，故阳明认为他"见得未精耳"。可参看第150、242、325、334条。

原文

【308】问："古人论性，各有异同，何者乃为定论？"先生曰："性无定体，论亦无定体，有自本体上说者，有自发用上说者，有自源头上说者，有自流弊处说者。总而言之，只是这[1]个性，但所见有浅深尔。若执定一边，便不是了。性之本体，原是无善无恶的，发用上也原是可以为善、可以为不善的，其流弊也原是一定善、一定恶的。譬如眼有喜时的眼，有怒时的眼，直视就是看的眼，微视就是觑的眼。总而言之，只是这个眼。若见得怒时眼，就说未尝有喜的眼，见得看时眼，就说未尝有觑的眼，皆是执定，就知是错。孟子说性，直从源头上说来，亦是说个大概如此。荀子性恶之说，是从流弊上说来，也未可尽说他不是，只是见得未精耳。众人则失了心之本体。"问："孟子从源头上说性，要人用功在源头上明彻；荀子从流弊说性，功夫只在末流上救正，便费力了。"先生曰："然。"

【309】先生曰："用功到精处，愈着不得言语，说理愈难。若着意在精微上，全体功夫反蔽泥了。"

【310】杨慈湖[2]不为无见，又着在无声无臭上见了。

注释

❶ "这"，四部备要本、《全集》作"一"。

❷ 杨慈湖，即杨简(1141—1226)，字敬仲，浙江慈溪(今属宁波)人，世称慈湖先生，陆象山门人。

导读

王阳明在此以类比的说法，表明良知澄明之时，也就是"无视无听，无思无作，淡然平怀"的世界。可参看第69条。

原文

【311】人一日间，古今世界都经过一番，只是人不见耳。夜气清明时，无视无听，无思无作，淡然平怀，就是羲皇世界。平旦时，神清气朗，雍雍穆穆，就是尧舜世界。日中以前，礼仪交会，气象秩然，就是三代世界。日中以后，神气渐昏，往来杂扰，就是春秋战国世界。渐渐昏夜，万物寝息，景象寂寥，就是人消物尽世界。学者信得良知过，不为气所乱，便常做个羲皇已上人。"

导读

王阳明在自己功业势位日盛、学术思想风行天下之时，仍不忘反省自己思想的转变过程，即南都之前仍有乡愿的意思，直到发明了良知本体，才更加坦荡，笃信不疑。即便天下谤议益众，仍然能够坦然面对，特立独行。可参看第255条。

原文

【312】薛尚谦、邹谦之、马子莘、王汝止[1]侍坐，因叹先生自征宁藩已来，天下谤议益众，请各言其故。有言先生功业势位日隆，天

下忌之者日众;有言先生之学日明,故为宋儒争是非者亦日博;有言先生自南都以后,同志信从者日众[2],而四方排阻者日益力。先生曰:“诸君之言,信皆有之。但吾一段自知处,诸君俱未道及耳。”诸友请问。先生曰:“我在南都已前,尚有些子乡愿的意思在。我[3]今信得这良知真是真非,信手行去,更不着些覆藏。我今才做得个狂者的胸次,使天下之人都说我行不掩言也罢。”尚谦出,曰:“信得此过,方是圣人的真血脉。”

注释

❶ 王汝止,即王艮(1483—1540),初名银,王阳明替他改名为艮,字汝止,号心斋,泰州(今江苏泰州)人,王阳明的弟子,泰州学派创始人,其孙将其著作编为《心斋全集》。

❷ “众”,施本作“集”。

❸ “我”,施本作“而”。

导读

王阳明因人施教,问同答异。王艮功夫速达,乃知本体寻常可见,阳明则郑重警醒,唯恐他忽视本体,意在劝诫他寻自家本体;董沄究悟本体,阳明则淡化处之,唯恐他陷入沉空守寂的境地,意在劝诫他以渐进功夫。此外,阳明认为讲学中,不可随意搬出一个圣人的道德标准出来,那样只会吓跑人,只需明了良知本体,不论圣人还是愚夫愚妇,人皆有之,人人皆能知晓,则讲学才能被普遍接受。

原文

【313】先生锻炼人处,一言之下,感人最深。一日,王汝止出游归,先生问曰:“游何见?”对曰:“见满街人都是圣人。”先生曰:“你[1]看满街人是圣人,满街人到看你是圣人在。”又一日,董萝石[2]出游而归,见先生曰:“今日见一异事。”先生曰:“何异?”对曰:“见

满街人都是圣人。”先生曰:“此亦常事耳,何足为异?”盖汝止圭角未融,萝石恍见有悟,故问同答异,皆反其言而进之。洪与黄正之、张叔谦[3]、汝中丙戌会试归,为先生道途中讲学,有信有不信。先生曰:“你们拿一个圣人去与人讲学,人见圣人来,都怕走了,如何讲得行!须做得个愚夫愚妇,方可与人讲学。”洪又言:“今日要见人品高下最易。”先生曰:“何以见之?”对曰:“先生譬如泰山在前,有不知仰者,须是无目人。”先生曰:“泰山不如平地大,平地有何可见?”先生一言翦裁,剖破终年为外好高之病,在座者莫不悚惧。

注释

❶ 本段的“你”,施本均作“尔”。

❷ 董萝石,即董沄(1458—1534),字复宗,号萝石,浙江海宁人,六十七岁时问学于王阳明。

❸ 张叔谦,即张元冲,字叔谦,号浮峰,浙江山阴(今绍兴)人,嘉靖十七年进士,官至左副都御史,晚年问学于王阳明。

导读

邹守益是阳明后学江右学派的重要代表,与钱德洪一样,学术较为温和,最能笃守师说,故深得阳明赞赏与器重。

原文

【314】癸未春,邹谦之来越问学。居数日,先生送别于浮峰。是夕,与希渊诸友移舟宿延寿寺,秉烛夜坐,先生慨怅不已,曰:“江涛烟柳,故人倏在百里外矣!”一友问曰:“先生何念谦之之深也?”先生曰:“曾子所谓‘以能问于不能,以多问于寡,有若无,实若虚,犯而不校[1]’,若谦之者,良近之矣!”

注释

❶“校”,诸本均作“较”。

导读

天泉证道是阳明心学的一桩学术公案，历来争议颇大。阳明的四句教也是在这里提出来的，表明了阳明晚年的学术宗旨，因而意义重大。阳明四句教在本段语录中出现了两次，一是借王畿之口说出，引出王畿的"四无说"，而钱德洪仍然坚持师说，双方产生分歧。阳明针对此，将为学之人分为两类，一类是天资聪慧的上根之人，直接从本原上悟透，因而即本体即功夫；另一类人则有习心在，本体受蔽，因而要在意念上落实功夫，方可见得本体。王龙溪的"四无说"乃是针对利根之人而言，钱德洪所依师说则是针对中人以下而立言。两人之说可以相资，但不可执着一偏。最后，阳明亲口讲出他的四句教，表明他的学术宗旨，普遍适用所有人，并且郑重指出王龙溪的"四无说"可能导致沉空守寂的危险，而后来心学的分化也证实了阳明的担忧。

原文

【315】丁亥年九月，先生起，复征思、田[1]。将命行时，德洪与汝中论学。汝中举先生教言："无善无恶是心之体，有善有恶是意之动，知善知恶是良知，为善去恶是格物。"德洪曰："此意如何？"汝中曰："此恐未是究竟话头。若说心体是无善无恶，意亦是无善无恶的意，知亦是无善无恶的知，物亦是无善无恶的物矣。若说意有善恶，毕竟心体还有善恶在。"德洪曰："心体是'天命之性'，原是无善无恶的。但人有习心，意念上见有善恶在，格致诚正修，此正是复那性体功夫。若原无善恶，功夫亦不消说矣。"是夕侍坐天泉桥，各举请正。先生曰："我今将行，正要你们来讲破此意。二君之见，正好相资为用，不可各执一边。我这里接人，原有此二种。利根之人，直从本源上悟入，人心本体原是明莹无滞的，原是个未发之中。利根之人一悟本体，即是功夫，人己内外，一齐俱透了。其次不免有习心在，本体受蔽，故且教在意念上实落为善去恶。功夫熟后，

渣滓去得尽时,本体亦明尽了。汝中之见,是我这里接利根人的;德洪之见,是我这里为其次立法的。二君相取为用,则中人上下皆可引入于道。若各执一边,眼前便有失人,便于道体各有未尽[2]。"既而曰:"已后与朋友讲学,切不可失了我的宗旨。无善无恶是心之体,有善有恶是意之动,知善知恶的是良知,为善去恶是格物。只依我这话头,随人指点,自没病痛,此原是彻上彻下功夫。利根之人,世亦难遇。本体功夫一悟尽透,此颜子、明道所不敢承当,岂可轻易望人!人有习心,不教他在良知上实用为善去恶功夫,只去悬空想个本体,一切事为俱不着实,不过养成一个虚寂。此个病痛[3]不是小小,不可不早说破。"是日德洪、汝中俱有省[4]。

注释

❶ 思、田:思即思恩,今广西武鸣北;田即田州,今广西田阳北。

❷ 施本无"便于道体各有未尽"一句。

❸ "此个病痛",施本作"此病"。

❹ 施本无"是日德洪、汝中俱有省"。

导读

这是钱德洪所作的序。在序中,钱氏追溯了阳明归越后的讲学盛况,当时前往听讲者众多,影响深远。这也间接表明阳明学术自此进入了一个新的境界。

原文

先生初归越时,朋友踪迹尚寥落。既后四方来游者日进。癸未年已后,环先生而居者比屋,如天妃、光相诸刹,每当一室,常合食者数十人;夜无卧处,更相就席,歌声彻昏旦。南镇、禹穴、阳明洞诸山远近寺刹,徒足所到,无非同志游寓所在。先生每临讲座,前后左右环坐而听者,常不下数百人,送往迎来,月无虚日;至有在侍更岁，不能遍记其姓名者。每临别，先生常叹曰："君等虽别，不出在天地间，苟同此志，吾亦可以忘形似矣！"诸生每听讲出门，未尝不跳跃称快。尝闻之同门先辈曰："南都以前，朋友从游者虽众，未有如在越之盛者。此虽讲学日久，孚信渐博，要亦先生之学日进，感召之机，申变无方，亦自有不同也。"

此后门人黄以方录。

黄以方录

导读

《诗》《书》、六艺都是天理之发见，学与思本非两事，只是一件事，学是学存此天理，而思也是思其所学。

原文

【316】黄以方问："'博学于文'，为随事学存此天理，然则谓'行有余力，则以学文'，其说似不相合。"先生曰："《诗》《书》、六艺，皆是天理之发见，文字都包在其中。考之《诗》《书》、六艺，皆所以学存此天理也，不特发见于事为者方为文耳。余力学文，亦只'博学于文'中事。"或问"学而不思"二句[1]。曰："此亦有为而言，其实思即学也。学有所疑，便须思之。思而不学者，盖有此等人，只悬空去思，要想出一个道理，却不在身心上实用其力，以学存此天理。思与学作两事做，故有'罔'与'殆'之病。其实思只是思其所学，原非两事也。"

注释

❶"二句"，陈本作"一句"。

导读

在这段语录中,王阳明再次分析了《大学》格致诚正功夫的内在关系。《大学》以修身为本,然而修身难以在身上用功,而只能对身之主宰用功,即修身在于非礼勿视听言动,在于体当自家心体,使心正。心之本体至善,本体上也无法用功,故只能对心之发动处用功,因而需要诚意。诚意之本在于致知,即将良知扩充到底,不使有一丝遮蔽。而致知功夫也不是悬空的,而是在事物上去做,即把良知推广到意之所在的物上去,这就是格物。可参看第6、7、137、148、174、201条。

原文

【317】先生曰:"先儒解'格物'为'格天下之物',天下之物如何格得?且谓一草一木亦皆有理,今如何去格?纵格得草木来,如何反来诚得自家意?我解'格'作'正'字义,'物'作'事'字义,《大学》之所谓'身',即耳目口鼻四肢是也。欲修身,便是要目非礼勿视,耳非礼勿听,口非礼勿言,四肢非礼勿动。要修这个身,身上如何用得功夫?心者身之主宰,目虽视,而所以视者心也,耳虽听,而所以听者心也,口与四肢虽言、动,而所以言、动者心也,故欲修身,在于体当自家心体,常令廓然大公,无有些子不正处。主宰一正,则发窍于目,自无非礼之视;发窍于耳,自无非礼之听;发窍于口与四肢,自无非礼之言、动:此便是修身在正其心。然至善者,心之本体也。心之本体那有不善?如今要正心,本体上何处用得工?必就心之发动处才可着力也。心之发动不能无不善[1],故须就此处着力,便是在诚意。如一念发在好善上,便实实落落去好善;一念发在恶恶上,便实实落落去恶恶。意之所发,既无不诚,则其本体如何有不正的?故欲正其心在诚意。工夫到诚意,始有着落处。然诚意之本,又在于致知也。所谓'人虽不知而己所独知'者,此正是吾心良知处。然知得善,却不依这个良知便做去,知得不善,却不

依这个良知便不去做，则这个良知便遮蔽了，是不能致知也。吾心良知既不能扩充到底，则善虽知好，不能着实好了；恶虽知恶，不能着实恶了，如何得意诚？故致知者，意诚之本也。然亦不是悬空的致知，致知在实事上格。如意在于为善，便就这件事上去为；意在于去恶，便就这件事上去不为。去恶固是'格不正以归于正'，为善则不善格了，亦是'格不正以归于正'也。如此，则吾心良知无私欲蔽了，得以致其极，而意之所发，好善去恶，无有不诚矣！诚意工夫，实下手处在格物也。若如此格物，人人便做得，'人皆可以为尧舜'，正在此也。"

注释

❶"无不善"，陈本作"无善"。

导读

王阳明以自己早年格亭前竹子的亲身经历说法，表明他对朱熹格物说的真切体验和怀疑，以致后来改正格物说，主张格物只在身心上做。

原文

【318】先生曰："众人只说格物要依晦翁，何曾把他的说去[1]用！我着实曾用来。初年与钱友同论做圣贤要格天下之物，如今安得这等大的力量？因指亭前竹子，令去格看。钱子早夜去穷格竹子的道理，竭其心思，至于三日，便致劳神成疾。当初说他这是精力不足，某因自去穷格，早夜不得其理，到七日，亦以劳思致疾。遂相与叹圣贤是做不得的，无他大力量去格物了。及在夷中三年，颇见得此意思，乃知天下之物本无可格者。其格物之功，只在身心上做，决然以圣人为人人可到，便自有担当了。这里意思，却要说与诸公知道。"

注释

❶“去”,施本作“一”。

导读

致良知通过格物功夫入手,格物功夫从儿童到圣人均有着实下手处,儿童通过洒扫应对、敬畏师长等格物之功来致其良知。

原文

【319】门人有言邵端峰论童子不能格物,只教以洒扫应对之说。先生曰:“洒扫应对就是一件物,童子良知只到此,便教去洒扫应对,就是致他这一点良知了。又如童子知畏先生长者,此亦是他良知处。故虽嬉戏中见了先生长者,便去作揖恭敬,是他能格物以致敬师长之良知了。童子自有童子的格物致知。”又曰:“我这里言格物,自童子以至圣人,皆是此等工夫。但圣人格物,便更熟得些子,不消费力。如此格物,虽卖柴人亦是做得,虽公卿大夫以至天子,皆是如此做。”

导读

只知良知而不能致良知,是分知行为二,良知自知容易,但致良知却难。当门人依次举《中庸》《易传》《论语》以及程颐的相关知行分说的言论来质疑时,阳明指出他之所以提出心即理,主张知行合一,主要是因为世人往往析心与理为二,心不当理,却不知改正,反而掩饰与张扬,从而将知行分为两截,有违道的一体性。可参看第5、132、133、226条。

原文

【320】或疑知行不合一,以“知之匪艰”二句为问。先生曰:“良知自知,原是容易的;只是不能致那良知,便是‘知之匪艰,行之惟

艰’。”

【321】门人问曰：“知行如何得合一？且如《中庸》言‘博学之’，又说个‘笃行之’，分明知、行是两件。”先生曰：“博学只是事事学存此天理，笃行只是学之不已之意。”又问：“《易》‘学以聚之’，又言‘仁以行之’，此是如何？”先生曰：“也是如此。事事去学存此天理，则此心更无放失时，故曰：‘学以聚之。’然常常学存此天理，更无私欲间断，此即是此心不息处，故曰‘仁以行之’。”又问：“孔子言‘知及之，仁不能守之’，知行却是两个了？”先生曰：“说‘及之’，已是行了，但不能常常行，已为私欲间断，便是‘仁不能守’。”又问：“心即理之说，程子云‘在物为理’，如何谓心即理？”先生曰：“在物为理，‘在’字上当添一‘心’字，此心在物则为理。如此心在事父则为孝，在事君则为忠之类。”先生因谓之曰：“诸君要识得我立言宗旨。我如今说个心即理是如何，只为世人分心与理为二，故便有许多病痛。如五伯攘夷狄，尊周室，都是一个私心，便不当理。人却说他做得当理，只心有未纯，往往悦慕其所为，要来外面做得好看，却与心全不相干。分心与理为二，其流至于伯道之伪而不自知。故我说个心即理，要使知心理是一个，便来心上做工夫，不去袭取于义[1]，便是王道之真。此我立言宗旨。”又问：“圣贤言语许多，如何却要打做一个？”曰：“我不是要打做一个，如曰‘夫道，一而已矣’，又曰‘其为物不贰，则其生物不测’，天地圣人皆是一个，如何二得？”

【322】“心不是一块血肉，凡知觉处便是心，如耳目之知视听，手足之知痛痒，此知觉便是心也。”

【323】以方问曰：“先生之说‘格物’，凡《中庸》之‘慎独’及‘集义’‘博约’等说，皆为格物之事。”先生曰：“非也，格物即慎独，即戒惧。至于‘集义’‘博约’，工夫只一般，不是以那数件都做‘格物’底事。”

注释

❶ “袭取于义”，施本、陈本、《全集》作“袭义于外”，丛刊本、四部备要本、世界书局本作“袭义于义”。

导读

“道问学”即所以“尊德性”，为学功夫无非是要复得本体澄明而已，良知本体即是德性，因此，阳明反对将“道问学”与“尊德性”分为两件事。心体本是广大的，只是现实经验中往往不易呈现，与“道心惟微”相同，因此要尽精微，去人欲，则心体之广大呈现。可参看第25、193条。

原文

【324】以方问“尊德性”一条。先生曰：“‘道问学’即所以‘尊德性’也。晦翁言‘子静以尊德性诲人，某教人岂不是道问学处多了些子’，是分尊德性、道问学作两件。且如今讲习讨论，下许多工夫，无非只是存此心，不失其德性而已。岂有尊德性只空空去尊，更不去问学，问学只是空空去问学，更与德性无关涉？如此，则不知今之所以讲习讨论者，更学何事！”问“致广大”二句。曰：“‘尽精微’即所以‘致广大’也，‘道中庸’即所以‘极高明’也。盖心之本体自是广大底，人不能‘尽精微’，则便为私欲所蔽，有不胜其小者矣。故能细微曲折，无所不尽，则私意不足以蔽之，自无许多障碍遮隔处，如何广大不致？”又问：“精微还是念虑之精微，是事理之精微？”曰：“念虑之精微，即事理之精微也。”

导读

王阳明主张心即性，性即理，因此从本体角度来看，性本无不同，故曰“见性者，无异同之可言矣”。而现实中，众说纷纭，都只是在谈论性，而非性之本真。可参看第308条。

原文

【325】先生曰："今之论性者，纷纷异同，皆是说性，非见性也。见性者，无异同之可言矣。"

导读

良知固然是先验的，但毕竟要流行于现实经验生活中，因此良知并不与经验生活相分离，亦即不外于声色货利。初学者如能顺良知在声色货利上用功，则无处不是天理流行。可参看第168条。

原文

【326】问："声色货利，恐良知亦不能无。"先生曰："固然。但初学用工，却须扫除荡涤，勿使留积，则适然来遇，始不为累，自然顺而应之。良知只在声色货利上用工，能致得良知精精明明，毫发无蔽，则声色货利之交，无非天则流行矣。"

【327】先生曰："吾与诸公讲致知格物，日日是此，讲一二十年，俱是如此。诸君听吾言，实去用功，见吾讲一番，自觉长进一番。否则只作一场话说，虽听之亦何用？"

导读

良知本体无所谓动静，"寂然不动"非谓本体僵死，而是强调良知的本然状态，"感而遂通"则是良知明觉，进而发用流行。

原文

【328】先生曰："人之本体，常常是寂然不动的，常常是感而遂通的。'未应不是先，已应不是后'❶。"

注释

❶ 语出《二程遗书》卷十五。

导读

佛家之见性与儒家之见性有区别，阳明认为具体存在之事物因感官的感应与否而有见和不见的差异，但人之本性却常见在，亦即良知本体恒在，学者只需时时刻刻在不闻不睹上用功，则良知可以呈现，不为闻睹所累。

原文

【329】一友举佛家以手指显出，问曰："众曾见否？"众曰："见之。"复以手指入袖。问曰："众还见否？"众曰："不见。"佛说还未见性。此义未明。先生曰："手指有见有不见。尔之见性常在。人之心神只在有睹有闻上驰骛，不在不睹不闻上着实用功。盖不睹不闻，是良知本体。戒慎恐惧是致良知的工夫。学者时时刻刻常睹其所不睹，常闻其所不闻，工夫方有个实落处。久久成熟后，则不须着力，不待防检[1]，而真性自不息矣。岂以在外者之闻见为累哉！"

注释

❶"检"，施本作"简"。

导读

王阳明将孟子的"必有事"和"集义"均诠释为致良知功夫，可参看第147、170、186、187条。

原文

【330】问："先儒谓'鸢飞鱼跃'[1]与'必有事焉'，同一活泼泼地。"先生曰："亦是。天地间活泼泼地，无非此理，便是吾良知的流行不息。'致良知'便是'必有事'的工夫。此理非惟不可离，实亦

不得而离也。无往而非道,无往而非工夫。"

注释

❶ 鸢飞鱼跃,语出《诗经·大雅·旱麓》:"鸢飞戾天,鱼跃于渊。"

导读

王阳明告诫学生要立下必为圣人之志,时时存养省察,保持克己功夫不间断,这样才能彻底除去私念病根。可参看第260条。

原文

【331】先生曰:"诸公在此,务要立个必为圣人之心,时时刻刻,须是一棒一条痕,一掴一掌血,方能听吾说话,句句得力。若茫茫荡荡度日,譬如一块死肉,打也不知❶痛痒,恐终不济事。回家只寻得旧时伎俩而已,岂不惜哉!"

【332】问❷:"近来妄念也觉少,亦觉不曾着想定要如何用功,不知此是工夫否?"先生曰:"汝且去着实用工,便多这些着想也不妨,久久自会妥帖。若才下得些功,便说效验,何足为恃!"

注释

❶ 诸本在"知"后均有"得"字。

❷ "问",施本作"以方问"。

导读

王阳明注重"一念发动处"的善恶分辨,认为只要有一丝私意萌发,便在念头起处消磨,才能通过立命功夫复其本体良知。

原文

【333】一友自叹私意萌时,分明自心知得,只是不能使他即去。先生曰:"你萌时这一知处,便是你的命根,当下即去消磨,便是立

命工夫。”

导读

王阳明直接继承了孟子的性善论思想，主张从根源上论性，因此对于“性相近”之说，认为不能只在气质上讨论，也应看作是表达本性相同。可参看第150、242条。

原文

【334】“夫子说‘性相近’，即孟子说‘性善’，不可专在气质上说。若说气质，如刚与柔对，如何相近得？惟性善则同耳。人生初时，善原是同的，但刚的习于善则为刚善，习于恶则为刚恶，柔的习于善则为柔善，习于恶则为柔恶，便日相远了。”

导读

良知心体纯乎天理，容不得一点私念，不仅私念，即便是好的念头，也不能掺杂。由此可知良知本体的先验性，后天的各种念头均不能有损良知丝毫。

原文

【335】先生尝语学者曰：“心体上着不得一念留滞，就如眼着不得些子尘沙，些子能得几多？满眼便昏天黑地了。”又曰：“这一念不但是私念，便好的念头，亦着不得些子。如眼中放些金玉屑，眼亦开不得了。”

导读

人心与天地万物同体，应从人心感知事物这一过程来看。本来天地万物浑然一体，正是因为有了人心这一个灵明，才使得天地万物与人有了分化和区别，所以说没有人的灵明，则没有天地万物。同理，人心的这一点灵明必定要感应事物，如没有感应事物这一活动，则人的灵明没有了。这正是“心无体，以天地万物感应之是非为体”。可参看第277条。

原文

【336】问：“人心与物同体，如吾身原是血气流通的，所以谓之同体。若于人便异体了，禽兽草木益远矣，而何谓之同体？”先生曰：“你只在感应之幾上看，岂但禽兽草木，虽天地也与我同体的，鬼神也与我同体的。”请问。先生曰：“你看这个天地中间，甚么是天地的心？”对曰：“尝闻人是天地的心。”曰：“人又甚么教做心？”对曰：“只是一个灵明。”“可知充天塞地中间，只有这个灵明。人只为形体自间隔了。我的灵明，便是天地鬼神的主宰。天没有我的灵明，谁去仰他高？地没有我的灵明，谁去俯他深？鬼神没有我的灵明，谁去辩他吉凶灾祥？天地鬼神万物，离却我的灵明，便没有天地鬼神万物了。我的灵明离却天地鬼神万物，亦没有我的灵明。如此，便是一气流通的，如何与他间隔得！”又问：“天地鬼神万物，千古见在，何没了我的灵明，便俱无了？”曰：“今看死的人，他这些精灵游散了，他的天地鬼神万物尚在何处？”

导读

良知是本体，是一真实存在，直接主导着人的各种行为，人皆有良知，此是心之本体，故曰“有心俱是实”。否认本体的真实存在，则现实人事活动均为幻相，为了保证现实功夫的真实性，不能拒绝本体的真实存在，故曰“无心俱是幻”。但此一真实本体非现实可见之物，而必须依靠现实道德实践来体现，本体的真实性保证了功夫的现实意义与价值，功夫是本体的显现，因此，“有心俱是实，无心俱是幻”，是从本体上说功夫。另一方面，本体是形而上之虚设，至善之本体本无所谓善与不善，即阳明所谓“无善无恶，是谓至善”，因此本体乃是无善无恶的本体，这才是最真实的存在,故曰“无心俱是实”。那么本体是怎么设置出来的呢?是通过在现实生活中追问善恶而设置的,因此现实中的各种善恶虽是人心所为,是一种存在,但这种存在还不是真实的存在,故曰“有心俱是幻”。通过现实之善恶而追溯形而上之本原,从而设置了心之本体,这正是从功夫上说本体。钱德洪当时并未领悟,多年后始知功夫本体不可分。但为了保持传统儒家道德宣教的纯粹性,钱氏并不赞成以佛教实相幻相说来立教。

原文

【337】先生起行征思、田,德洪与汝中追送严滩,汝中举佛家实相幻相之说。先生曰:“有心俱是实,无心俱是幻;无心俱是实,有心俱是幻。”汝中曰:“有心俱是实,无心俱是幻,是本体上说工夫;无心俱是实,有心俱是幻,是工夫上说本体。”先生然其言。洪于是时尚未了达,数年用功,始信本体、工夫合一。但先生是时因问偶谈,若吾儒指点人处,不必借此立言耳。

导读

王阳明与当世的一些儒者探讨学问时,往往扞格不入,难以达成共识,阳明为致良知之说未能完全解决当世儒者的为学之方而忧虑。

原文

【338】尝见先生送一二❶耆宿出门,退坐于中轩,若有忧色。德洪趋进请问。先生曰:“顷与诸老论及此学,真员凿方枘。此道坦如道路,世儒往往自加荒塞,终身陷荆棘之场而不悔,吾不知其何说也!”德洪退,谓朋友曰:“先生诲人,不择衰朽,仁人悯物之心也。”

注释

❶“一二”,诸本均作“二三”。

导读

王阳明告诫学生，人不可有傲的态度，傲即存有私念，与良知天理相违，象和丹朱均因为傲的毛病而毁其一生。可参看第214条。

原文

【339】先生曰："人生大病，只是一傲字。为子而傲，必不孝；为臣而傲，必不忠；为父而傲，必不慈；为友而傲，必不信。故象与丹朱俱不肖，亦是[1]一傲字，便结果了此生。诸君常要体此人心本是天然之理，精精明明，无纤介染着，只是一无我而已。胸中切不可有，有即傲也。古先圣人许多好处，也只是无我而已，无我自能谦。谦者众善之基，傲者众恶之魁。"

注释

[1] "是"，诸本均作"只"。

导读

王阳明认为良知本体，人皆具有，然而极其精微，谁也不能窥见，只有通过其流行发用才能体会得到，这正是用中见体，体用一源。正是从这个角度，阳明将良知比作"易之道"，"变动不居，周流六虚"，唯变所适。

原文

【340】又曰："此道至简至易的，亦至精至微的。孔子曰：'其如示诸掌乎！'且人于掌，何日不见？及至问他掌中多少文理，却便不知。即如我良知二字，一讲便明，谁不知得？若欲的见良知，却谁能见得？"问曰："此知恐是无方体的，最难捉摸。"先生曰："良知即是易，'其为道也屡迁，变动不居，周流六虚，上下无常，刚柔相易，不可为典要，惟变所适'[1]，此知如何捉摸得？见得透时便是圣人。"

【341】问："孔子曰：'回也，非助我者也[2]。'是圣人果以相助望

门弟子否?”先生曰:“亦是实话。此道本无穷尽,问难愈多,则精微愈显。圣人之言,本自周遍,但有问难的人,胸中窒碍,圣人被他一难,发挥得愈加精神。若颜子闻一知十,胸中了然,如何得问难?故圣人亦寂然不动,无所发挥,故曰非助。”

【342】邹谦之尝语德洪曰:“舒国裳曾持一张纸,请先生写‘拱把之桐梓’[3]一章。先生悬笔为书,到‘至于身而不知所以养之者’,顾而笑曰:‘国裳读书中过状元来,岂诚不知身之所以当养,还须诵此以求警!’一时在侍诸友皆惕然。”

注释

❶ 语出《易经·系辞下》。

❷ 施本无“也”。

❸ 语出《孟子·告子上》:孟子曰:“拱把之桐梓,人苟欲生之,皆知所以养之者。至于身,而不知所以养之者,岂爱身不若桐梓哉?弗思甚也。”

导读

这是钱德洪为《传习录》所写的跋。在这段文辞中,钱氏主要追溯了《传习录》卷下的形成过程。阳明过世后,钱氏曾广收同门所录遗言,这些遗言被同门曾才汉编辑后,以《遗言》为名刊行于世,此即《传习录》卷下的雏形。后来钱氏重新编订,以《传习续录》为名行于世,此即《传习录》卷下的修订本。最后,钱氏深感师说“渐觉沦晦”,师门宗旨没有得到很好的宣扬,因而全面整理《传习录》,再次修订了《传习录》卷下的内容,并改中卷书信体为问答体,结合此前修订的南大吉所编的续刻《传习录》两卷一起出版。

原文

嘉靖戊子冬,德洪与王汝中奔师丧,至广信[1],讣告同门,约三年收录遗言。继后同门各以所记见遗。洪择其切于问正者,合所私录,得若干条。居吴时,将与《文录》并刻矣。适以忧去未遂。当是时也,四方讲学日众,师门宗旨既明,若无事于赘刻者,故不复营[2]念。去年,同门曾子才汉得洪手抄,复傍为采辑,名曰《遗言》,以刻行于荆。洪读之,觉当时采录未精,乃为删其重复,削去芜蔓,存其三之一,名曰《传习续录》,复刻于宁国[3]之水西精舍。今年夏,洪来游蕲[4],沈君思畏[5]曰:"师门之教久行于四方,而独未及于蕲。蕲之士得读《遗言》,若亲炙夫子之教;指见良知,若重睹日月之光。惟恐传习之不博,而未以重复之为繁也,请裒[6]其所逸者增刻之,若何?"洪曰:"然。"师门致知格物之旨,开示来学,学者躬修默悟,不敢以知解承,而惟以实体得,故吾师终日言是,而不惮其烦;学者终日听是,而不厌其数。盖指示专一,则体悟日精,几迎于言前,神发于言外,感遇之诚也。今吾师之没未及三纪,而格言微旨,渐觉沦晦,岂非吾党身践之不力,多言有以病之耶?学者之趋不一,师门之教不宣也。乃复取逸稿,采其语之不背者,得一卷。其余影响不真,与《文录》既载者,皆削之,并易中卷为问答语,以付黄梅尹张君增刻之。庶几读者不以知解承,而惟以实体得,则无疑于是录矣!

嘉靖丙辰夏四月,门人钱德洪拜书于蕲之崇正书院。

注释

❶ 广信,今江西上饶。

❷ "营",丛刊本、四部备要本、陈本、《全集》作"萦"。

❸ 宁国,今安徽宁国。

❹ 蕲,今湖北蕲春。

❺ 沈君思畏,即沈宠,字思畏,号古林,安徽宣城人,官至广西参议。曾问学于欧阳德与王畿,是阳明的再传弟子。

❻ 裒(póu),收集。

附录一

传习录拾遗

导读

良知本体亘古亘今，千古圣人也只是同此良知本体，故人生一世，只是致良知一事而已。可参看第147、168、170、284条和《拾遗》第33条。

原文

【1】千古圣人只有这些子。又曰："人生一世，惟有这件事。"

导读

王阳明力主存天理去人欲，良知即天理，不能依天理而行，则人欲战胜天理。为学之方只在致良知，以良知主导各种实践活动，则无不是天理流行。

原文

【2】先生曰："良知犹主人翁，私欲犹豪奴悍婢。主人翁沉疴在床，奴婢便敢擅作威福，家不可以言齐矣。若主人翁服药治病，渐渐痊可，略知检束，奴婢亦自渐听指挥。及沉疴脱体，起来摆布，谁敢有不受约束者哉？良知昏迷，众欲乱行。良知精明，众欲消化，亦犹是也。"

导读

功夫本体不可分，符合良知本体的才是真正的功夫，而只有笃实的功夫才能真正让良知本体呈现。

原文

【3】先生曰："合着本体的是工夫，做得功夫的方识本体。"

导读

王阳明认为乡愿无是非之心，不依良知而行，本心迷失，故曰"其心已破坏矣"。狂者志存古人，不以物累心，行为放纵，但本心却在，故曰"心尚未坏"。乡愿一味地媚俗，讥诮狂者，然其忠信廉洁过于虚伪。狂者虽为孔子所思，然狂者如不克念，则止于狂而已，终不能入道。可参看《拾遗》第39、47条。

原文

【4】薛尚谦、邹谦之、马子莘、王汝止侍坐。请问乡愿、狂者之辨。曰："乡愿以忠信廉洁见取于君子，以同流合污无忤于小人。故非之无举，刺之无刺。然究其心，乃知忠信廉洁，所以媚君子也；同流合污，所以媚小人也，其心已破坏矣，故不可与入尧舜之道。狂者志存古人，一切纷嚣俗染，不足以累其心，真有凤凰千千仞之意。一克念，即圣人矣。惟不克念，故洞略事情，而行常不掩。惟行不掩，故心尚未坏而庶可与裁。"曰："乡愿何以断其媚也？"曰："自其讥狂狷知之。曰：'何为踽踽凉凉[1]？生斯世也，为斯世也，善斯可矣。'故其所为，皆色取不疑，所以谓之似。然三代以下，士之取盛名于时者，不过得乡愿之似而已。究其忠信廉洁，或未免致疑于妻子也。虽欲纯乎乡愿，亦未易得，而况圣人之道乎？"曰："狂狷为孔子所思，然至乎传道，不及琴张辈，而传习曾子。岂曾子乃狂狷乎？"曰："不然。琴张辈，狂者之禀也。虽有所得，终止于狂。曾

子,中行之禀也。故能悟入圣人之道。”

注释

❶ 语出《孟子·尽心下》:“行何为踽踽凉凉?”踽踽:孤独的样子。凉凉:冷冷清清的样子。

导读

《答徐成之书》一书以调停朱陆之说为主旨,因时而作,后来阳明反思仍有支离之处。他认为尊德性与道问学本一致,尊德性就体现在道问学之中。心之明觉处是良知,保持此良知即可谓存心,而自觉以良知来指导实践便是致知,存心与致知本是一体连贯,不可分开,即便是静养之中,亦须存心,也即是道问学的功夫。

原文

【5】南逢吉曰:吉尝以《答徐成之书》请问。先生曰:“此书于格致诚正,及尊德性而道问学处说得尚支离。盖当时亦就二君所见者将就调停说过。细详文义,然犹未免分为两事也。”尝见一友问云:“朱子以存心、致知为二事。今以道问学为尊德性之功,作一事如何?”先生曰:“天命于我谓之性,我得此性之谓德。今要尊我之德性,须是道问学❶。如要尊孝之德性,便须学问个孝;尊弟之德性,便须学问个弟;学问个孝,便是尊孝之德性;学问个弟,便是尊弟之德性。不是尊德性之外,别有道问学之功;道问学之外,别有尊德性之事也。心之明觉处谓之知,知之存主处谓之心,原非有二物。存心便是致知,致知便是存心,亦非有二事。”曰:“存心恐是静养意,与道问学不同。”曰:“就是静中存养,还谓之学否?若亦谓之学,亦即是道问学矣。观者宜以此意求之。”

注释

❶ “道问学”,陈本作“道学问”,疑误,今改。

导读

格物必须将良知直接向外扩充，扩充的途径便是通过人之意识与物的交接活动，如此各种人情事变不再是简单粗浅之事，而是能够时时刻刻动心忍性、呈现良知的地方。王阳明认为圣门致知格物之学正是不放过此种地方，因而"无入不自得"。可参看第37条。

原文

【6】先生曰："舜不遇瞽瞍，则处瞽瞍之物无由格。不遇象，则处象之物无由格。周公不遇流言忧惧，则流言忧惧之物无由格。故凡动心忍性，增益其所不能者，正吾圣门致知格物之学。正不宜轻易放过，失此好光阴也。知此则夷狄患难，将无入不自得矣。"

导读

良知本是至善之本体，但良知的真正实现必须通过心的自觉意识，因此，阳明强调省察之功不可废弃。

原文

【7】问："据人心所知，多有误欲作理，认贼作子处，何以乃见良知？"先生曰："尔以为何如？"曰："心所安处，才是良知。"曰："固是。但要省察，恐有非所安而安者。"

导读

良知即天理，天理只需反躬自求。阳明以盂、案、楼、地之间的承载关系论证天理即是最根本、最大的原则，是事之所当然，是其他一切的基础。

原文

【8】先生自南都以来，凡示学者，皆令存天理、去人欲以为本。

有问所谓,则令自求之。未尝指天理为何如也。黄冈郭善甫挈其徒良吉,走越受学。途中相与辩论,未合。既至,质之先生。先生方寓楼馔,不答所问。第目摄良吉者再。指所馔盂,语曰:"此盂中下乃能盛此馔,此案下乃能载此盂,此楼下乃能载此案,地又下乃能载此楼。惟下乃大也。"

导读

日常生活中的待人接物,无不是人心良知天理的显现。但此天理乃是人心所具有,不假外求,故阳明批评那种只知道责备他人而不知反求诸己的现象。

原文

【9】一日,市中哄而诟,甲曰:"尔无天理。"乙曰:"尔无天理。"甲曰:"尔欺心。"乙曰:"尔欺心。"先生闻之,呼弟子,曰:"听之。夫夫哼哼❶讲学也。"弟子曰:"诟也,焉学?"曰:"汝不闻乎?曰'天理',曰'心',非讲学而何?"曰:"既学矣,焉诟?"曰:"夫夫也,惟知责诸人,不知及诸己故也。"

注释

❶ 哼哼(zhūnzhūn),话多。

导读

"良知"之说乃王阳明经过切身体验之后,从"百死千难"中得来,尤其是居夷三载,处困养静,更是坚定了他的这种信念,故曰"自从龙场以后,便已不出此意"。良知是本体,是究竟话头,学问无非就是致此良知而已。但阳明最初并未能点破此意,只是体悟到而已,此体悟的境界无法以语言真实完整地呈现,故只有在思考话语表述之后,才找到了"良知"二字来加以阐述。

原文

【10】先生尝曰："吾良知二字，自龙场以后，便已不出此意，只是点此二字不出。于学者言，费却多少辞说。今幸见出此意，一语之下，洞见全体，真是痛快，不觉手舞足蹈。学者闻之，亦省却多少寻讨功夫。学问头脑，至此已是说得十分下落。但恐学者不肯直下承当耳。"又曰："某于良知之说，从百死千难中得来，非是容易见得到此。此本是学者究竟话头。可惜此理沦埋已久，学者苦于闻见障蔽，无入头处。不得已与人一口说尽。但恐学者得之容易，只把作一种光景玩弄，孤负此知耳。"

【11】语友人曰："近欲发挥此。只觉有一言发不出。"津津然含诸口，莫能相度。久乃曰："近觉得此学更无有他，只是这些子，了此更无余矣。"旁有健羡不已者，则又曰："连这些子亦无放处，今经变后始有良知之说。"

【12】一友侍，眉间有忧思，先生顾谓他友曰："良知固彻天彻地，近彻一身。人一身不爽，不须许大事，第头上一发下垂，浑身即是为不快。此中那容得一物耶？"

导读

这段语录反映了阳明晚年的反思。他认为年轻气盛之时的一些做法充满了"抗厉气"，仍有违"极高明而道中庸"的境界，即便是"平宁藩"之事，他亦认为有"挥霍"的意思在，倘若在晚年时，则会有不同的处理方式。

原文

【13】先生初登第时，上边务八事，世艳称之。晚年有以为问者，先生曰："此吾少时事。有许多抗厉气。此气不除，欲以身任天下，其何能济？"或又问平宁藩，先生曰："当时只合如此做，但觉来尚有挥霍意。使今日处之，更别也。"

导读

王阳明反对许衡将治生作为首要任务，因为只讲"治生"会开启营利之心，而忽视了良知本体的持守。相比之下，阳明认为讲学乃是当务之急，"治生"也只是讲学中的事情，只要能将心体把持，不为人欲所累，则讲学治生乃是一体的功夫。可参看第56条。

原文

【14】直问："许鲁斋言学者以治生为首务，先生以为误人，何也？岂士之贫，可坐守不经营耶？"先生曰："但言学者治生上尽有工夫，则可；若以治生为首务，使学者汲汲营利，断不可也。且天下首务，孰有急于讲学耶？虽治生亦是讲学中事，但不可以之为首务，徒启营利之心。果能于此处调停得心体无累，虽终日做买卖，不害其为圣为贤。何妨于学？学何贰于治生？"

导读

读书应当以培养自家心体为务，不应盲从，只要志向真切，反求诸己，一断以良知，则有益于己。可参看《拾遗》第30条。

原文

【15】先生曰："凡看书，培养自家心体。他说得不好处，我这里用得着，俱是益。只要此志真切。昔有[1]郢人夜写书与燕国，误写举烛二字。燕人误解：烛者明也，是教我举贤明其理也，其国大治。故此志真切，因错致真，无非得益。今学者看书，只要归到自己身心上用。"

注释

❶"昔有"，阿本作"有昔"，疑误，今改。

导读

心主五官,心之本体即良知,在良知的主导下,五官自然发挥其功能。可参看第70、96、122、142、277条。

原文

【16】从目所视,妍丑自别,不作一念,谓之明。从耳所听,清浊自别,不作一念,谓之聪。从心所思,是非自别,不作一念,谓之睿。

导读

在王阳明看来,学问最忌讳成见太多,良知只是个澄明的本体,从人之本心发出,本无不同,故不因人而异。

原文

【17】尝闻先生曰:"吾居龙场时,夷人言语不通,所可与言者中土亡命之流。与论知行之说,更无抽格。久之,并夷人亦欣欣相问。及出与士夫言,反多纷纷同异,拍格不入。学问最怕有意见的人,只患闻见不多。良知闻见益多,覆蔽益重。反不曾读书的人,更容易与他说得。"

导读

王阳明身处张、许之变时,仍然牢牢持守自己的学术宗旨,然当时能识得他学术宗旨的人并不多,故曰"不得复有相讲如虔中者",而江右邹守益最能笃守师门宗旨,阳明表达了对邹守益扶助自己弘扬良知之学的期盼。

原文

【18】先生用功,到人情事变极难处时,见其愈觉精神。向在洪

都处张、许之变，尝见一书与邹谦之，云："自别省城，即不得复有相讲如虔中者。虽自己柁柄不敢放手，而滩流悍急，须仗有方如吾谦之者持篙而来，庶能相助，更上一滩耳。"

导读

知行合一是阳明讲学的宗旨之一，可参看第26、132、133、226、320、321条与《拾遗》第21条。

原文

【19】门人有疑知行合一之说者。直曰："知行自是合一。如今人能行孝，方谓之知孝。能行弟，方谓之知弟。不是只晓得个孝字弟字，遽谓之知。"先生曰："尔说固是。但要晓得一念动处，便是知，亦便是行。"

导读

王阳明打通心、性、理，将心、知、意、物贯穿，故反对将心区别为内外两层。可参看第32、33、34、94、135条。

原文

【20】先生曰："人必要说心有内外，原不曾实见心体。我今说无内外，尚恐学者流在有内外上去。若说有内外，则内外益判矣。况心无内外，亦不自我说。明道《定性书》有云：'且以性为随物于外，则当其在外时，何者为在内！'此一条最痛快。"

【21】或问："孟子'始条理者智之事，终条理者圣之事'。知行分明是两事。"直曰："要晓得始终条理，只是一个条理而始终之耳。"曰："既是一个条理，缘何三子却圣而不智？"直曰："也是三子所知分限只到此地位。"先生尝以此问诸友。黄正之曰："先生以致

知各随分限之说，提省诸生。此意最切。”先生曰：“如今说三子，正是此意。”

导读

良知只是一个纯天理之心，人人皆有，本无不同，故阳明借《易经·系辞》里的“易则易知”来阐述良知的简易可知。但若人为私欲遮蔽良知，则私心各异，故难以知得良知。

原文

【22】先生曰：“‘易则易知’。只是此天理之心，则你也是此心。你便知得人人是此心，人人便知得，如何不易知？若是私欲之心，则一个人是一个心，人如何知得？”

导读

王阳明极为赞成诚意功夫，主张将诚的功夫贯穿始终。对黄直的“静上用功”，阳明认为人心本无片刻息时，因此所谓“静”只是一循天理之谓，并非空寂之静。程颐所说的“静”亦并非排除知觉活动，而只是此心涵养此理，因此阳明赞同程颐之说。最后他告诫学生，切不可专守在静上用功，否则有喜静恶动之弊，容易遁入佛老。可参看第41、48、108、156、157、202、231、262与《拾遗》第38条。

原文

【23】先生曰：“人但一念善，便实实是好；一念恶，便实实是恶。如此才是学。不然，便是作伪。”尝问门人：圣人说“知之为知之”二句，是何意思？二友不能答。先生曰：“要晓得圣人之学，只是一诚。”直自陈喜在静上用功。先生曰：“静上用功固好，但终自有弊。人心自是不息，虽在睡梦，此心亦是流动。如天地之化，本无一息之停。然其化生万物，各得其所，却亦自静也。此心虽是流行不

息,然其一循天理,却亦自静也。若专在静上用功,恐有喜静恶动之弊。动静一也。”直曰:“直固知静中自有知觉之理。但伊川答吕学士一段可疑。伊川曰:‘贤且说静时如何?’吕学士曰:‘谓之有物则不可,然自有知觉在。’伊川曰:‘既有知觉,却是动也。如何言静?’”先生曰:“伊川说还是。”直因思伊川之言,分明以静中无知觉矣。如何谓伊川说还是?考诸晦翁亦曰:“若云知寒觉暖,便是知觉已动。”又思知寒觉暖,则知觉着在寒暖上,便是已发。所谓有知觉者,只是有此理,不曾着在事物。故还是静。然瞌睡也有知觉,故能做梦,故一唤便醒。槁木死灰,无知觉,便不醒矣。则伊川所谓:“既有知觉,却是动也,如何言静?”正是说静而无静之意,不是说静中无知觉也。故先生曰:“伊川说还是。”

导读

王阳明反对拘泥于文字去理解“致中”与“致和”,而主张“中和一也”,“致和便是致中”。本体即是中,本体之发散所呈现的状态即为和。可参看第37、58、76条。

原文

【24】直问:“戒慎恐惧是致和,还是致中?”先生曰:“是和上用功。”曰:“《中庸》言致中和。如何不致中?却来和上用功?”先生曰:“中和一也,内无所偏倚。少间发出,便自无乖戾。本体上如何用功?必就他发处,才着得力。致和便是致中。万物育,便是天地位。”直未能释然。先生曰:“不消去文义上泥,中和是离不得底。如面前火之本体是中,火之照物处便是和。举着火,其光便自照物。火与照如何离得?故中和一也。近儒亦有以戒惧即是慎独非两事者。然不知此以致和即便以致中也。”他日崇一谓直曰:“未发是本体,本体自是不发底。如人可怒,我虽怒他,然怒不过当,却也

是此本体未发。”后以崇一之说问先生,先生曰:“如此却是说成功。子思说发与未发,正要在发时用功。”

导读

王阳明主张“心外无理”,天理不外乎人心,要理解天理,只需在居丧等人事活动中人的本心上去追问,所谓心之“真切处才是天理”。可参看第2、3、4条。

原文

【25】艾铎问:“如何为天理?”先生曰:“就尔居丧上体验看。”曰:“人子孝亲,哀号哭泣。此孝心便是天理。”先生曰:“孝亲之心真切处才是天理。如真心去定省问安,虽不到床前,却也是孝。若无真切之心,虽日日定省问安,也只与扮戏相似,却不是孝。此便见心之真切,才为天理。”

导读

王阳明认为,颜子的择中庸无非就是通过戒慎恐惧的功夫,从本心上开启天理。而颜子在见得道体无非就是此心之良知后,方知从日用知觉言行处着手追寻老师是无路径可循的。

原文

【26】直问:“颜子择中庸,是如何择?”先生曰:“亦是戒慎不睹,恐惧不闻。就己心之动处,辨别出天理来。‘得一善’,即是得此天理。”后又与正之论颜子“虽欲从之,末由也已”。正之曰:“先生尝言:‘此是见得道理如此。如今日用,凡视听言动,都是此知觉。然知觉却在何处?捉定不得。所以说“虽欲从之,末由也已”。颜子见得道体后,方才如此说。’”

导读

王阳明认为《大学》所云“物有本末”乃是就一物而言，非谓两个不同的事物分为本末。同理，明德与亲民只是一个事物，一个功夫，不可分为两段。“事有终始”乃是说人之良知的扩充过程有先后顺序，本心为开始，实行为终结。本心发而为意，意之所在便是物，致知于物则为事，事与物乃一体连贯。可参看第6、137、201条。

原文

【27】直问：“‘物有本末’一条，旧说似与先生不合。”先生曰：“譬如二树在此，一树有一树之本末。岂有以一树为本，一树为末之理？明德亲民，总是一物，只是一个工夫。才二之，明德便是空虚，亲民便是袭取矣。‘物有本末’云者，乃指定一物而言。如实有孝亲之心，而后有孝亲之仪文节目。‘事有终始’云者，亦以实心为始，实行为终。故必始焉有孝亲之心，而终焉则有孝亲之仪文节目。事长、事君，无不皆然。自意之所着谓之物，自物之所为谓之事。物者事之物，事者物之事也，一而已矣。”

导读

王阳明主张常常反省自家不是，方能见得别人的不是，学贵反省。

原文

【28】先生曰：“朋友相处，常见自家不是，方能点化得人之不是。善者固吾师，不善者亦吾师。且如见人多言，吾便自省亦多言否？见人好高，吾自省亦好高否？此便是相观而善，处处得益。”

导读

“性”乃是人物之性，离却人物则无性可尽。因此，致曲功夫亦只在人伦物理上。

原文

【29】先生曰："至诚能尽其性，亦只在人物之性上尽。离却人物，便无性可尽得。能尽人物之性，即是至诚致曲处。致曲工夫，亦只在人物之性上致，更无二义。但比至诚有安勉不同耳。"

导读

读书应最终体验在自己身心上，以良知为权衡，不可拘泥于文句。可参看第316条与《拾遗》第15条。

原文

【30】先生曰："学者读书，只要归在自己身心上。若泥文着句，拘拘[1]解释，定要求个执定道理，恐多不通。盖古人之言，惟示人以所向往而已。若于所示之向往，尚有未明，只归在良知上体会方得。"

导读

王阳明以容器盛水的比喻来说明孟子的性善论，气质虽然有差异，但本性却相同，如能将这相同的本性不断扩充，则可以超越气质的局限。

原文

【31】先生曰："气质犹器也，性犹水也。均之水也，有得一缸者，得一桶者，有得一瓮者，局于器也。气质有清浊、厚薄、强弱之不同，然其为性则一也。能扩而充之，器不能拘矣。"

导读

"情顺万事而无情"，意为在不同的事情上所表现出来的具体感情虽有不同，但都是出自本心之良知，因而于天理无不吻合，无私情。在丧事中，“哭则不歌”表明哭是顺丧之情，然哭过后仍然有悲伤之情在，但具体的情感表现则各异，阳明将此一过程中各种情感的本体归结为“乐”，即良知本体之乐。可参看第59、166、292条。

原文

【32】直问：“‘圣人情顺万事而无情’。夫子哭则不歌，先儒解为余哀未忘。其说如何？”先生曰：“情顺万事而无情，只谓应物之主宰，无滞发于天理不容己处，如何便休得？是以哭则不歌。终不然，只哭一场后，便都是乐。更乐更无痛悼也。”

导读

王阳明认为，古今事变无不依从良知而出，致良知功夫只在日用伦常之中，因而致良知可以涵盖所有古今事变，无有遗漏。

原文

【33】或问：“致良知工夫，恐于古今事变有遗？”先生曰：“不知古今事变从何处出，若从良知流出，致知焉尽之矣。”

【34】先生曰：“颜子‘欲罢不能’，是真见得道体不息，无可罢时。若功夫有起有倒，尚有可罢时，只是未曾见得道体。”

导读

王阳明认为“良知良能，愚夫愚妇与圣人同”，“良知之在人心，无间于圣愚”，天下古今之所同也。只是圣人能致其良知，而愚夫愚妇不能致，这才是圣愚之所由分也。可参看第109、139、271、289条。

原文

【35】先生曰：“夫妇之与知与能，亦圣人之所知所能。圣人之

所不知不能，亦夫妇之所不知不能。”又曰：“夫妇之所与知与能，虽至圣人之所不知不能，只是一事。”

导读

王阳明认为，如果不能从本体上体会虚无、权谋、术数、技能之学，而只是简单地从实用技术层面来依此治国，则不能顺利地达到目的，终究是小道，君子不用。

原文

【36】先生曰：“虽小道必有可观。如虚无、权谋、术数、技能之学，非不可超脱世情。若能于本体上得所悟入，俱可通入精妙。但其意有所着。欲以之治天下国家，便不能通。故君子不用。”

导读

王阳明认为圣之为圣，只在于此心纯乎天理，以“精金喻圣”，其意正在此。可参看第99、107条。

原文

【37】童克刚问：“《传习录》中以精金喻圣，极为明切。惟谓孔子分两不同万镒之疑，虽有躯壳起念之说，终是不能释然。”师不言，克刚请之不已。师曰：“看《易经》便知道了。”克刚必请明言。师乃叹曰：“蚤知如此起辨生疑，当时便多说这一千也得。今不自锻炼金之程色[1]，只是问他人金之轻重。奈何！”克刚曰：“坚若蚤得闻教，必求自见。今老而幸游夫子之门，有疑不决。怀疑而死，终是一憾。”师乃曰：“伏羲作易。神农黄帝尧舜用易。至于文王演卦于羑里，周公又演爻于居东。二圣人比之用易者似有间矣。孔子则又不同。其壮年之志，只是东周，故梦亦周公。尝曰：‘文王既没，文不在兹乎？’自许其志，亦只二圣人而已。况孔子玩《易》，韦

编乃至三绝，然后叹易道之精。曰：‘假我数年，五十以学易，可以无大过。’比之演卦演爻者更何如？更欲比之用易如尧舜，则恐孔子亦不自安也。其曰：‘我非生而知之者，好古以求之者。’又曰：‘若圣与仁，则吾岂敢？抑之为不厌。’乃其所至之位。”

注释

❶“程色”，据第99条疑当作“成色”。

导读

王阳明认为早年教人静坐是补偏救弊之举，良知本体无所谓动静，无时不存，因而不管有事无事，戒慎恐惧，致知格物的笃实功夫不可落下。如学者一味静坐，则易陷入空寂枯槁。可参看第41、48、108、156、157、202、231、262与《拾遗》第23条。

原文

【38】先生曰：“吾昔居滁时，见学者徒为口耳同异之辩，无益于得。且教之静坐。一时学者亦若有悟。但久之渐有喜静厌动，流入枯槁之病。故迩来只指破致良知工夫。学者真见得良知本体，昭明洞彻，是是非非，莫非天则。不论有事无事，精察克治，俱归一路，方是格致实功，不落却一边。故较来无出致良知，话头无病。何也？良知原无间动静也。”

导读

中行之士如不可得，退而求其次则只有狂者了。阳明认为狂者志存古人，不为声名利禄所累，有超脱气象，如果在此基础上，劝诫狂者克念，行笃实功夫，则亦可以入道。可参看《拾遗》第4、47条。

原文

【39】曰：“昔孔门求中行之士不可得，苟求其次，其惟狂者乎！

狂者志存古人，一切声利纷华之染，无所累其衷，真有凤皇翔于千仞气象。得是人而裁之，使之克念，日就平易切实，则去道不远矣。予自鸿胪以前，学者用功尚多拘局。自吾揭示良知，头脑渐觉见得此意者多，可与裁矣。”

导读

王阳明早年曾出入辞章之学，深知文字其实并不妨碍功夫，关键在于表达志向的言必须出自中和的本心。可参看第233、241条。

原文

【40】先生尝语学者曰：“作文字亦无妨工夫。如‘诗言志’，只看尔意向如何。意得处自不能不发之于言，但不必在词语上驰骋，言不可以伪为。且如不见道之人，一片粗鄙心，安能说出和平话？总然都做得，后一两句，露出病痛，便觉破此文原非充养得来。若养得此心中和，则其言自别。”

导读

王阳明一生著述极少，他向来不主张“汲汲立言”，在他看来，立言不足以动人，而实行则可取信于人，此外立言有误则有可能误人无穷，贻害不浅。可参看第11、20条。

原文

【41】门人有欲汲汲立言者，先生闻之，叹曰：“此弊溺人，其来非一日矣。不求自信，而急于人知，正所谓‘以己昏昏，使人昭昭’也。耻其名之无闻于世，而不知知道者视之，反自贻笑耳。宋之儒者，其制行磊荦，本足以取信于人，故其言虽未尽，人亦崇信之，非专以空言动人也。但一言之误，至于误人无穷，不可胜救。亦岂非汲汲于立言者之过耶？”

导读

圣人之心如明镜，良知本体澄明，纤尘不能染。而常人之心乃未开之镜，积满尘垢，必须用功除去尘垢，然后复得镜明。可参看第21、62条与《拾遗》第46条。

原文

【42】先生与黄绾、应良论圣学久不明，学者欲为圣人，必须廓清心体，使纤翳不留，真性始见，方有操持涵养之地。应良疑其难。先生曰："圣人之心如明镜，纤翳自无所容，自不消磨刮。若常人之心，如斑垢驳蚀之镜，须痛刮磨一番，尽去驳蚀，然后纤尘即见。才拂便去，亦不消费力。到此已是识得仁体矣。若驳蚀未去，其间固自有一点明处。尘埃之落，固亦见得，才拂便去。至于堆积于驳蚀之上，终弗之能见也。此学利困勉之所由异。幸勿以为难而疑之也。凡人情好易而恶难，其间亦自有私意，气习缠蔽。在识破后，自然不见其难矣。古之人至有出万死而乐为之者，亦见得耳。向时未见得里面意思，此功夫自无可讲处。今已见此一层，却恐好易恶难，使流入禅释去也。"

导读

王阳明主张一念发动处即便是行，因此不能等到思虑纷杂之后再考虑强制禁绝，而必须在思虑萌动处省察克治，无一丝私念欲望，纯是天理精明的状态，这正是《大学》所谓的"知止而后有定也"。

原文

【43】孟源问："静坐中思虑纷杂，不能强禁绝。"先生曰："纷杂思虑，亦强禁绝不得，只就思虑萌动处省察克治。则天理精明后，有个物各付物的意思，自然精专无纷杂之念。《大学》所谓'知止而

后有定也’。”

导读

王阳明感叹“良知”二字本是千古圣学之精髓，然而却沉埋数百年，后人不能识得这一本体，只在知识分解上用功，结果闻见越广博，给道体添加的障碍越多。

原文

【44】一日，先生喟然发叹，九川问曰：“先生何叹也？”曰：“此理简易明白若此，乃一经沉埋数百年。”九川曰：“亦为宋儒徒知解上入，认识神为性体。故闻见日益，障道日深耳。今先生拈出良知二字，此古今人人真面目，更复奚疑？”先生曰：“然。譬之人有冒别姓坟墓为祖墓者，何以为辩？只得开圹，将子孙滴血，真伪无可逃矣。我此良知二字，实千古圣圣相传一点滴骨血也。”

导读

王阳明认为儒家圣人的尽性至命之学是大道，是根本，已经涵化了佛老二氏之学，后人因为不见圣学的宏大包容，反而为佛老之学蒙蔽，将其与儒家圣人之学对立起来。

原文

【45】张元冲在舟中问：“二氏与圣人之学所差毫厘，谓其皆有得于性命也，但二氏于性命中着些私利，便谬千里矣。今观二氏作用，亦有功于吾身者，不知亦须兼取否？”先生曰：“说兼取便不是。圣人尽性至命，何物不具？何待兼取？二氏之用，皆我之用。即吾尽性至命中完养此身，谓之仙；即吾尽性至命中不染世累，谓之佛。但后世儒者不见圣学之全，故与二氏成二见耳。譬之厅堂，三间共为一厅。儒者不知皆吾所用。见佛氏则割左边一间与之，见老氏

则割右边一间与之,而已则自处中间。皆举一而废百也。圣人与天地民物同体,儒佛老庄皆吾之用,是之谓大道。二氏自私其身,是之谓小道。”

导读

王阳明以良知之说教人,主张反求诸己,故有过有悔均因自身反思而有收获。心如明镜,良知既已澄明,则镜上无尘可沾,如此便是入圣之时。

原文

【46】郡守南大吉以座主称门生,然性豪旷,不拘小节。先生与论学有悟,乃告先生曰:“大吉临政多过,先生何无一言?”先生曰:“何过?”大吉历数其事。先生曰:“吾言之矣。”大吉曰:“何?”曰:“吾不言,何以知之?”曰:“良知。”先生曰:“良知非我常言而何?”大吉笑谢而去。居数日,复自数过加密,且曰:“与其过后悔改,曷若预言不犯为佳也?”先生曰:“人言不如自悔之真。”大吉笑谢而去。居数日,复自数过益密,且曰:“身过可勉,心过奈何?”先生曰:“昔镜未开,可得藏垢。今镜明矣,一尘之落,自难住脚。此正入圣之机也,勉之。”

导读

狂者虽然不同于俗世庸琐之人,超脱了富贵声利之场,然不知克己实践,轻视人情事变,故难以入道。王阳明讲明此意,告诫学生不可拘执一见之偏,作茧自缚,而止于狂。可参看《拾遗》第4、39条。

原文

【47】先生曰:“昔者孔子在陈思鲁之狂士。世之学者,没溺于富贵声利之场,如拘如囚,而莫之省脱。及闻孔子之教,始知一切俗缘,皆非性体,乃豁然脱落。但见得此意,不加实践,以入于精

微，则渐有轻灭世故，阔略伦物之病。虽比世之庸庸琐琐者不同，其为未得于道一也。故孔子在陈思归以裁之，使入于道耳。诸君讲学，但患未得此意。今幸见此，正好精诣力造，以求至于道。无以一见自足，而终止于狂也。”

导读

王阳明认为敬畏不是恐惧忧患，戒惧功夫不可间断，常存此天理。洒落亦非旷荡放逸，而是凡事只以良知为尺度，从心所欲，放开去做，则无不是天理的呈现。敬畏与洒脱并不矛盾，贯穿其间的只是一个良知。至于养静，一味求静易流于空寂，因此戒慎功夫不可废弃。

原文

【48】是月舒柏有敬畏累洒落之问，刘侯有入山养静之问，先生曰：“君子之所为敬畏者，非恐惧忧患之谓也。戒慎不睹，恐惧不闻之谓耳。君子之所谓洒落者，非旷荡放逸之谓也，乃其心体不累于欲，无入而不自得之谓耳。夫心之本体，即天理也。天理之昭明灵觉，所谓良知也。君子戒惧之功，无时或间，则天理常存，而其昭明灵觉之本体，自无所昏蔽，自无所牵扰，自无所歉馁愧怍。动容周旋而中礼，从心所欲而不逾。斯乃所谓真洒落矣。是洒落生于天理之常存，天理常存生于戒慎恐惧之无间。孰谓敬畏之心，反为洒落累耶？”谓刘侯曰：“君子养心之学，如良医治病。随其虚实寒热而斟酌补泄之，要在去病而已。初无一定之方，必使人人服之也。若专欲入坐穷山绝世，故屏思虑，则恐既已养成空寂之性，虽欲勿流于空寂，不可得矣。”

导读

“打蛇得七寸”之喻旨在表明学问之道在于持守根本，本立而道生，学古圣先贤之道，不在于效仿具体之言行，博闻广识，而在于反求诸己以自得。

原文

【49】德洪携二弟德周、仲实读书城南。洪父心渔翁往视之，魏良政、魏良器辈与游禹穴诸胜。十日忘返，问曰："承诸君相携日久，得无妨课业乎？"答曰："吾举子业无时不习。"家君曰："固知心学可以触类而通，然朱说亦须理会否？"二子曰："以吾良知求晦翁之说，譬之打蛇得七寸矣。又何忧不得耶？"家君疑未释，进问先生。先生曰："岂特无妨？乃大益耳。学圣贤者，譬之治家。其产业第宅服食器物，皆所自置。欲请客出其所，有以享之。客去其物具在，还以自享，终身用之无穷也。今之为举业者，譬之治家。不务居积，专以假贷为功。欲请客自厅事以至供具百物，莫不遍借。客幸而来，则诸贷之物一时丰裕可观，客去则尽以还人，一物非所有也。若请客不至，则时过气衰，借贷亦不备。终身奔劳，作一窭人而已。是求无益于得，求在外也。"明年乙酉大比，稽山书院钱楩与魏良政并发解江浙。家君闻之笑曰："打蛇得七寸矣。"

导读

王阳明认为防止遁入禅佛境地，关键在于良知本体的操持，心体本无方所，如光之恒常存在，不拘执于形式。

原文

【50】樾方自白鹿洞打坐，有禅定意。先生目而得之，令举似。曰："不是。"已而稍变前语。又曰："不是。"已而更端。先生曰："近之矣。此体岂有方所？譬之此烛，光无不在。不可以烛上为光。"因指舟中曰："此亦是光，此亦是光。"直指出舟外水面曰："此亦是光。"樾领谢而别。

导读

圣人生知安行，却踏实地用困勉的功夫，普通为学之人更应行笃实的功夫，而不应悠悠荡荡。可参看第99、134、165、221、291条。

原文

【51】至吉安，诸生偕旧游三百余迎入螺川驿中。先生立谈不倦。曰："尧舜生知安行的圣人，犹兢兢业业，用困勉的工夫。吾侪以困勉的资质，而悠悠荡荡，坐享生知安行的成功，岂不误己误人？"又曰："良知之妙，真是'周流六虚，变通不居'。若假以文过饰非，为害大矣。"临别嘱曰："工夫只是简易真切。愈真切愈简易，愈简易愈真切。"

附录二

朱子晚年定论

导读

这是钱德洪所写的一篇跋。王阳明任职留都(南京)的几年里,门徒日众,讲学日盛,然而门人之间的争论亦十分激烈。在这一时期,阳明取朱子书细读之,乃知朱子晚年改正其说。阳明十分高兴自己的学说与朱子之学相同,于是从《朱子文集》的书信中摘抄一部分内容,同时将元代理学家吴澄的一些言论附在后面,门人刻录成书,王阳明为之作序,是为《朱子晚年定论》。自此之后,门人中为朱子争论异同者越来越少。隆庆六年(1572),谢廷杰刻录《王文成公全书》,约请钱德洪将《朱子晚年定论》附在《传习录》之后,以示阳明之学与朱子不相违背,千古圣学,同根同源。

原文

《定论》首刻于南赣。朱子病目,静久忽悟圣学之渊微,乃大悔中年著述,误己误人,遍告同志。师阅之,喜己学与晦翁同,手录一卷,门人刻行之。自是为朱子论异同者寡矣。师曰:"无意中得此一助。"隆庆壬申,虬峰谢君廷杰刻师《全书》,命刻《定论》附《语录》后,见师之学与朱子无相谬戾。则千古正学,同一源矣。并师首叙,与袁庆麟跋,凡若干条。洪僭引其说❶。

注释

❶"说",陈本作"学"。

导读

这是王阳明为《朱子晚年定论》所写的序。在这篇序中，王阳明首先追溯了儒学发展的历史与现状。他认为孔子所传之圣学，到孟子便止息，直到千五百年后，周敦颐、程颢等承接先圣之余绪，继承了道统，然自此之后后儒开始了繁杂的辨析，使得圣学又趋于支离湮灭，阳明认为原因主要在于世儒以言乱学。其次，阳明反思了自己的曲折学术经历。从科举之业到沉溺辞章，到苦于众说纷纭，格物失败，进而求诸佛老，以为圣学在此。然验之于人伦日用之间，发现二氏之学往往难以吻合。直到谪守龙场，居夷处困，动心忍性之余，若有所悟，再经反复探求，最终洞明圣学之途本自坦荡，而后世儒者自陷荒芜。最后，阳明介绍了《朱子晚年定论》的形成。当他将自己亲身体悟出来的良知之学传授同志，却遭到各种非议。尽管阳明自认为良知之学，愈深思探求愈精明，无复可疑，然对于自己之学与朱子相抵牾仍深感不安，于是开始重新阅读朱子书，发现朱子晚年改变其说，而流传下来的《四书集注》《四书或问》等均为中年未定之说。后世儒者因未能体会朱子晚年的"悟后之论"，而拘执于未定之论，争论不休。为了匡明正学，表明自己学术与朱子之学的一致，阳明从《朱子文集》的书信中摘抄了部分内容，结集成册，以此传授学生。

原文

阳明子序曰：洙、泗之传，至孟氏而息；千五百余年，濂溪、明道始复追寻其绪。自后辨析日详，然亦日就支离决裂，旋复湮晦。吾尝深求其故，大抵皆世儒之多言，有以乱之。

守仁早岁业举，溺志词章之习，既乃稍知从事正学，而苦于众说之纷扰疲苶[1]，茫无可入，因求诸老、释，欣然有会于心，以为圣人之学在此矣！然于孔子之教，间相出入，而措之日用，往往缺漏无归；依违往返，且信且疑。其后谪官龙场，居夷处困，动心忍性之余，恍若有悟，体验探求，再更寒暑，证诸五经、四子，沛然若决江河而放诸海也。然后叹圣人之道坦如大路，而世之儒者妄开窦径，蹈荆棘，堕坑堑，究其为说，反出二氏之下。宜乎世之高明之士厌此而趋彼也！此岂二氏之罪哉？间尝以语同志，而闻者竞相非议，目以为立异好奇。虽每痛反深抑，务自搜剔斑瑕，而愈益精明的确，洞然无复可疑。独于朱子之说有相抵牾，恒疚于心，切疑朱子之贤，而岂其于此尚有未察？及官留都，复取朱子之书而检求之，然后知其晚岁固已大悟旧说之非，痛悔极艾，至以为自诳诳人之罪，不可胜赎。世之所传《集注》《或问》之类，乃其中年未定之说，自咎以为旧本之误，思改正而未及。而其诸《语类》之属，又其门人挟胜心以附己见，固于朱子平日之说，犹有大相谬戾者。而世之学者局于见闻，不过持循讲习于此，其于悟后之论，概乎其未有闻，则亦何怪乎予言之不信，而朱子之心无以自暴于后世也乎？

予既自幸其说之不谬于朱子，又喜朱子之先得我心之同然，且慨夫世之学者，徒守朱子中年未定之说，而不复知求其晚岁既悟之论，竞相呶呶，以乱正学，不自知其已入于异端。辄采录而裒集之，私以示夫同志，庶几无疑于吾说，而圣学之明可冀矣！

正德乙亥冬十一月朔，后学余姚王守仁序。

答黄直卿书

为学直是先要立本。文义却可且与说出正意，令其宽心玩味；未可便令考校同异，研究纤密，恐其意思促迫，难得长进。将来见得大意，略举一二节目，渐次理会，盖未晚也。此是向来定本之误。今幸见得，却烦勇革。不可苟避讥笑，却误人也。

答吕子约

日用工夫，比复何如？文字虽不可废，然涵养本原，而察于天理人欲之判，此是日用动静之间，不可顷刻间断底事。若于此处见得分明,自然不到得流入世俗功利权谋里去矣。熹亦近日方实见得向日支离之病,虽与彼中证候不同,然忘己逐物、贪外虚内之失,则一而已。程子说"不得以天下万物扰己,己立后自能了得天下万物",今自家一个身心不知安顿去处,而谈王说伯,将经世事业别作一个伎俩商量讲究,不亦误乎！相去远,不得面论,书问终说不尽,临风叹息而已。

答何叔京

前此僭易拜禀博观之敝,诚不自揆,乃蒙见是,何幸如此！然观来谕,似有未能遽舍之意,何邪？此理甚明,何疑之有？若使道可以多闻博观而得,则世之知道者为不少矣。熹近日因事方有少省发处,如"鸢飞鱼跃",明道以为与"必有事焉勿正"之意同者,乃今[2]晓然无疑。日用之间,观此流行之体,初无间断处,有下功夫处。乃知日前自诳诳人之罪,盖不可胜赎也。此与守书册、泥言语全无交涉,幸于日用间察之。知此则知仁矣。

答潘叔昌

示喻"天上无不识字底神仙",此论甚中一偏之弊。然亦恐只学得识字,却不曾学得上天,即不如且学上天耳。上得天了,却旋学上天人,亦不妨也。中年以后,气血精神,能有几何？不是记故事时节。熹以目昏,不敢着力读书。闲中静坐,收敛身心,颇觉得力。间起看书,聊复遮眼,遇有会心处,时一喟然耳！

答潘叔度

熹衰病,今岁幸不至剧,但精力益衰,目力全短,看文字不得。瞑[3]目静坐,却得收拾放心,觉得日前外面走作不少,颇恨盲废之不早也。看书鲜识之喻,诚然。然严霜大冻之中,岂无些小风和日暖意思？要是多者胜耳。

与吕子约

孟子言“学问之道，惟在求其放心”，而程子亦言“心要在腔子里”。今一向耽着文字，令此心全体都奔在册子上，更不知有己，便是个无知觉不识痛痒之人，虽读得书，亦何益于吾事邪？

与周叔谨

应之甚恨未得相见，其为学规模次第如何？近来吕、陆门人互相排斥，此由各徇所见之偏，而不能公天下之心以观天下之理，甚觉不满人意。应之盖尝学于两家，未知其于此看得果如何？因话扣之，因书谕及为幸也。熹近日亦觉向来说话有大支离处，反身以求，正坐自己用功亦未切耳。因此减去文字工夫，觉得闲中气象甚适。每劝学者亦且看《孟子》“道性善”“求放心”两章，着实体察收拾为要。其余文字，且大概讽诵涵养，未须大段着力考索也。

答陆象山

熹衰病日侵，去年灾患亦不少，比来病躯方似略可支吾。然精神耗减，日甚一日，恐终非能久于世者。所幸迩来日用工夫颇觉有力，无复向来支离之病，甚恨未得从容面论。未知异时相见，尚复有异同否耳？

答符复仲

闻向道之意甚勤。向所喻“义利之间诚有难择者，但意所疑以为近利者，即便舍去可也。向后见得亲切，却看旧事，又有见未尽、舍未尽者，不解有过当也”。见陆丈回书，其言明当，且就此持守，自见功效，不须多疑多问，却转迷惑也。

答吕子约

日用功夫,不敢以老病而自懈。觉得此心操存舍亡,只在反掌之间。向来诚是太涉支离。盖无本以自立,则事事皆病耳。又闻讲授亦颇勤劳,此恐或有未便。今日正要清源正本,以察事变之幾微,岂可一向汩溺于故纸堆中,使精神昏弊,失后忘前,而可以谓之学乎?

与吴茂实

近来自觉向时工夫止是讲论文义,以为积集义理,久当自有得力处,却于日用工夫全少检点。诸朋友往往亦只如此做工夫,所以多不得力。今方深省而痛惩之,亦欲与诸同志勉焉。幸老兄遍以告之也。

答张敬夫

熹穷居如昨,无足言者。自远去师友之益,兀兀度日。读书反己,固不无警省处,终是旁无强辅,因循汩没,寻复失之。近日一种向外走作,心悦之而不能自已者,皆准止酒例,戒而绝之,似觉省事。此前辈所谓"下士晚闻道,聊以拙自修"者,若扩充[4]不已,补复前非,庶其有日。旧读《中庸》"慎独"、《大学》"诚意""毋自欺"处,常苦求之太过,措词烦猥。近日乃觉其非,此正是最切近处,最分明处。乃舍之而谈空于冥漠之间,其亦误矣。方窃以此意痛自检勒,懔然度日,惟恐有怠而失之也。至于文字之间,亦觉向来病痛不少。盖平日解经最为守章句者,然亦多是推衍文义,自做一片文字,非惟屋下架屋,说得意味淡薄,且是使人看者,将注与经作两项工夫,做了下稍[5],看得支离,至于本旨,全不相照。以此方知汉儒可谓善说经者,不过只说训诂,使人以此训诂玩索经文,训诂、经文不相离异，只做一道看了，直是意味深长也。

答吕伯恭

道间与季通讲论，因悟向来涵养工夫全少，而讲说又多强探，必取寻流逐末之弊。推类以求，众病非一，而其源皆在此，恍然自失，似有顿进之功。若保此不懈，庶有望于将来。然非如近日诸贤所谓顿悟之机也。向来所闻诲谕诸说之未契者，今日细思，吻合无疑。大抵前日之病，皆是气质躁妄之偏，不曾涵养克治，任意直前之弊耳。

答周纯仁

闲中无事，固宜谨出[6]，然想亦不能一并读得许多。似此专人来往劳费，亦是未能省事随寓而安之病。又如多服燥热药，亦使人血气偏胜，不得和平，不但非所以卫生，亦非所以养心。窃恐更须深自思省，收拾身心，渐令向里，令宁静闲退之意胜，而飞扬躁[7]扰之气消，则治心养气，处事接物，自然安稳，一时长进，无复前日内外之患矣。

答窦文卿

为学之要，只在着实操存，密切体认，自己身心上理会。切忌轻自表襮[8]，引惹外人辩论，枉费酬应，分却向里工夫。

答吕子约

闻欲与二友俱来而复不果，深以为恨。年来觉得日前为学不得要领，自做身主不起，反为文字夺却精神，不是小病。每一念之，惕然自惧，且为朋友忧之。而每得子约书，辄复恍然，尤不知所以为贤者谋也。且如临事迟回，瞻前顾后，只此亦可见得心术影子。

当时若得相聚一番，彼此极论，庶几或有剖决之助。今又失此机[9]会，极令人怅恨也！训导后生，若说得是，当极有可自警省处，不会减人气力。若只如此支离，漫无统[11]纪，则虽不教后生，亦只见得展转迷惑，无出头处也。

答林择之

熹哀苦之余，无他外诱，日用之间，痛自敛饬，乃知敬字之功亲切要妙乃如此。而前日不知于此用力，徒以口耳浪费光阴，人欲横流，天理几灭。今而思之，怛然震悚，盖不知所以措其躬也。

又

此中见[11]有朋友数人讲学，其间亦难得朴实头负荷得者。因思日前讲论，只是口说，不曾实体于身，故在己在人都不得力。今方欲与朋友说日用之间，常切点检气习偏处、意欲萌处，与平日所讲相似与不相似，就此痛着工夫，庶几有益。陆子寿兄弟，近日议论，却肯向讲学上理会。其门人有相访者，气象皆好。但其间亦有旧病。此间学者却是与渠相反，初谓只如此讲学，渐涵自能入德。不谓末流之弊，只成说话，至于人伦日用最切近处，亦都不得毫毛气力。此不可不深惩而痛警也！

答梁文叔

近看《孟子》，见人即道性善、称尧舜，此是第一义。若于此看得透，信得及，直下便是圣贤，便无一毫人欲之私做得病痛。若信不及孟子，又说个第二节工夫，又只引成覸、颜渊、公明仪三段说话，教人如此发愤，勇猛向前，日用之间，不得存留一毫人欲之私在这里，此外更无别法。若于此有个奋迅兴起处，方有田地可下功夫。不然，即是画脂镂冰，无真实得力处也。近日见得如此，自觉颇得力,与前日不同,故此奉报。

答潘叔恭

学问根本,在日用间持敬集义工夫,直是要得念念省察。读书求义,乃其间之一事耳。旧来虽知此意,然于缓急之间,终是不觉有倒置处,误人不少,今方自悔耳。

答林充之

充之近读何书?恐更当于日用之间为仁[12]之本者,深加省察,而去其有害于此者为佳。不然,诵说虽精,而不践其实,君子盖深耻之。此固充之平日所讲闻也。

答何叔景

李先生教人,大抵令于静中体认大本未发时气象分明,即处事应物,自然中节。此乃龟山门下相传指诀,然当时亲炙之时,贪听讲论,又方窃好章句训诂之习,不得尽心于此,至今若存若亡,无一的实见处,辜负教育之意。每一念此,未尝不愧汗沾衣也。

又

熹近来尤觉昏愦无进步处。盖缘日前偷堕苟简,无深探力行之志,凡所论说,皆出入口耳之余,以故全不得力。今方觉悟,欲勇革旧习,而血气已衰,心志亦不复强,不知终能有所济否?

又

向来妄论"持敬"之说,亦不自记其云何。但因其良心发现之微,猛省提撕,使心不昧,则是做工夫底本领。本领既立,自然下学而上达矣。若不察良心发现处,即渺渺茫茫,恐无下手处也。中间一书论“必有事焉”之说，却尽有病。殊不蒙辨诘，何邪？所喻多识前言往行，固君子之所急。熹向[13]来所见亦是如此。近因反求未得个安稳处，却始知此未免支离，如所谓因诸公以求程氏，因程氏以求圣人，是隔几重公案？曷若默会诸心，以立其本，而其言之得失，自不能逃吾之鉴邪？钦夫之学所以超脱自在，见得分明，不为言句所桎梏，只为合下入处亲切，今日说话虽未能绝无渗漏，终是本领是当，非吾辈所及。但详观所论，自可见矣。

答林择之

所论颜、孟不同处，极善极善。正要见此曲折，始无窒碍耳。比来想亦只如此用功。熹近只就此处见得向来未见底意思，乃知“存久自明，何待穷索”之语是真实不诳语。今未能久，已有此验，况真能久邪？但当益加勉励，不敢少弛其劳耳。

答杨子直

学者堕在语言，心实无得，固为大病。然于语言中，罕见有究竟得彻头彻尾者。盖资质已是不及古人，而工夫又草草，所以终身于此，若存若亡，未有卓然可恃之实。近因病后，不敢极力读书，闲中却觉有进步处。大抵孟子所论求其放心，是要诀尔。

与田侍郎子真

吾辈今日事事做不得，只有向里存心穷理，外人无交涉。然亦不免违条碍贯，看来无着力处。只有更攒近里面，安身立命尔。不审比日何所用心？因书及之，深所欲闻也。

答陈才卿

详来示，知日用工夫精进如此，尤以为喜。若知此心此理端的在我,则参前倚衡,自有不容舍者,亦不待求而得,不待操而存矣。格物致知,亦是因其所已知者推之,以及其所未知。只是一本,原无两样工夫也。

与刘子澄

居官无修业之益,若以俗学言之,诚是如此。若论圣门所谓德业者,却初不在日用之外,只押文字,便是进德修业地头,不必编缀异闻,乃为修业也。近觉向来为学,实有向外浮泛之弊,不惟自误,而误人亦不少。方别寻得一头绪,似差简约端的,始知文字言语之外,真别有用心处,恨未得面论也。浙中后来事体,大段支离乖僻,恐不止似正似邪而已,极令人难说。只得惶恐,痛自警省!恐未可专执旧说以为取舍也。

与林择之

熹近觉向来乖谬处不可缕数,方惕然思所以自新者,而日用之间,悔吝潜积,又已甚多。朝夕惴惧,不知所以为计。若择之能一来辅此不逮,幸甚!然讲学之功,比旧却觉稍有寸进。以此知初学得些静中功夫,亦为助不小。

答吕子约

示喻日用工夫如此,甚善!然亦且要见一大头脑分明,便于操舍之间有用力处。如实有一物,把住放行在自家手里,不是谩说求其放心,实却茫茫无把捉处也。

子约复书云:"某盖尝深体之,此个大头脑本非外面物事,是我元初本有底。其曰'人生而静',其曰'喜怒哀乐之未发',其曰'寂然不动',人汩汩地过了日月,不曾存息,不曾实见此体段,如何会有用力处?程子谓'这个义理,仁者又看做仁了,智者又看做智了,百姓日用不知,此所以君子之道鲜'。此个亦不少,亦不剩,只是人看他不见,不大段信得此话。及其言于勿忘勿助长间认取者,认乎此也。认得此,则一动一静皆不昧矣。恻隐、羞恶、辞让、是非,四端之著也,操存久则发现多。忿懥、忧患、好乐、恐惧,不得其正也,放舍甚则日滋长。记得南轩先生谓'验厥操舍,乃知出入',乃是见得主脑,于操舍间有用力处之实话。盖苟知主脑不放下,虽是未能常常操存,然语默应酬间历历能自省验,虽其实有一物在我手里,然可欲者是我底物,不可放失;不可欲者非是我物,不可留藏,虽谓之实有一物在我手里,亦可也。若是谩说,既无归宿,亦无依据,纵使强把捉得住,亦止是袭取,夫岂是我元有底邪?愚见如此,敢望指教。"朱子答书云:"此段大概甚正当亲切。"

答吴德夫

承喻仁字之说,足见用力之深。熹意不欲如此坐谈,但直以孔子、程子所示求仁之方,择其一二切于吾身者,笃志而力行之,于动静语默间,勿令间断,则久久自当知味矣。去人欲,存天理,且据所见去之存之。工夫既深,则所谓似天理而实人欲者次第可见。今大体未正,而便察及细微,恐有放饭流啜,而问无齿决之讥也。如何如何?

答或人

"中和"二字,皆道之体用。旧闻李先生论此最详,后来所见不同,遂不复致思。今乃知其为人深切,然恨已不能尽记其曲折矣。如云"人固有无所喜怒哀乐之时,然谓之未发,则不可言无主也",又如先言慎独,然后及中和,此亦尝言之。但当时既不领略,后来又不深思,遂成蹉过,孤负此翁耳!

答刘子澄

日前为学,缓于反己,追思凡百,多可悔者。所论注文字,亦坐此病,多无着实处。回首茫然,计非岁月工夫所能救治,以此愈不自快。前时犹得敬夫、伯恭时惠规益,得以自警省。二友云亡,耳中绝不闻此等语。今乃深有望于吾子澄,自此惠书,痛加镌诲,乃君子爱人之意也。

朱子之后,如真西山、许鲁斋、吴草庐亦皆有见于此,而草庐见之尤真,悔之尤切。今不能备录,取草庐一说附于后。

临川吴氏曰:"天之所以生人,人之所以为人,以此德性也。然自圣传不嗣,士学靡宗,汉、唐千余年间,董、韩二子依稀数语近之,而原本竟昧昧也。逮夫周、程、张、邵兴,始能上通孟氏而为一。程氏四传而至朱,文义之精密,又孟氏以来所未有者。其学徒往往滞于此而溺其心。夫既以世儒记诵词章为俗学矣,而其为学,亦未离乎言语文字之末,此则嘉定以后朱门末学之弊[14],而未有能救之者也。夫所贵乎圣人之学,以能全天之所以与我者尔。天之与我,德性是也,是为仁义礼智之根株,是为形质血气之主宰。舍此而他求,所学何学哉?假而行如司马文正公,才如诸葛忠武侯,亦不免为行不着、习不察[15],亦不过为资器之超于人,而谓有得于圣学则未也。况止于训诂之精,讲说之密,如北溪之陈、双峰之饶,则与彼记诵词章之俗学,相去何能以寸哉?圣学大明于宋代,而踵其后者如此,可叹已!澄也钻研于文义,毫分缕析,每以陈为未精,饶为未密也,堕此科臼中垂四十年,而始觉其非。自今以往,一日之内子而亥,一月之内朔而晦,一岁之内春而冬,常见吾德性之昭昭,如天之运转,如日月之往来,不使有须臾之间断,则于尊之之道殆庶几乎?于此有未能,则问于人,学于己,而必欲其至。若其用力之方,非言之可喻,亦味于《中庸》首章、订顽终篇而自悟可也。"

注释

❶ "苶"(nié),疲倦。诸本均作"疢"(音 chèn),病。

❷ "乃今",陈本作"今乃"。

❸ "瞑",丛刊本、四部备要本、世界书局本、《全集》作"冥"。

❹ "扩充",四部备要本、陈本、《全集》作"充扩"。

❺ "稍",四部备要本、世界书局本、《全集》作"梢"。

❻ "谨出",四库底本作"读书",诸本均作"谨出",据改。

❼ "躁",丛刊本、四部备要本、《全集》作"燥",陈本作"操"。

❽ "襮",四库底本作"暴",诸本均作"襮"(音 bó),暴露。据改。

❾ "机",四库底本、丛刊本作"几",诸本作"机",据改。

❿ "统",《全集》作"绝",疑误。

⓫ "见",底本作"又",诸本均作"见",据改。

⓬ "仁",四部备要本、陈本、《全集》作"人"。

⓭ "向",《全集》作"自",疑误。

⓮ "弊",诸本均作"敝",当从四库底本。

⓯ "行不着、习不察",语出《孟子·尽心上》:"行之而不着焉,习矣而不察焉,终身由之而不知其道者,众也。"诸本均作"习不著、行不察",疑误,当从底本。

导读

这是王阳明的门人袁庆麟写的一篇跋。袁氏首先指出刻录《朱子晚年定论》的初衷。其次以自身的求学经历说明《朱子晚年定论》的作用。袁氏从事朱子之学三十余年,拘执于朱子一言一字,以为定见,然并无所获,却以为自己所知还不够广博。直到问道于王阳明,才知道圣学真切简易,不假外求,存疑之余又读完阳明所录的《朱子晚年定论》,最终尽弃其所学,受学于王阳明,三月而有所获。是故,袁氏认为《定论》之刻录与传播有着指迷的作用，学者不可不察。

原文

《朱子晚年定论》，我阳明先生在留都时所采集者也。揭阳薛君尚谦旧录一本，同志见之，至有不及抄写袖之而去者。众皆惮于翻录，乃谋而寿诸梓。谓“子以齿，当志一言”。惟朱子一生勤苦，以惠来学，凡一言一字，皆所当守，而独表章是、尊崇乎此者，盖以为朱子之定见也。今学者不求诸此，而犹踵其所悔，是蹈舛也，岂善学朱子者哉？麟无似，从事于朱子之训余三十年，非不专且笃，而竟亦未有居安资深之地，则犹以为知之未详，而览之未博也。戊寅夏，持所著论若干卷来见先生。闻其言，如日中天，睹之即见；如[1]五谷之艺地，种之即生，不假外求，而真切简易，恍然有悟。退求其故而不合，则又不免迟疑于其间。及读是编，始释然，尽投其所业，假馆而受学，盖三月而若将有闻焉。然后知向之所学，乃朱子中年未定之论，是故三十年而无获。今赖天之灵，始克从事于其所谓定见者，故能三月而若将有闻也。非吾先生，几乎已矣！敢以告夫同志，使无若麟之晚而后悔也。若夫直求本原于言语之外，真有以验其必然而无疑者，则存乎其人之自力，是编特为之指迷耳。

正德戊寅六月望，门人雩都袁庆麟谨识。

注释

❶“如”，《全集》作“象”。

附录三

初刻《传习录》徐爱序

导读

这是徐爱为初刻《传习录》所写的序。根据徐爱所言,王阳明不主张门人记录自己平日讲学之言,实乃出于一种担忧,即拘执于他讲学时因人因事而发的只言片语,遂以为成训,而实不得其旨,贻误后人。徐爱认为,如果能够领会到王阳明的这番担忧,再有意识地进行记录与理解,则可以避免这种后果。正如孔子对子贡和颜回采取不同的言说方式,乃是出于"各当其可"的考虑。此外,徐爱考虑同门离群索居,不能时常聆听阳明教诲,故将阳明之言结集成册,在同门中流传,以求"诚诸践履之实",不负阳明之心。

原文

门人有私录阳明先生之言者。先生闻之,谓之曰:"圣贤教人如医用药,皆因病立方,酌其虚实温凉阴阳内外而时时加减之,要在去病,初无定说。若拘执一方,鲜不杀人矣。今某与诸君不过各就偏蔽箴切砥砺,但能改化,即吾言已为赘疣。若遂守为成训,他日误己误人,某之罪过可复追赎乎?"爱既备录先生之教,同门之友有以是相规者。爱因谓之曰:"如子之言,即又拘执一方,复失先生之意矣。孔子谓子贡,尝曰:'予欲无言。'他日则曰:'吾与回言终日。'又何言之不一邪?盖子贡专求圣人于言语之间,故孔子以无言警之，使之实体诸心，以求自得；颜子于孔子之言，默识心通无不在己，故与之言终日，若决江河而之海也。故孔子于子贡之无言不为少，于颜子之终日言不为多，各当其可而已。今备录先生之语，固非先生之所欲，使吾侪常在先生之门，亦何事于此，惟或有时而去侧，同门之友又皆离群索居。当时之时，仪刑既远而规切无闻，如爱之驽劣，非得先生之言时时对越警发之，其不摧堕靡废者几希矣。吾侪于先生之言，苟徒入耳出口，不体诸身，则爱之录此，实先生之罪人矣；使能得之言意之表，而诚诸践履之实，则斯录也，固先生终日言之之心也，可少乎哉？”录成，因复识此于首篇以告同志。门人徐爱序。

续刻《传习录》南大吉序

导读

这是南大吉为续刻《传习录》所写的序。南大吉首先分析了圣贤之言得以兴起与流传的缘故。天下本来大道畅行，万物化育，天下之人相忘于道化之中，因而圣人无须赘言。然而后世大道不明，物失其性，奸邪并起，而圣贤不得已而言，目的在于“明斯道”，使天下之人晓然知道之所在，然后得以恢复大道畅行的状态。其次，天下之言道者议论纷纷，难以统一。南大吉提出以本心之真知为准则衡量天下之言，则可排除门户之私见，而大道昭明。最后，南大吉自述从《传习录》中收获甚大，主张读者在阅读《传习录》时，应消除门户之见，不拘执于只言片语，而以心观之，“以我求录”，则心之本体呈现，大道畅行可期。

原文

天地之间，道而已矣。道也者，人物之所由以生者也。是故人之生也，得其秀而最灵，以言乎性则中矣，以言乎情则和矣，以言乎万物则备矣，由圣人至于途人一也。故曰：“人者，天地之德，阴阳之交，鬼神之会，五行之秀气也。”又曰：“致中和，天地位焉，万物育焉。”是故古者大道之于天下也，天下之人相忘于道化之中，而无复所谓邪慝者焉。率性以由之，修道以诚之，皞皞乎而不知为之者，是故大顺之所积也，以天则不爱其道也，以地则不爱其宝也，以人则不爱其情也，以物则不爱其灵也。圣人于此，夫何言哉？恭己无为而已矣。至其后也，道不明于天下，天下之人相交于物化之中，而邪慝兴焉。失其性而不知求，舍其道而不知修。斯人也，日入于禽兽之归而莫之知也。是故万物弗序而天地弗官矣。圣人，生而知道者也。贤人，学而知道者也。其视天地万物，无一而非我。而斯人之不知道也，若已推而入之鸟兽之群也。理有所不可隐，心有所不容忍，恶能已于言哉？故孟子曰：“予岂好辩哉？予不得已也。”故夫圣贤之言，将以明斯道示诸人，使天下之人晓然知道之在是，庶民兴焉。庶民兴，则邪慝息；邪慝息，则万物序而天地官矣，夫然后圣贤之心始安而其言始已也。是故其言也，求其是则已矣，非以为闻见之高也；求其明则已矣，非以为门户之高也。而后之为圣贤之学者，其初也，执闻见以自是，而不知圣人之所是者，天下之公是也；立门户以自明，而不知圣人之所明者，天下之同明也。故其后也，言愈多而愈支，支则不可行矣；门愈高而愈小，小则不可通。皆意也，己也，胜心之为也。而世之号为豪杰者，方皆溺于其中而莫之知也。其亦可衰已矣！

夫天之命于我而我之具于心者，自有真是真非，至明而不容有蔽者也。故天下之言道者，至不一也。苟以平心观之，易气玩之，则其是是非非，自不能遁吾心之真知也。唯夫闻见已执于未观之先，而门户又高于既玩之际，则其言虽是也，蔽于闻见之私，而不知其是；指虽明也，隔于门户之异，而不通其明。道之不明于天下，治之所以不能追复前古者，其所由来远矣！

是录也，门弟子录阳明先生问答之辞、讨论之书，而刻以示诸天下者也。吉也从游宫墙之下,其于是录也,朝观而夕玩,口诵而心求,盖亦自信之笃而窃见夫所谓道者,置之而塞乎天地,溥之而横乎四海,施诸后世,无朝夕人心之所同然者也。故命逢吉弟校续而重刻之,以传诸天下。天下之于是录也,但勿以闻见梏之,而平心以观其意;勿以门户隔之,而易气以玩其辞。勿以录求录也,而以我求录也,则吾心之本体自见,而凡斯录之言,皆其心之所固有,而无复可疑者矣。则夫大道之明于天下,而天下之所以平者,将亦可俟也已。

嘉靖三年冬十月十有八日,赐进士出身中顺大夫绍兴府知府、门人渭北南大吉谨序。

参考文献

王守仁:《王文成全书》,收入《文渊阁四库全书》,台湾商务印书馆 1986 年影印。

王守仁:《王文成公全书》,收入《四部丛刊》,上海涵芬楼影印明隆庆刊本。

王守仁:《阳明先生集要》,施邦曜辑评,收入《四部丛刊》,明崇祯年间刻本。

王守仁:《王文成公全书》,《国学基本丛书简编》,上海商务印书馆 1936 年影印。

王守仁:《阳明全书》,《四部备要》第 59 册,上海中华书局,出版年不详。

王守仁:《王阳明全集》,上海世界书局 1936 年影印。

王守仁:《王阳明全集》,吴光等编校,上海古籍出版社 1992 年。

王守仁:《王阳明全集》,张立文主编,红旗出版社 1996 年。

王守仁:《阳明先生文录》,日本早稻田大学藏明隆庆六年(1572)刻本。

王守仁:《阳明先生文录》,日本东方文化学院东京研究所藏明嘉靖二十六年重校勘本。

王阳明:《传习录》,张怀承译注,岳麓书社 2004 年。

王阳明:《传习录》,邓阳译注,花城出版社 1998 年。

王阳明:《传习录全译》,于民雄注,顾久译,贵州人民出版社 1998 年。

陆九渊、王阳明:《象山语录·阳明传习录》,杨国荣导读,上海古籍出版社 2000 年。

蔡仁厚:《王阳明哲学》,台湾三民书局 1983 年。

陈荣捷:《王阳明传习录详注集评》,台湾学生书局 1983 年。

陈来:《有无之境——王阳明哲学的精神》,人民出版社 1991 年。

钱明:《儒学正脉——王守仁传》,浙江人民出版社 2006 年。

钱明:《阳明学的形成与发展》,江苏古籍出版社 2002 年。

秦家懿:《王阳明》,台湾东大图书股份有限公司 1992 年。

杨国荣:《心学之思——王阳明哲学的阐释》,华东师范大学出版社 2009 年。

[日]冈田武彦:《王阳明与明末儒学》,吴光、钱明、屠承先译,上海古籍出版社 2000 年。